MARGOT UND ROLAND SPOHN

Welche
Blume —
ist
das?

AF203147

KOSMOS

Welche Blume ist das?

Wie bestimme ich mit dem
Kosmos-Farbcode ?

BLÜTENFARBE ROT

Die Vielfalt der Rottöne bei den Blumen macht jedem Malkasten Konkurrenz. Manche Blüten zeigen ein Orangerot, andere sind rosa oder weinrot, wieder andere leuchten knallrot. Rote Blüten heben sich für unser Auge gut vom Grün der Blätter ab, so dass wir auch kleine Blüten gut erkennen können. Die Honigbiene dagegen kann kein reines Rot erkennen. Wenn sie trotzdem rote Blüten besucht, sind häufig Anteile von Blau oder Gelb im Rotton enthalten. Einige Blüten reflektieren für die Bienen sichtbares UV-Licht.

▶ SEITE 18–89

BLÜTENFARBE WEISS

Weiße Blüten leuchten besonders an dunklen Standorten aus dem Grün der Blätter. Sie fallen durch diesen Kontrast so nicht nur uns, sondern auch den Insekten auf. Auch viele Wasserpflanzen blühen weiß. Viele Blumen bilden winzige weiße Blüten in so großer Zahl, dass sie schon von Ferne auffallen. Das Weiß der Blüten kann nicht nur durch weißliche Farbstoffe, sondern auch, wie beim Schnee, durch Reflexion des Lichts an luftgefüllten Hohlräumen zustande kommen.

▶ SEITE 90–151

BLÜTENFARBE BLAU

Blautöne in Blüten können von einem zarten Hellblau bis zu fast Schwarz variieren. Recht häufig kommen auch violette Färbungen vor oder Blüten, deren Farbe sich erst während des Aufblühens von Rot nach Blau verändert. Im Vergleich mit Gelb und Weiß ist Blau bei Blumen nicht so verbreitet. Rein blaue Blüten wie die des Enzians stehen oft als Symbol der Treue.

▶ SEITE 152–201

BLÜTENFARBE GELB

Gelbe Blütenfarben gehören zu den häufigsten bei unseren heimischen Blumen. Dies betrifft sowohl die Vielzahl der Arten als auch Massenvorkommen einzelner Blumen: Im Frühling leuchten Wiesen oft schon von Ferne gelb, weil unzählige gelbe Blumen darauf blühen. Gelb kann eine Vielzahl von Bestäubern anlocken: Es wird von Honigbienen und vielen anderen Insekten sehr gut wahrgenommen.

▶ SEITE 202–287

BLÜTENFARBE GRÜN/BRAUN

Viele der Blumen mit grünen oder braunen Blüten zeichnen sich dadurch aus, dass sie kleine zu vielen beieinander sitzende Blüten besitzen. Viele dieser Blüten sind jedoch selbst dann noch für unser Auge äußerst unscheinbar. Auch Insekten interessieren sich oft nicht für sie. Ihr Blütenstaub wird stattdessen vorwiegend vom Wind auf andere Blüten übertragen.

▶ SEITE 288–310

Farbe der Blumen

Die Blumen sind in diesem Buch nach einem auch ohne botanische Kenntnisse sehr einfach zu erkennenden Merkmal - den Blütenfarben - in fünf Hauptgruppen angeordnet. Diese Gruppen lassen sich anhand des Farbcodes rasch auffinden.

Blütenfarbe

Der Farbcode kennzeichnet die Blütenfarben rot, weiß, blau, gelb und grün/braun. Die meisten Arten lassen sich recht einfach in diese Gruppen einordnen. Die typische Blütenfarbe ist am Besten an voll geöffneten Blüten zu erkennen.

Wechselnde Blütenfarbe

Violette Blüten zeigen verschiedene Farbnuancen zwischen Rot und Blau. Wirken sie während der ganzen Blütezeit eher rotviolett, finden sie sich unter der Hauptgruppe Rot, erscheinen sie eher blauviolett, sind sie der Hauptgruppe Blau zugeordnet. Zahlreiche

Blütenaufbau

Eine Blüte setzt sich aus unterschiedlichen Teilen zusammen.

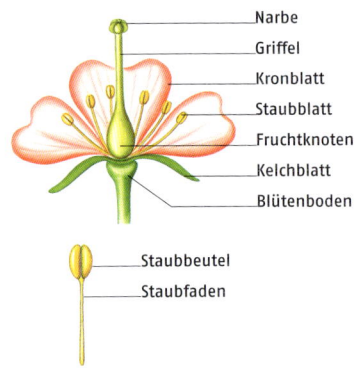

- Narbe
- Griffel
- Kronblatt
- Staubblatt
- Fruchtknoten
- Kelchblatt
- Blütenboden

- Staubbeutel
- Staubfaden

Blüten ändern jedoch während der Blütezeit ihre Farbe. In diesen Fällen oder wenn Blumen der gleichen Art mit unterschiedlichen Blütenfarben beieinander stehen, empfiehlt es sich, bei allen in Frage kommenden Hauptgruppen nachzuschlagen.

Die Frühlings-Platterbse blüht **rotviolett**

Die Gewöhnliche Ochsenzunge blüht **blauviolett**

Blumen bestimmen genau gezeigt

Schauen Sie sich in unseren Erklärfilmen 002 und 003 ganz genau an, wie man Schritt für Schritt eine Pflanze bestimmt. Gehen Sie wie gezeigt durch die einzelnen Merkmale, dann werden Sie sicher die richtige Art finden.

Typische Blütenformen

Die Blütenform gehört zu den wichtigsten Erkennungsmerkmalen der Blumen. So sind die Farbgruppen in diesem Buch anhand von fünf Schemazeichnungen, die sich am Rand der Seiten im Farbcode wiederfinden, in weitere Untergruppen gegliedert. Die Schemazeichnungen symbolisieren den typischen Umriss der Blüte und die Anzahl der Blütenblätter. Innerhalb dieser Untergruppen können die einzelnen Teile einer Blüte in unterschiedlicher Ausprägung vorhanden sein oder auch ganz fehlen, so dass Blüten eine ganze Fülle an Erscheinungsformen aufweisen.

 Blüten mit höchstens 4 Blütenblättern

 **getrenntblättrig** mit Kelchblättern und Kronblättern; Meersenf

 Blüten mit 5 Blütenblättern

 Krone verwachsen, **mit Röhre und Zipfeln;** Blauroter Steinsame

 Krone verwachsen, **glockig;** Echte Tollkirsche

 Krone verwachsen, **flach ausgebreitet;** Sodomsapfel

 Blüte mit mehr als 5 Blütenblättern oder Blüten in Körbchen

 Blüte mit **6 gleichartigen Blütenblättern;** Wilde Tulpe

 Blütenkörbchen nur mit **Zungenblüten;** Gewöhnliche Wegwarte

 Blütenkörbchen nur mit **Röhrenblüten;** Färber-Distel

 Blütenkörbchen mit **Zungen- und Röhrenblüten;** Wiesen-Margerite

 **Blüten zweiseitig-symmetrisch**

 **Schmetterlingsblüte;** Weiß-Klee

 **Lippenblüte;** Wiesen-Salbei

 **Blüte mit Sporn;** Gewöhnliches Leinkraut

 **Orchideenblüte;** Mücken-Händelwurz

Typische Blütenanordnungen

Außer der Farbe und Form der Blüten ist für die Bestimmung der Blumen auch die Anordnung der Blüten an den Stängeln wichtig. Manche Blüten stehen einzeln, andere bilden charakteristisch aufgebaute Gruppen. Besonders typisch sind diese Blütenstände dann entwickelt, wenn die Blüten voll aufgeblüht sind oder sogar die ersten davon am Verwelken oder bereits abgeblüht sind.

Traube
gestielte Blüten stehen an einem Blütenstängel; Schopfiges Kreuzblümchen

Ähre
Viele Blüten stehen dicht und ungestielt entlang dem Ende des Blütenstängels; Mittlerer Wegerich

Rispe
Der Blütenstand ist mehr oder weniger verzweigt; Tüpfel-Johanniskraut

Kolben
Entspricht einer Ähre, bei der der Stäbgel, um den die Blüten sitzen, fleischig verdickt ist; Kalmus

Dolde
Die Stiele der Blüten stehen mehr oder weniger in Etagen angeordnet; Gewöhnliche Wiesen-Schlüsselblume

Blüten in Quirlen
Die Blüten stehen mehr oder weniger in Etagen angeordnet; Gefleckte Taubnessel

aus Döldchen
zusammengesetzte Dolde
Die Stiele der kleineren Döldchen entspringen an einem Punkt am Ende des Stängels; Wasserschierling

Köpfchen
Alle Blüten stehen dicht beieinander am Ende des Stängels und bilden einen mehr oder weniger rundlichen Blütenstand; Kugelige Teufelskralle

Typische Wuchsformen

Bei gleichem Grundaufbau zeigen Blumen sehr verschiedene Wuchsformen. Wichtige Eigenschaften sind die Lebensdauer und die Art, wie sie den Winter überdauern. Ein- oder zweijährige Kräuter stehen den ausdauernden Pflanzen gegenüber. Von diesen ziehen sich die Stauden im Winter weitgehend unter die Erde zurück und überdauern mit Wurzelstöcken, Zwiebeln oder Knollen. Sträucher und Bäume dagegen strecken als Holzpflanzen ihre verholzten Stämme, Äste und Zweige auch im Winter in den Himmel.

Neben dieser Zuordnung, die bei jeder Blume in den Kurzmerkmalen angegeben ist, bestimmt die Wuchsrichtung und Verzweigung der Stängel die Wuchsform der Pflanze.

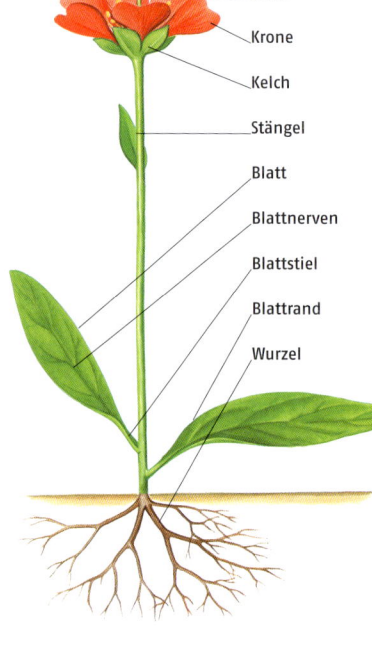

Blüte
Krone
Kelch
Stängel
Blatt
Blattnerven
Blattstiel
Blattrand
Wurzel

mit windenden Stängeln
Gewöhnliche Thymian-Seide

aufrecht verzweigt
Gewöhnliches Eisenkraut

Stängel niederliegend oder kriechend
Pfennigkraut

Stängel aufsteigend
Kriechendes Gipskraut

mit Blattrosette und blattlosen Stängeln
Gewöhnliches Fettkraut

Pflanze mit Ausläufern
Wald-Erdbeere

Polster
Stängelloses Leimkraut

Die Blätter der Blumen

Blattmerkmale gehören neben den Blüten zu den wichtigsten Erkennungszeichen der Blumen. Neben dem Aussehen des einzelnen Blattes kann für die Bestimmung auch noch die Anordnung der Blätter am Stängel wichtig sein.

Blattformen

Die unterschiedlichen Blattformen lassen sich bestimmten Grundformen zuordnen.

linealisch;
Junkerlilie

lanzettlich;
Kanadische
Goldrute

eiförmig;
Immenblatt

herzförmig;
Zweiblättriges
Schattenblümchen

nierenförmig;
Europäische
Haselwurz

pfeilförmig;
Acker-Hellerkraut

fiederspaltig;
Wermut

gefiedert;
Blaue
Himmelsleiter

fein zerteilt;
Gemeines
Rutenkraut

handförmig;
Blutroter
Storchschnabel

dreizählig;
Nickender
Sauerklee

gefingert;
Vielblättrige Lupine

Blattstellungen

Die Blätter entspringen entlang der Stängel in wenigen Grundmustern. Für die Bestimmung ist es sehr hilfreich, diese Muster zu kennen. Hierzu sollte nicht die Stängelspitze, sondern ein tiefer liegender Abschnitt betrachtet werden.

wechselständig;
Warzen-Wolfsmilch

in zwei Zeilen;
Wohlriechende Weißwurz

gekreuzt gegenständig;
Ufer-Wolfstrapp

in Quirlen;
Waldmeister

Der „Schon-gewusst?"-Kasten

Ohne Blumen wäre unsere Umgebung nicht vorstellbar. Sie erfreuen unser Auge, liefern Ausgangsstoffe für verschiedene Produkte und stellen einen unverzichtbaren Bestandteil einer funktionsfähigen Natur dar. Oft machen wir uns über die Bedeutung jeder einzelnen Blumenart wenig Gedanken. In diesem Buch finden Sie deshalb für jede vorgestellte Blume Wissenswertes aus den unterschiedlichsten Bereichen. Bei ganzseitigen Arten nimmt das Wissenswerte am meisten Raum ein. In einem **„Schon gewusst?"**-Kasten wird dabei auf etwas besonders Interessantes hingewiesen.

Heilpflanzen

Blumen bilden eine Vielzahl verschiedener chemischer Substanzen, die ihnen zum Beispiel als Fraßschutz oder zur Anlockung von Bestäubern dienen. Auf den Menschen wirken einige dieser Stoffe giftig, andere liefern wertvolle Rohstoffe für pflanzliche Arzneimittel. Das Wissen über diese Heilpflanzen und ihre Wirkungen ist auch aus der heutigen Medizin nicht mehr wegzudenken. Um die große Nachfrage nach natürlichen Heilmitteln zu decken, werden viele Heilpflanzen in großem Maßstab kultiviert.

Kulturpflanzen

Viele der uns heute bekannten Kulturpflanzen entstanden über langwierige Züchtungsprozesse aus heimischen Wildarten. Dabei ist die Ähnlichkeit der Wildpflanze mit den heutigen Sorten in manchen Fällen kaum mehr zu erkennen.

Schon gewusst?

Die Ursprünge des grünen Salats gehen auf den Kompass-Lattich zurück. Die Wildart gilt heute als Stammpflanze der verschiedenen Kultursorten. In China kennt man auch eine Zuchtform des Kompass-Lattichs, deren Stängel man wie Grünspargel isst.

Zierpflanzen

Viele wilde Blumen haben so auffällige und schöne Blüten, dass sie bereits als Wildform Eingang in die Ziergärten gefunden haben. In anderen Fällen haben Züchter gezielt aus den wilden Pflanzen Zierformen gezüchtet, die noch größere oder auch anders geformte und gefärbte Blüten hervorbringen. Während die Wildformen ihre Blüten entwickeln, um über die spätere Samenbildung für die Vermehrung zu sorgen, bilden manche dieser für

Schon gewusst?

Die Wurzeln der Dornigen Hauhechel wirken harntreibend und helfen bei Entzündungen der Harnwege. In klein geschnittener Form sind sie deshalb in vielen Nieren- und Blasentees enthalten.

das menschliche Auge gezüchteten Formen keine Samen mehr aus.

Lebensraum für Tiere und Pflanzen

Eine ausgeräumte Kulturlandschaft bietet wilden Tieren und Pflanzen kaum einen Lebensraum und ist deshalb meist sehr artenarm. Deshalb setzen sich Naturschützer dafür ein, eine vielfältige Umgebung zu erhalten oder wiederherzustellen. Jede einzelne Blumenart spielt darin eine Rolle. Manche Tiere sind beispielsweise so spezialisiert, dass sie zum Überleben auf bestimmte Pflanzen oder Pflanzengruppen als Lebensraum oder Nahrungslieferant angewiesen sind.

Die Tricks der Blumen

Wenn wir uns über farbige oder schön geformte Blüten freuen, oder über besondere Bildungen wundern, so bestaunen wir das Ergebnis raffinierter Anpassungen: Die Blumen möchten an ihren Standorten überleben und sich vermehren. So haben sie Lösungen entwickelt, wie sie am besten für eine sichere Bestäubung ihrer Blüten sorgen können, wie sie ihre Samen am weitesten und sichersten verbreiten oder wie sie besonders gut an Nährstoffe gelangen können.

Akeleiblättrige Wiesenraute

Thalictrum aquilegifolium (Hahnenfußgewächse)
H 40–120 cm   Mai–Juli   Staude

Die Akeleiblättrige Wiesenraute
ist eine „Pinselblume". Bei ihr
sind nicht die Blütenblätter,
sondern die zahlreichen
Staubblätter die auf-
fälligsten Blütenteile. Mit
ihrem Duft und der Fär-
bung locken sie zahlreiche
verschiedene Insekten wie
Käfer, Fliegen, Bienen und
Hummeln an, die den
Pollen sammeln.

reichblütige,
dicht wirkende
Rispe

4 kleine Blütenblätter,
fallen früh ab

zahlreiche Staubblätter
mit rötlichen oder violetten
Staubfäden

Blättchen rund-
lich bis oval

Blatt 2–3fach
gefiedert

Blätter
blaugrün

Großer Sauerampfer

Rumex acetosa (Knöterichgewächse)
H 30–100 cm   Mai–Juli   Staude   (☒)

Für den sauren Geschmack der Pflanze
sind die gleichen Inhaltsstoffe verantwortlich, die auch im Sauerklee (S. 117)
vorkommen. Junge Blätter lassen sich
als Salatbeigabe und in Suppen verwenden. Zu große Mengen führen jedoch zu
Durchfall und Erbrechen und können
Nierenschäden verursachen.

Blütenstand
mit vielen
Blüten

Stängel
aufrecht

männliche
Blüte weit
geöffnet

6 gelbe
Staubbeutel

weibliche Blüte
mit grünen
oder rötlichen
Blättern

Ecken
spitz

untere
Blätter
pfeilförmig

Narben
ragen
heraus

3 rundliche
Blätter um
die Frucht

Schlaf-Mohn

Papaver somniferum (Mohngewächse)
H 40–150 cm   Juni–Aug.   einjährig   ☠

aus angeritzter Kapsel tritt Milchsaft aus

Der Milchsaft der unreifen Kapseln liefert eingedickt das als Rauschgift bekannte Opium. Die Droge löst jedoch nicht nur Glücksgefühle aus, sondern führt auch zur Sucht. In der Medizin gehört sie zu den wirksamsten Schmerzmitteln. Einzelne Bestandteile lindern auch Husten und lösen Muskelverspannungen. Von der Antike bis in die frühe Neuzeit setzten Ärzte als Betäubungsmittel bei Operationen hauptsächlich Schlaf-Mohn bzw. Opium und Bilsenkraut (S. 235) ein.

Vorkommen Gärten, Unkrautbestände auf Schutt, Ödflächen. Ursprünglich aus Westasien, in Europa gelegentlich aus Anbau verwildert.

> **auch leuchtendrote oder gefüllte Sorten**
> **Früchte bleiben lange stehen**
> **seit der jüngeren Steinzeit kultiviert**

unreife Kapselfrucht mit grauweißem Überzug

Farbvariante der Blüte

4 Kronblätter, am Grund meist mit dunklem Fleck

sehr zahlreiche Staubblätter

Fruchtknoten dick

❀ 19

einzeln auf langen Stielen

mit 5–12 Narbenstrahlen

Kapselfrucht mehr oder weniger kugelig

Blüten bis 10 cm groß

stängelumfassend

Blatt blaugrün, kahl, mit wächsernem Überzug

Pflanze blaugrün

Schon gewusst?

In jeder Frucht entwickeln sich bis zu 2000 Samen. Die reifen, als Backzutat beliebten „Mohnkörner" enthalten keine Giftstoffe mehr. Aus ihnen lässt sich auch Mohnöl auspressen.

Klatsch-Mohn

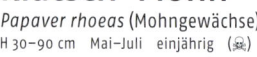

Papaver rhoeas (Mohngewächse)
H 30–90 cm Mai–Juli einjährig (☙)

Blatt
fiederteilig

Vorkommen *Getreide-
felder, Wege, Bahnhofs-
gelände, Ödflächen,
an Straßenböschungen
auch zur Begrünung
angesät. Ganz Europa.*

> **Blüten öffnen sich am
> frühen Morgen**
> **wurzelt bis etwa 1 m tief**
> **braucht im Sommer
> warme Standorte**

Blüten einzeln

Jede Blüte produziert
die außergewöhnlich
große Menge von rund
2,5 Millionen Pollen-
körnern, die sehr
nahrhaft sind und
von verschiedenen
Insekten gesammelt
werden. Besonders Hum-
meln warten am Morgen oft
schon auf den Blüten, bis sich
diese entfalten. Den meisten
Blütenstaub geben die Blüten
morgens bis etwa 10 Uhr ab.

sehr viele
Staubblätter

4 Kronblätter,
bis 4 cm lang

am Grund
oft mit
schwarzem
Fleck

Kronblätter nach dem
Öffnen zerknittert

öffnet sich
mit Poren

Kapselfrucht
breit eiförmig

20 ✤

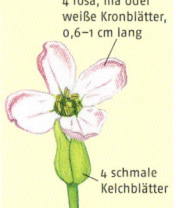

Meersenf

Cakile maritima (Kreuzblütengewächse)
H 15–30 cm Juli–Okt. einjährig

Vorkommen *An
sandigen oder kiesigen
Meeresstränden im
Spülsaum. Wächst oft
in lockeren Gruppen.
Küsten ganz Europas.*

> **Blätter oft mit schmalen
> Abschnitten**
> **verträgt Salz**
> **schmeckt scharf**

Der Meersenf gehörte zu den
ersten Blütenpflanzen, die die
Vulkaninsel Surtsey nach deren
Entstehung besiedelten. Der
obere Teil seiner zweigliedrigen
Frucht enthält ein lufthaltiges
Gewebe und kann mit Wasser
weit weggespült werden, der
untere verbleibt zunächst
an der Pflanze, fällt
später zu Boden und
verankert sich dort.

Blüten in
lockeren
Trauben

Blatt
fleischig

4 rosa, lila oder
weiße Kronblätter,
0,6–1 cm lang

4 schmale
Kelchblätter

Früchte
1–2 cm lang

in 2 Glieder
geteilt

Rundblättriges Hellerkraut

Thlaspi cepaeifolium (Kreuzblütengewächse)
H 5–15 cm Juni–Sept. Staude

Das Rundblättrige Hellerkraut fällt besonders durch seinen ungewöhnlichen Standort auf: Es wächst oft ganz allein als Rasen in Schutthalden, die noch in Bewegung sind. Seine langen, mehrere Jahre alt werdenden Stängel kriechen zwischen dem Geröll. Werden sie abgerissen, bewurzeln sie sich einfach wieder und wachsen zu einer neuen Pflanze.

Blätter oval, etwas fleischig

doldenartige Blütenstände

Frucht 4–8 mm lang

Stängel kriechend

4 lila Kronblätter, 6–9 mm lang

Großer Wiesenknopf

Sanguisorba officinalis (Rosengewächse)
H 30–150 cm Juni–Sept. Staude

Der wissenschaftliche Name der gerbstoffreichen Pflanze bedeutet so viel wie „Blut aufnehmen". Früher benützte man die Wurzeln als blutstillendes Mittel bei zu starker Monatsblutung, das Kraut (Blätter und Stängel) bei Wunden. Die blutrote Farbe der Blütenköpfchen deutete man dabei als Zeichen für die Wirksamkeit.

Blüten bilden dichte, 1–3 cm lange Köpfchen

herzeiförmig

unterseits graugrün

Blatt unpaarig gefiedert mit 3–7 Paar Blättchen

Köpfchen stehen am Ende der Stängel

4 dunkel braunrote, 3-eckige Kelchblätter

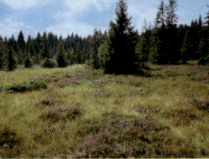

Heidekraut

Calluna vulgaris (Heidekrautgewächse)
H 30–100 cm Aug.–Okt. Strauch

Auf Flächen, die mit Heidekraut bewachsen sind, können sich Bäume im Vergleich zu anderen offenen Standorten nur spärlich oder verspätet ansiedeln. Die Wurzeln setzen Stoffe in den Boden frei, die das Wachstum von vielen Pilzen unterdrücken. Damit hemmen sie gleichzeitig die Bäume, die auf eine Lebensgemeinschaft mit diesen Pilzen angewiesen sind. Bienen sammeln den Nektar der Blüten für „Heidehonig". Früher stellte man aus den Zweigen Besen her.

***Vorkommen** Heiden, magere Weiden, helle Kiefernwälder, Moore, Felsen. Auf nährstoffarmen, sauren Böden an hellen Standorten. Ganz Europa.*

- ***heißt auch „Besenheide"***
- ***kann ganze Landstriche in rosa Blütenmeere verwandeln***
- ***eignet sich für Trockensträuße***

Kronblätter halb so lang wie der Kelch
Kelch 4 mm lang, rotviolett

22

Blätter überdecken sich dachziegelartig
Blätter 2–4 mm lang, immergrün

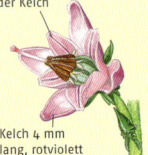

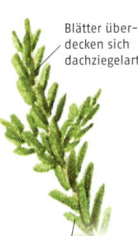

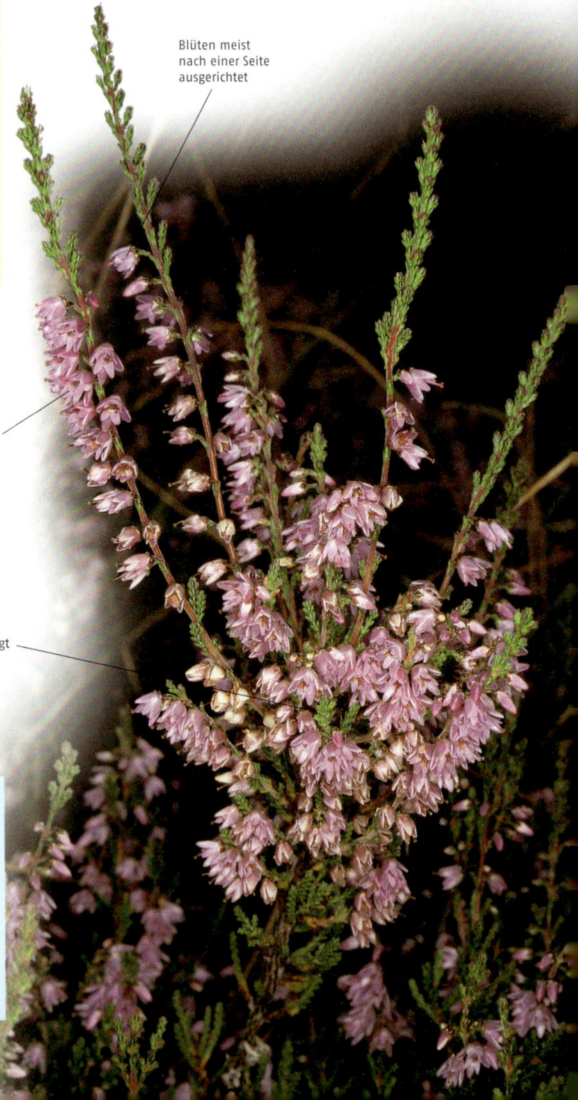

Blüten meist nach einer Seite ausgerichtet
vielblütige Trauben
reich verzweigt

Schon gewusst?

„Heide" leitet sich vom germanischen haithio ab und bedeutet „wildes, unbebautes Land". Die Nichtchristen werden auch so genannt, weil sie auf dem Land lebend zuletzt oder gar nicht von Missionaren erreicht wurden.

Schnee-Heide

Erica carnea (Heidekrautgewächse)
H 15–30 cm   Jan.–April   Strauch

Blüten meist nach einer Seite orientiert

Als Winterblüher und immergrüner Bodendecker wird die Schnee-Heide gern und in vielen Sorten in Gärten kultiviert. Es gibt Formen mit gelblichen Blättern und Blütenfarben von Weiß bis Dunkelviolett. Die Blütenkrone fällt erst lange nach der Bestäubung der Blüten ab, so dass über lange Zeit der Eindruck einer blühenden Pflanze besteht.

Blüten nickend, in dichten Trauben

Blätter nadelförmig, 6–10 mm lang

in Quirlen zu 3–4

Vorkommen *Häufig in Gärten gepflanzt. Wild in sonnigen Kiefernbeständen der Gebirge Mittel- und Südeuropas. Auf meist kalkhaltigen Böden.*

> heißt auch „Erika-Heide"
> **Blütenknospen bereits im Herbst vorhanden**
> **lockt Bienen, Falter und andere Insekten an**

Kelch kürzer als die Krone

Krone zylindrisch bis krugförmig, 5–7 mm lang

Staubbeutel ragen heraus

23

Gestreifter Seidelbast

Daphne striata (Seidelbastgewächse)
H 10–35 cm   Mai–Juli   Strauch ☠

Der germanische Gott Ziu war wohl der Namenspate für „Zeiland" und „Seidelbast", Bezeichnungen, die ursprünglich für den Gewöhnlichen Seidelbast (S. 24) galten. Dem etwas an eine Alpenrose (S. 41) erinnernden Gestreiften Seidelbast gab man Namen wie „Steinröschen" oder „Bergrosen".

1–1,5 cm breite Blüten an den Enden der Zweige

Blätter bis 2,5 cm lang

bilden einen Schopf an der Spitze der Äste

Blätter ledrig, glänzend

Vorkommen *Bergheiden mit niedrigen Sträuchern, Bergrasen. In Höhen von 1500 bis 2800 m auf Kalkböden in den Alpen.*

> Wuchs niederliegend
> Blätter immergrün
> Blüten duften fliederartig

4 hellrote bis mattrosa Kelchzipfel

Kelchröhre kahl, längs gestreift

Gewöhnlicher Seidelbast

Daphne mezereum (Seidelbastgewächse)
H 40–120 cm   März–April   Strauch   ☠

Vorkommen *Kraut-reiche Wälder, Ge-büsche oberhalb der Waldgrenze, Felsschutt. Fast ganz Europa bis in Höhen über 2000 m.*

> **tödlich giftig**
> **stark duftende Blüten erscheinen vor den Blättern**
> **abgebrochene Zweige riechen unangenehm**

Der Gewöhnliche Seidelbast heißt auch „Kellerhals", ein Name, der sich von „Quälerhals" ableitet. Er bezieht sich auf die besonders in Rinde und Samen enthaltenen scharfen Giftstoffe, die im Hals zu heftigem Würgegefühl und starker Entzündung führen. Bereits wenige Beeren können einen tödlichen Schock oder Kreislaufkollaps bewirken. Hautkontakt mit dem Saft kann zu Rötungen und Blasen führen.

Schon gewusst?
Bachstelzen und Drosseln fressen die roten Früchte und speien die Kerne wieder aus. Ihnen schaden die Giftstoffe offensichtlich nicht.

Äste nur an den Spitzen beblättert

4 dunkelrosa, seltener weiße Kelchzipfel

Kelchröhre außen seidig behaart

24

Blatt lanzettlich

Rand glatt

kurz gestielt

bis 1 cm breite Blüten direkt an den Ästen

Frucht leuchtend rot, saftig, 0,5–1 cm groß

Zottiges Weidenröschen

Epilobium hirsutum (Nachtkerzengewächse)
H 80–150 cm   Juni–Sept.   Staude

Die Samen des Zottigen Weidenröschens können mehrere Wochen auf dem Wasser schwimmen. Im 18. Jahrhundert nutzte man seine Samenhaare und die des Schmalblättrigen Weidenröschens (S. 26) als Stopfmaterial für Polster und Bettdecken und fertigte Dochte und kleine Stricke daraus. Ihr Wert als Faserlieferant ist jedoch nur gering, da sie sich nicht verspinnen lassen.

viele Blüten in den Achseln der oberen Blätter

Vorkommen *Bäche, Grabenränder, Quellen. Auf nassen, nährstoffreichen, meist kalkhaltigen Böden. Fast ganz Europa.*

> **Pflanze zottig behaart**
> **verträgt auch verschmutztes Wasser**
> **schön im Wildpflanzengarten**

4 etwas eingebuchtete Kronblätter

Blüte 1–2 cm breit, tiefrosa bis purpurrot

Fruchtknoten wirkt wie ein dicker Stiel

Frucht langgestreckt, weich behaart

Blattrand mit nach vorn gerichteten Zähnen

Blätter sitzend

Sumpf-Weidenröschen

Epilobium palustre (Nachtkerzengewächse)
H 10–50 cm   Juli–Sept.   Staude

Als Pflanze ohne Blüten erinnert das Sumpf-Weidenröschen ebenso wie andere Weidenröschen etwas an einen Weidenzweig. Die blühenden Stängel gehörten vielerorts in die Kräuterbündel, die an Mariä Himmelfahrt geweiht wurden. Sie sollten bei Gewittern das Haus vor einschlagenden Blitzen schützen.

Vorkommen *Gestörte Flachmoore, Grabenränder, nasse Wiesen. Meist auf kalkarmen Böden. Fast ganz Europa.*

> **Samen wie bei allen Weidenröschen mit Haarschopf**
> **bevorzugt kühle Böden**
> **wächst einzeln oder in kleinen Gruppen**

Blätter nur 2–7 mm breit

Blüten in den Achseln der oberen Blätter

Stängel kaum verzweigt

4 vorn tief eingebuchtete, 4–7 mm lange Kronblätter

Fruchtknoten wirkt wie ein dicker Stiel

Schmalblättriges Weidenröschen

Epilobium angustifolium (Nachtkerzengewächse)
H 60–120 cm   Juli–Aug.   Staude

Vorkommen *Wald-lichtungen, Kahl-schläge, Sturmwurf-flächen, Waldwege, Ufer. Auf meist kalk-armen Böden. Fast ganz Europa.*

> **Samen leben nicht lange**
> **auffälligste Weiden-röschen-Art**
> **kann riesige Flächen bedecken**

Die Volksheilkunde empfiehlt Tee aus dem Schmalblättrigen Wei-denröschen gegen Vergrößerungen der Prostata (Vorsteherdrüse). Ganz junge Blätter und Triebe eignen sich auch für Wildgemüse. Die Blüten sind nur anfangs strahlig-symmetrisch. Während der Blütezeit rücken die beiden unteren Kronblätter nach oben, die frei werdende Lücke wird vom unteren Kelchblatt eingenommen, so dass die Blüten zweiseitig-symmetrisch werden.

4 Kronblätter, bis 1,5 cm Länge

4 Kelchblätter

Narbe mit 4 stern-förmigen Ästen

Stängel aufrecht

Frucht undeutlich 4-kantig

Blätter lanzettlich

Blüten in langen end-ständigen Trauben

Schon gewusst?

Jede Pflanze bildet viele Tausend winzige Samen, die dank ihrer Haarschöpfe bis 10 km weit fliegen können. So kann die Art neue Standorte rasch und in großer Zahl besiedeln.

Wasser-Minze

Mentha aquatica (Lippenblütengewächse)

H 20–80 cm   Juli–Okt.   Staude

Blütenstand dicht, kopfig

Die Wasser-Minze zählte neben dem Echten Mädesüß (S. 116) und dem Eisenkraut (S. 170) zu den heiligen Kräutern der Druiden. Man kann sie für Tee sammeln, allerdings ist ihr Aroma nicht so angenehm wie das der Pfeffer-Minze. Diese kommt wild nicht vor, sondern entstand erst Ende des 17. Jahrhunderts in England aus einer Kreuzung der Wasser-Minze mit der Grünen Minze.

Pflanze behaart

Blatt kurz gestielt

Blätter gekreuzt gegenständig

Blätter oval

Rand mit groben, nach vorn gerichteten Zähnen

Vorkommen *An Ufern, in Gräben, im Schilf, auf nassen Wiesen und Moorwiesen. Ganz Europa.*

> **riecht und schmeckt nach Pfeffer-Minze**
> **erträgt Überschwemmung**
> **duftende Blüten locken viele Insekten an**

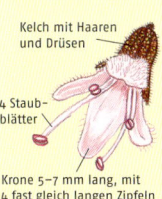

Kelch mit Haaren und Drüsen

4 Staub-blätter

Krone 5–7 mm lang, mit 4 fast gleich langen Zipfeln

27

Ross-Minze

Mentha longifolia (Lippenblütengewächse)

H 50–100 cm   Juli–Sept.   Staude

Blütenstände am Ende der Stängel

„Ross" soll auf den geringeren Wert dieser Art im Vergleich zu anderen Minzen hinweisen und auf den Duft, der etwas an Pferdeurin erinnert. Offensichtlich wurde sie früher auch zur Behandlung von Pferdekrankheiten verwendet. Als Teepflanze ist sie weniger geeignet. Die asiatische Küche kennt sie jedoch als Gewürz.

dicht, langgestreckt

Rand mit spitzen Zähnen

Blätter länglich, 4–10 cm lang

ohne Stiel

Vorkommen   *Ufer, nasse Weiden, Gräben, Wegränder. Auf nassen, oft auch zeitweise über-schwemmten Böden. Besonders Mittel- und Südeuropa.*

> **Blattunterseite weißfilzig**
> **riecht aromatisch, etwas pfefferminzähnlich**
> **zeigt nasse Standorte an**

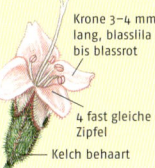

Krone 3–4 mm lang, blasslila bis blassrot

4 fast gleiche Zipfel

Kelch behaart

Gewöhnliches Seifenkraut

Saponaria officinalis (Nelkengewächse)

H 30–80 cm   Juni–Sept.   Staude   (☙)

Vorkommen *Unkraut-bestände an Flussufern, Wegen, auf Schutt-plätzen, Dämmen, Ödland. Auf nährstoff-reichen Böden. Fast ganz Europa.*

> **blüht manchmal auch weiß**
> **rübenförmige Haupt-wurzel**
> **duftet besonders abends und nachts**

Kelch zylindrisch verwachsen, um 2 cm lang

Kronblätter 1–1,5 cm lang, ausgebreitet

28

mit 3 Längsnerven

Blätter gegenständig

Staubbeutel oft schwarzviolett

Oft sind die Staubbeutel schwarzviolett gefärbt. Die Pflanzen sind dann von einem Brandpilz befallen, die Staubbeutel enthalten statt dem Blütenstaub der Pflanze nur Pilzpulver, das nun durch Insekten zu anderen Blüten transportiert wird. In der Medizin helfen die Wurzeln gegen Katarrhe der Atemwege, da sie zähe Schleime verflüssigen. Größere Mengen wirken jedoch giftig. Sie lösen Erbrechen aus und reizen die Schleimhäute.

Schon gewusst?

Die Wurzeln enthalten Stoffe, die mit Wasser einen Schaum bilden und Waschkraft entfalten. Wurzelauszüge dienten früher als Seife, besonders zum Waschen von Wolle. Für diesen Zweck wurde die Pflanze bis zum Beginn des 20. Jahrhunderts kultiviert.

Blütenstände in den oberen Blattachseln und am Stängelende

Stängel aufrecht oder aufsteigend

Kleines Seifenkraut

Saponaria ocymoides (Nelkengewächse)
H 10–30 cm   April–Okt.   Staude   (☺)

Bei der Blütenpracht, die das Kleine Seifenkraut entwickeln kann, ist es kein Wunder, dass es auch als Zierpflanze für Steingärten beliebt ist. An Mauern kommt ihm eine Eigenschaft zu Gute, die ihm auch beim Besiedeln von Schuttflächen hilft: Es sitzt mit einer kräftigen Hauptwurzel fest im Untergrund, die Stängel liegen dagegen nur locker darüber.

Vorkommen *Trockene Hänge, Steinschutt, Wegränder, Straßenböschungen, lichte Wälder. In Höhen bis 2200 m. Mittel- und Südeuropa.*

> **lockt Schmetterlinge an**
> **kann ausgedehnte Rasen bilden**
> **Blütenfarben von hellrot bis Tiefpurrot**

Blüten in lockeren Büscheln

Blätter bis 3 cm lang

Blätter gegenständig

Stängel niederliegend

Blüten um 1 cm breit

Kronblätter vorn nicht oder kaum eingebuchtet

Kriechendes Gipskraut

Gypsophila repens (Nelkengewächse)
H 8–25 cm   Mai–Aug.   Staude

Die Pflanze überdeckt den Schutt teppichartig und hilft ihn zu festigen. Ihre meist zahlreichen Blüten locken Fliegen, Hummeln und Tagfalter an. Obwohl das Kriechende Gipskraut aus den Hochlagen der Gebirge kommt, ist es relativ kälteempfindlich. Es überwintert unbeschadet unter einer schützenden Schneedecke, fehlt diese jedoch, stirbt es ab.

Vorkommen *Kalkschutthalden bis auf 2800 m, steinige Ufer von Alpenflüssen. Gebirge Mittel- und Südeuropas.*

> **wirkt zierlich**
> **blüht rosa oder weiß**
> **Stängel und Blätter sterben im Winter nicht ab**

verzweigte Blütenstände an den Stängelenden

mit vielen aufsteigenden, blühenden Stängeln

schmal, linealisch, bläulich bereift

Pflanze locker polsterartig

Blätter gegenständig

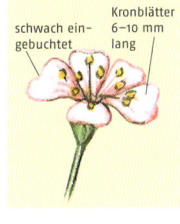

schwach eingebuchtet

Kronblätter 6–10 mm lang

Kartäuser-Nelke

Dianthus carthusianorum (Nelkengewächse)
H 15–50 cm   Juni–Sept.   Staude

insgesamt bis
30 Blüten, öffnen
sich aber nicht
auf einmal

Vorkommen *Magere Rasen, sonnige Hänge, Böschungen, Waldränder. Auf meist kalkreichen Böden.*

> **duftet wie Gewürznelken, ist aber nicht mit diesen verwandt**
> **benötigt viel Wärme**
> **kann auch in Felsspalten wachsen**

„Näglein" hießen im Mittelalter die Blütenknospen des südostasiatischen Gewürznelkenstrauches. In der Renaissance nannte man dann die ähnlich duftenden Garten-Nelken „Näglein-Blumen", verkürzte dies zu „Nelke" und bezeichnete so eine ganze Gruppe von Pflanzen. „Kartäuser-Nelke" bezog sich zuerst wohl auf die Bart-Nelke, die früher oft in Klostergärten wuchs.

Kronblätter dunkelpurpurn, vorn gezähnt

Blüte 2–2,5 cm breit

Kelch röhrenförmig, bis 2 cm lang, braunrot

Blätter sehr schmal

Blätter gegenständig, unten miteinander verwachsen

braunhäutige Blätter um den kopfigen Blütenstand

Stängel aufrecht

Heide-Nelke

Dianthus deltoides (Nelkengewächse)
H 15–40 cm   Juni–Sept.   Staude

An geeigneten Orten kann die Heide-Nelke dichte Rasen bilden. Sie ist ebenso wie andere Nelken nicht nur durch Pflücken, sondern auch durch die düngende Wirkung von Luftverunreinigungen gefährdet. Für Gärten gibt es auch weiße, rosafarbene, rote und gefüllte Sorten. Die duftenden Blüten locken Tagfalter an.

Vorkommen *Magere Rasen und Weiden über Silikatgestein, Böschungen, Sandrasen. Auf trockenen Böden. Mittel- und Nordeuropa.*

> **Blüten nachts geschlossen**
> **Pflanze braucht Wärme**
> **Pflanze mit blühenden und nichtblühenden Stängeln**

vorn gezähnt

Kronblätter mit dunklerer Querlinie und weißen Punkten

Kelch röhrenförmig

Blüten einzeln, seltener zu zweit am Ende der Stängel

Blüten 1,2–1,5 cm breit

sehr schmal

Pflanze aufrecht, schlank

Blätter gegenständig, unten miteinander verwachsen

Gewöhnliche Kornrade

Agrostemma githago (Nelkengewächse)
H 40–100 cm   Juni–Juli   einjährig   ☠

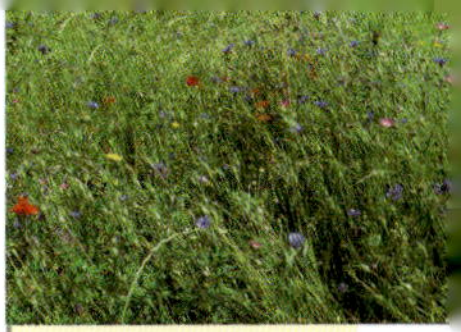

Die Gewöhnliche Kornrade war früher gefürchtet, da sie das Mehl vergiften konnte. Sie wurde zusammen mit dem Getreide abgemäht, ihre Samen fielen beim Dreschen aus den Fruchtkapseln und mischten sich unter das Korn. Da sie sich in der Größe kaum von diesem unterscheiden, konnten sie nur schwer abgetrennt werden. So gelangten sie in die Mühlen oder bei der nächsten Aussaat wieder auf den Acker. Die Giftstoffe führen zu Schwindel, Krämpfen und Tod.

Vorkommen *Getreideäcker, vor allem in Wintergetreide, Sandrasen. Auf humosen, sandigen oder lehmigen Böden. Fast ganz Europa.*

> ***Blüten locken Schmetterlinge an***
> ***führte früher zu Massenvergiftungen***
> ***Samen fallen kaum von selbst aus den Früchten***

schmal-lanzettlich bis lineal
anliegend seidig behaart
Blätter gegenständig

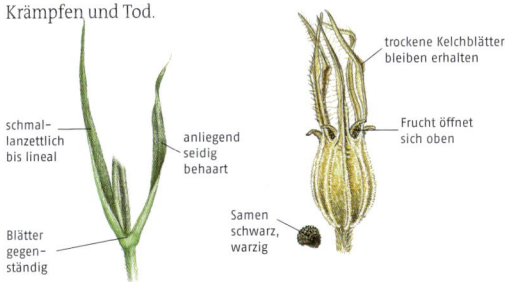

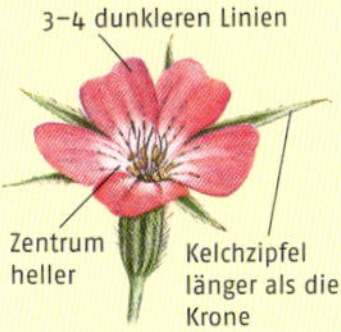

trockene Kelchblätter bleiben erhalten
Frucht öffnet sich oben
Samen schwarz, warzig

Kronblätter rot mit 3–4 dunkleren Linien
Zentrum heller
Kelchzipfel länger als die Krone

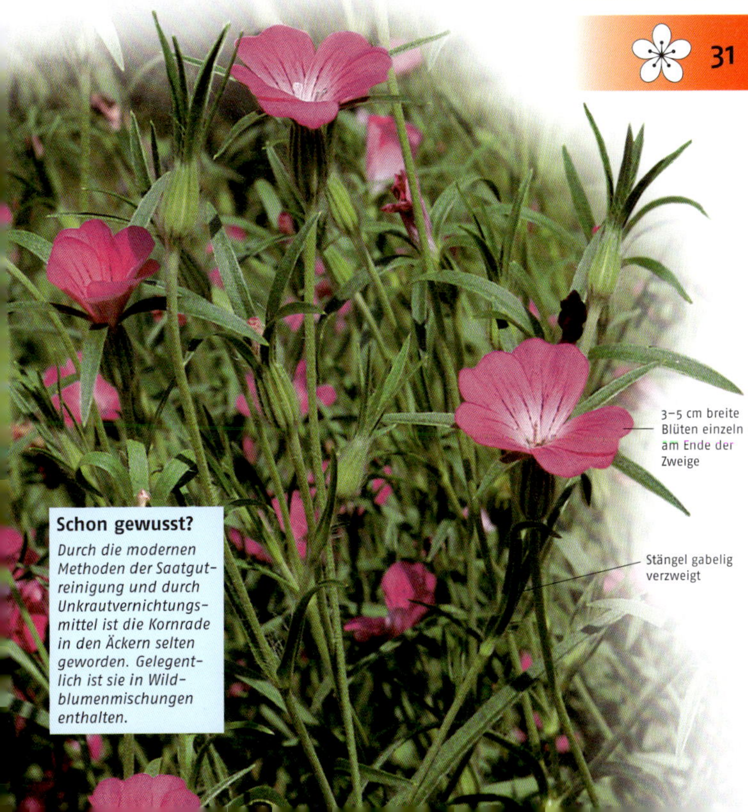

3–5 cm breite Blüten einzeln am Ende der Zweige
Stängel gabelig verzweigt

Schon gewusst?
Durch die modernen Methoden der Saatgutreinigung und durch Unkrautvernichtungsmittel ist die Kornrade in den Äckern selten geworden. Gelegentlich ist sie in Wildblumenmischungen enthalten.

Kuckucks-Lichtnelke

Silene flos-cuculi (Nelkengewächse)
H 30–80 cm   Mai–Juli   Staude

Vorkommen Wiesen, Sumpf- und Moorwiesen. Auf nassen oder feuchten nährstoffreichen Böden. Von der Ebene bis ins Gebirge in ganz Europa.

> zeigt feuchten Boden an
> Blüten wirken zerzaust
> schön in Wildpflanzengärten

Kronblätter rosa, tief 4–teilig

Zipfel schmal

Die Blütezeit im Frühling führte zur Namensgebung nach dem Kuckuck als Frühjahrskünder. Auch der häufig an der Pflanze zu findende Schaum von Schaumzikaden, hat wohl mit dazu beigetragen. Diesen nennt man im Volksmund „Kuckucksspeichel". Früher glaubte man, dieser Vogel habe bei seiner Ankunft im Frühjahr auf die Pflanzen gespuckt.

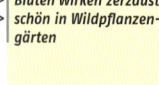

schmal-lanzettlich

Blätter gegenständig

Blütenstände mit bis zu 30 Blüten, diese 3–4 cm breit

Stängelloses Leimkraut

Silene acaulis (Nelkengewächse)
H 1–5 cm   Juni–Sept.   Staude

Vorkommen Steinige Rasen, Felsgrate, Schutthänge auf Kalk. Nordeuropa, Gebirge in Mittel- und Südeuropa. In den Alpen von etwa 1500 bis 3000 m.

> bildet charakteristische Polster mit Pfahlwurzel
> wird auch „Blühendes Moos" genannt
> Blüten duften

5 Kronblätter, 0,6–1,4 cm lang

vorn eingebuchtet

Die Polster sind gut an den rauen Standort mit Wind und Schnee angepasst. In ihrem Innern reichert sich Humus an, der Nährstoffe liefert und Feuchtigkeit speichert. Bei Sonne erwärmen sich die Polster bis etwa 15 °C über die umgebende Lufttemperatur. Dies fördert wohl die Blütenentwicklung und Fruchtreife. Die Blüten sind nur tagsüber geöffnet.

Blüten je einzeln am Stängelende

sehr dichte, flache Polster

Blätter schmal, 0,5–1,2 cm lang

gegenständig

Rote Lichtnelke

Silene dioica (Nelkengewächse)
H 30–90 cm   April–Sept.   Staude   (🐛)

Die männlichen und die weiblichen Blüten sitzen auf verschiedenen Pflanzen. Beide locken besonders Tagfalter und langrüsselige Hummeln als Bestäuber an. Wiesen an geeigneten Standorten sind im Mai durch die üppige Blütenpracht oft rotviolett gefärbt. Nur wenige Nachzügler blühen später.

Vorkommen Feuchte Wiesen und lichte Wälder. Fast ganz Europa.

> **zeigt nährstoffreiche Böden an**
> **Blüten duften nicht**
> **die ähnliche Weiße Lichtnelke blüht weiß**

Blätter gegenständig, eiförmig

mehrere 1,5–2,5 cm breite Blüten in einer Rispe am Stängelende

Stängel mit bis über 2 mm langen, abstehenden Haaren

weibliche Blüte mit bauchig-eiförmigem Kelch

Kronblätter 2-spaltig

männliche Blüte mit zylindrischem Kelch

Grasnelke

Armeria maritima (Bleiwurzgewächse)
H 5–50 cm   Mai–Nov.   Staude

Die Grasnelke verträgt nicht nur Salz, einige Sippen können sogar Böden besiedeln, die mit giftigem Schwermetall verseucht sind. Die Pflanze lagert die aufgenommenen Metalle dann in die Blätter am Grund ein. Die Blütenköpfe behalten auch getrocknet in Trockensträußen ihre Farbe und Form. Man darf sie jedoch nicht von Wildpflanzen sammeln, da diese geschützt sind.

Vorkommen Strand- und Salzwiesen der Meeresküsten, Trockenrasen. Auf sandigen oder steinigen, salzhaltigen Böden. Nord-, Mittel- und Westeuropa.

> **Blätter grasartig**
> **bildet eine lange Pfahlwurzel aus**
> **ist an Salzstandorte angepasst**

Blüten bilden ein endständiges Köpfchen

dicklich, bis 3 mm breit

Blätter alle am Grund

trockenhäutige Blätter unterhalb des Köpfchens

Krone um 5 mm breit

Kelch trichterförmig

Vogel-Knöterich
Polygonum aviculare (Knöterichgewächse)
H 5–50 cm Mai–Nov. einjährig

Vorkommen *Wege, Wegränder, Risse in Asphalt, Pflasterplätze, Unkrautbestände. Ganz Europa.*

> **wächst flach oder aufrecht**
> **sehr trittfeste Pflanze**
> **zeigt Stickstoff im Boden an**

Wie der Name andeutet, fressen Vögel gern die Samen. So sieht man in den Dörfern häufig Spatzen an den Pflanzen picken. Die vielgestaltige Art begleitet den Menschen seit der jüngeren Steinzeit und kommt heute weltweit in den gemäßigten Zonen vor. Die Samen haften gut an Schuhsohlen und werden so entlang der Wege verschleppt.

Blütenblätter rosa oder grünlich, 2–3 mm lang

Stängel gestreift

Blüten unscheinbar, in den Blattwinkeln

häutig-durchsichtige, zerschlitzte Scheide

Blätter 0,5–4 cm lang

Stängel niederliegend oder aufsteigend

34 ❀

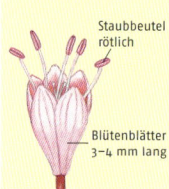

Wasser-Knöterich
Persicaria amphibia (Knöterichgewächse)
H 30–300 cm Juni–Sept. Staude

Vorkommen *Zwischen anderen Pflanzen in Teichen, an Ufern, in Nasswiesen, auf nassen Äckern und Schuttplätzen. Ganz Europa.*

> **sehr variabel im Wuchs und Standort**
> **Blüten duften angenehm**
> **bildet nur an feuchten Standorten Samen aus**

Der Wasser-Knöterich wächst entweder als Wasserpflanze mit Schwimmblättern oder als Landpflanze mit aufrechtem Stängel. Er ist dabei so flexibel, dass er von einer Form in die andere wechseln kann. Fallen Gewässer trocken, wächst er einfach als Landform weiter. Er verträgt auch starke Wasserschwankungen besser als viele andere Wasserpflanzen.

3–5 cm lange, etwa 1 cm dicke, zylindrische Blütenstände

Blätter bis über 20 cm lang, schmal-lanzettlich

häutige Scheide um den Stängel

Stiel kurz

Staubbeutel rötlich

Blütenblätter 3–4 mm lang

Schlangen-Wiesenknöterich
Bistorta officinalis (Knöterichgewächse)
H 30–100 cm   Mai–Juli   Staude

Die Pflanze ist nicht nur schön anzusehen, sondern auch nützlich: In den Blüten finden Insekten reichlich Nektar. Junge Stängel und Blätter werden gern vom Vieh gefressen und ergeben schmackhaftes Wildgemüse. In Sibirien und auf Island aß man früher den gerösteten, stärkereichen Wurzelstock. Gemahlen diente er auch zum Strecken von Mehl. In der Volksheilkunde verwendet man ihn gegen Durchfall und Rachenentzündungen.

Vorkommen *Nasse Wiesen, Auenwälder, Ufer. Von der Ebene bis ins Gebirge. Mitteleuropa.*

> **kann oft große Flächen bedecken**
> **zeigt nasse Böden an**
> **auch für das Ufer des Gartenteichs geeignet**

dichte Blütenstände am Ende der Stängel

Blütenstand 3–6 cm lang, 1–2 cm dick

Staubblätter ragen weit heraus

Blütenblätter 4–5 mm lang

35

Rand der Stängelblätter wellig

Stängel von einer Scheide umhüllt

Wurzelstock s-förmig oder schlangenartig gebogen

Schon gewusst?
In dem gewundenen Wurzelstock sah man früher einen Hinweis auf die Heilkraft der Pflanze. So geben Kräuterbücher des 16. Jahrhunderts an, dass ein aus der Pflanze destilliertes Wasser wirksam gegen Bisse von Giftschlangen sei.

Wilde Malve

Malva sylvestris (Malvengewächse)
H 30–100 cm   Juni–Okt.   Staude

Vorkommen *Sonnige Unkrautbestände an Wegen, auf Schutt-plätzen, Ödflächen. An eher warmen, trockenen Standorten. Fast ganz Europa.*

> **blüht über einen langen Zeitraum**
> **Blüten rosaviolett oder dunkelpurpurn**
> **heißt auch „Große Käsepappel"**

vorn eingebuchtet

deutlich dunklere Adern auf den Kronblättern

Die scheibenförmigen, plattgedrückten Früchte ähneln einem kleinen Käseleib. Besonders Kinder haben sie früher in unreifem Zustand gesammelt und roh gegessen. Sie erinnern im Geschmack etwas an Kohl. Im 16. Jahrhundert galt die Wilde Malve noch als Allheilmittel, heute verwendet man die Blätter und Blüten nur noch bei trockenem Reizhusten und entzündeten Rachenschleimhäuten. Dunkle Malvenblüten eignen sich auch zum Färben von Lebensmitteln.

obere Blätter etwa bis zur Mitte 3–7-teilig

behaart

kann auch dunkel-purpurn blühen

Kronblätter 2–2,5 cm lang

je 2–6 Blüten in den Blattachseln

Schon gewusst?

Auf den Blättern der Malven sitzen häufig rostfarbene Pusteln. Sie stammen von einem Rostpilz. Die von ihm befallenen Pflanzen sterben zwar nicht ab, sehen aber nicht mehr sehr schön aus.

Graubehaarte Zistrose

Cistus incanus (Zistrosengewächse)
H 30–100 cm   April–Juni   Strauch

Aus den Blättern und Zweigen einer Unterart bereitet man „Cystus-Tee", der Herz- und Kreislauferkrankungen vorbeugen und die allgemeine Abwehrkraft verbessern soll. Extrakte wirken auch gegen Halsschmerzen und konnten zumindest in Laborversuchen die Vermehrung von Grippeviren hemmen – eine Fähigkeit, welche die Bedeutung der Pflanze in Zukunft steigern könnte.

Vorkommen *Lockere Wälder und Buschgebiete im Mittelmeerraum, außer in Frankreich und Spanien.*

Blüten 4–6 cm breit

> *ist an Trockenheit angepasst*
> *erinnert aus der Ferne an eine Rose*
> *blüht nur vom Morgen bis zum frühen Nachmittag*

Blatt eiförmig-lanzettlich

Rand oft wellig

Blattnerven oben eingesenkt

Blätter gegenständig

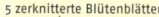
5 zerknitterte Blütenblätter

zahlreiche Staubblätter

Acker-Gauchheil

Anagallis arvensis (Primelgewächse)
H 5–30 cm   Juni–Okt.   einjährig

Der Acker-Gauchheil galt früher als wirksame Heilpflanze gegen Geisteskrankheiten („Gauch" = Narr, Tor). Die Blüten öffnen sich morgens gegen 9 Uhr und schließen sich nachmittags spätestens ab 15 Uhr. Da sie sich auch bei bewölktem Himmel und damit bei bevorstehendem Regen schließen, hielt man die Pflanze für eine Wetterprophetin.

Vorkommen *Unkrautbestände in Äckern, Gärten, an Straßenrändern. Auf nährstofffreien Böden. Ganz Europa.*

Blüten einzeln auf langen Stielen in den Blattachseln

seltene Variante mit blauen Kronblättern

Staubfäden behaart

> *oft flächig an Straßenrändern*
> *Früchte krümmen sich zum Boden*
> *braucht viel Licht*

fast bis zum Grund in bis 6 mm lange Zipfel gespalten

oval bis lanzettlich

Blätter gegenständig

Krone radförmig

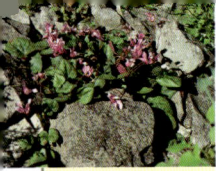

Europäisches Alpenveilchen

Cyclamen purpurascens (Primelgewächse)

H 5–15 cm   Juni–Sept.   Staude   ☠

***Vorkommen** Laubwälder auf Kalkgestein. In den Gebirgen Mittel- und Südeuropas.*

- ***Blätter immergrün***
- ***Knolle ragt meist etwas aus dem Boden***
- ***überall geschützt, nicht ausgraben!***

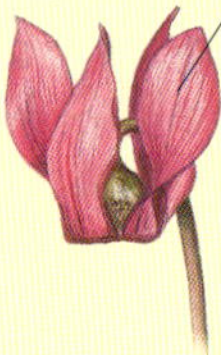
bis 2,5 cm lange, nach hinten geschlagene Kronzipfel

In der Antike gehörte die Pflanze zu den – nicht ungefährlichen – Zutaten von Liebestränken. Griechen und Römer pflanzten sie auch in die Nähe von Häusern, im Glauben, dies schütze vor der Wirkung von Gifttränken. Im Mittelalter hieß die Pflanze noch „Erdapfel" – später „Erdscheibe", Namen die sich von der Form der Knolle ableiten. Erst gegen Ende des 19. Jahrhunderts kam der Name „Alpenveilchen" auf. Vergiftungen können zu Atemlähmung führen.

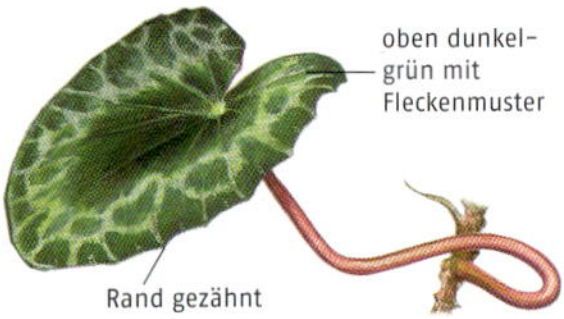
oben dunkelgrün mit Fleckenmuster
Rand gezähnt

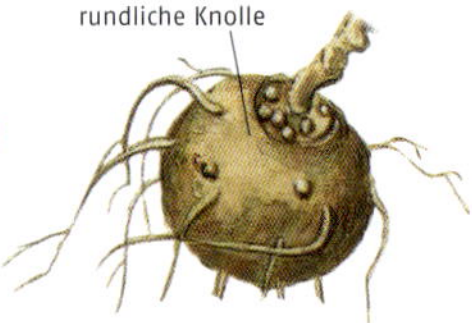
rundliche Knolle

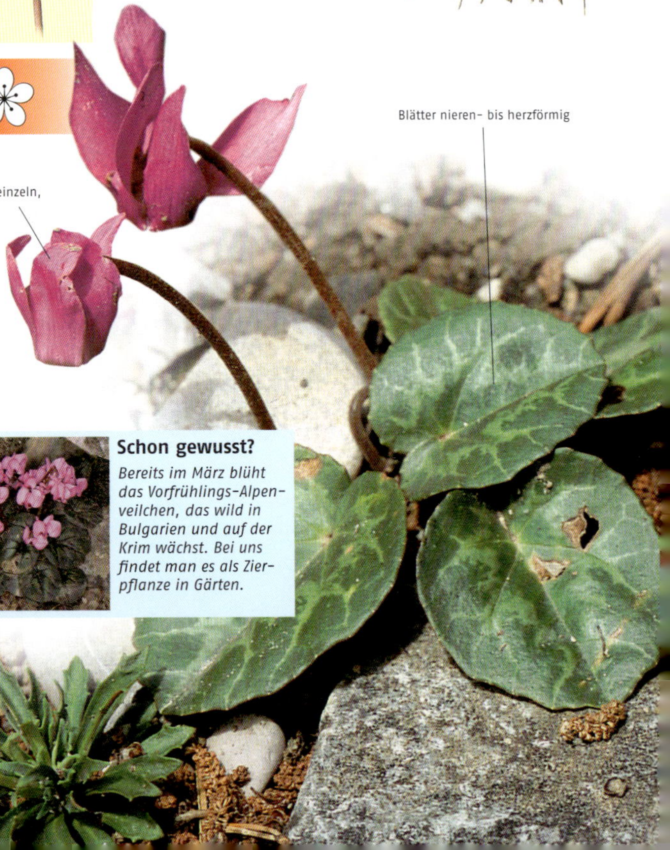
Blätter nieren- bis herzförmig
Blüten einzeln, nickend

Schon gewusst?

Bereits im März blüht das Vorfrühlings-Alpenveilchen, das wild in Bulgarien und auf der Krim wächst. Bei uns findet man es als Zierpflanze in Gärten.

Milchkraut

Glaux maritima (Primelgewächse)
H 3–20 cm   Mai–Aug.   Staude

Das Milchkraut ist gut an seinen salzigen Standort angepasst. Es besitzt spezielle Drüsen auf den Blättern. Durch diese kann es das giftige Salz, das es aus dem Untergrund aufgenommen hat, einfach wieder ausscheiden. Glaux war bereits in der Antike der Name einer Pflanze, welche die Milchleistung beim Vieh steigern sollte.

ziemlich dicht beblättert

Blüten einzeln, etwas versteckt in den Blattachseln

etwas ledrig

Blätter länglich-eiförmig, bis 1,5 cm lang

Kelch übernimmt die Schauwirkung der fehlenden Blütenkrone

Blüte bis 5 mm lang

Staubfäden meist rot

39

Mehl-Primel

Primula farinosa (Primelgewächse)
H 10–30 cm   Mai–Juli   Staude

Die Mehl-Primel kann nur an offenen Standorten gedeihen. Ist der Bewuchs dichter, verschwindet sie, da ihre dicht dem Boden anliegende Blattrosette dann nicht mehr genügend Licht bekommt. Der gelbe Ring am Eingang zur Röhre weist den blütenbesuchenden Insekten, besonders Tagfaltern, den Weg zum Nektar.

3–15 Blüten bilden eine Dolde

unten dicht weiß bepudert

alle Blätter in einer Rosette

Stängel ohne Blätter

Vorkommen *Quellige Moore, moorige Wiesen, steinige Rasen. Alpenvorland, Alpen, Nordeuropa, Pyrenäen.*

> **duftet nur schwach**
> **kenntlich an den unten weißmehligen Blättern**
> **braucht viel Feuchtigkeit**

Krone radförmig, bis 1,5 cm groß

gelber Ring

Zipfel tief eingebuchtet

Alpen-Mannsschild

Androsace alpina (Primelgewächse)

H 1–5 cm   Juni–Aug.   Staude

Der Alpen-Mannsschild gehört zu den am höchsten steigenden Blütenpflanzen der Alpen. Er wächst noch in Höhen von etwa 4200 m. An seinen teils windausgesetzten Standorten ist sein Wuchs von großem Vorteil: Die flachen, bis 30 cm großen Polster können im Innern wertvolles Humusmaterial festhalten, das nach Regen dann auch Wasser speichert.

flache Polster aus kleinen Rosetten

Blatt eiförmig bis lanzettlich

Krone 5–9 mm breit

Zipfel rund

gelber Ring im Schlund

Blätter 3–10 mm lang

Große Fetthenne

Sedum telephium (Dickblattgewächse)

H 30–80 cm   Juli–Sept.   Staude

sehr zahlreiche, unter 1 cm große Blüten

Die Blätter und Wurzeln können Wasser speichern, so dass die Pflanze sehr zählebig ist und lange Trockenheit erträgt. Sie musste deshalb früher für manches Orakel herhalten: Wuchsen aufgehängte Pflanzen weiter, so hoffte man daraus die eigene Lebensdauer oder die Heilung eines Kranken zu lesen. Sie waren auch ein gutes Omen für Liebende.

dichter, doldenartiger Blütenstand

Kronblätter rosa, dunkel-violett oder gelblich grün

Blätter fleischig, 2–10 cm lang

dicke, rübenartige Speicher-wurzeln

Fruchtknoten 5-teilig

Pflanze kahl

Rostblättrige Alpenrose

Rhododendron ferrugineum (Heidekrautgewächse)

H 70–150 cm   Juni–Aug.   Strauch   🕱

In manchen Gegenden der Alpen heißen die Sträucher „Alm-rausch". „Rausch" gilt hierbei als allgemeine Bezeichnung für niedriges Gestrüpp und bezieht sich wohl nicht auf ein hörbares Rauschen durch den Wind oder eine berauschende Wirkung. Tee aus Blättern führt zu Übelkeit, Krämpfen und Herzstillstand. Auch die Blüten vieler Rhododendron-Arten sind giftig. Wenn Bienen Nektar daraus sammeln, gelangen die Giftstoffe sogar in den Honig.

Vorkommen In Baumbeständen an der Waldgrenze, Zwerg-strauchheiden auf saurem Boden ober-halb der Waldgrenze. Gebirge in Mittel- und Südeuropa.

> **Blätter immergrün, unterseits rostbraun beschuppt**
> **kann riesige Bestände bilden**
> **braucht im Winter Schneebedeckung**

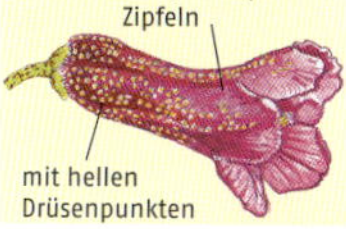

Krone glockig, mit 5 stumpfen Zipfeln

mit hellen Drüsenpunkten

Schon gewusst?

Bei der ähnlichen Bewimperten Alpenrose, die auf kalkhaltigen Böden an ähnlichen Stand-orten wächst, sind die Blätter auf beiden Seiten grün und am Rand bewimpert. Beide Arten leiden in schneearmen Wintern, weil die schützende Schneedecke fehlt.

um 1,5 cm lange Blüten an den Enden der Zweige

Blätter oben glänzend dunkelgrün

41

Gegenblättriger Steinbrech

Saxifraga oppositifolia (Steinbrechgewächse)

H 1–5 cm   April–Juli   Staude

Vorkommen Stein-
schutt, Geröll, steinige
Bergrasen. Auf eher
feuchten Böden. Von
der Baumgrenze bis auf
über 3500 m. Nord-
europa, Gebirge Mittel-
und Südeuropas.

> auffälligster Steinbrech
> bildet farbenprächtige
>   Polster
> im hohen Norden eine
>   der häufigeren Blüten-
>   pflanzen

Da die Blüten schon im Vorjahr angelegt werden, kann die Art
rasch nach der Schneeschmelze blühen, oft zu einer Zeit, zu der
noch keine Insekten aktiv sind. Dann bestäuben sich die Blüten
selbst. Geöffnete Blüten ertragen bis −15 °C. Junge
Blätter dagegen sind empfindlicher, sie treiben
deshalb erst später aus. Ausgewachsen halten sie
dann bis zu −40 °C aus.

Blätter blaugrün,
Rand bewimpert

gegenständig

Blüten einzeln
an den Enden
der Stängel

1–5 cm hohe
Polster

Blüte
bis 2 cm
groß

Kronblätter oval

42

Sumpfblutauge

Potentilla palustris (Rosengewächse)

H 30–100 cm   Juni–Juli   Staude

Vorkommen Sümpfe,
Moore, Gräben. Auf
nassen, oft über-
schwemmten, mäßig
sauren Böden. Von der
Ebene bis ins Gebirge.
Mittel- und Nord-
europa.

> braucht kühles Klima
> vermehrt sich auch durch
>   abgerissene Stängel
> steht oft direkt im Wasser

Die Früchte des Sumpfblutauges erinnern etwas an eine Erdbeere.
In manchen Gegenden haben Kinder sie früher tatsächlich gesammelt und gegessen. Auch Tiere fressen sie beim Weiden. Dabei
scheiden sie die unverdauten Kerne wieder aus und sorgen so für
die Verbreitung der Pflanze. Außerdem
können losgelöste Kerne mit Wasser-
strömungen davonschwimmen.

wenige bis 2,5 cm
große Blüten auf
aufrechtem Stängel

Kelch um die
Frucht bleibend

mit vielen Griffeln

Blätter unten
bläulich grün

Kelch und Krone
dunkelpurpurn

viele Staub-
blätter

5–7 Fiederblättchen

Bach-Nelkenwurz

Geum rivale (Rosengewächse)

H 30–70 cm   April–Juli   Staude

An den Früchten sitzen noch die Griffel, die sich stark verlängert haben. Sie bilden Haken, mit denen die Früchte wie Kletten an Tieren hängen bleiben und so verschleppt werden. In der Volksheilkunde verwendete man die Wurzeln der Bach-Nelkenwurz gegen Durchfall und Entzündungen im Mund-Rachen-Bereich.

wenige nicken-de Blüten

großes, meist 3-teiliges Endblättchen

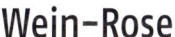

Stängel aufrecht, dicht behaart

untere Blätter unterbrochen gefiedert

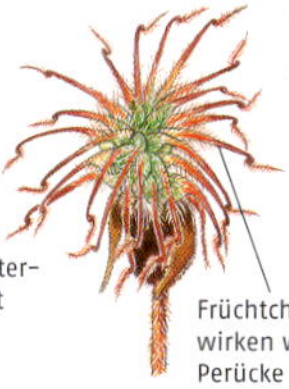

Früchtchen wirken wie eine Perücke

Vorkommen *Nasse Wiesen, Gräben, Bäche, Auenwälder, Moorwiesen. Auf nassen Böden. Ganz Europa, im Süden in den Gebirgen.*

> **zeigt Nährstoffreichtum an**
> **braucht kühles, feuchtes Klima**
> **bildet dichte Büschel**

Blüte glockenförmig

Kelch purpurbraun

Kronblätter rosa bis gelblich

Wein-Rose

Rosa rubiginosa (Rosengewächse)

H 100–300 cm   Juni–Juli   Strauch

Die Wein-Rose verströmt beim Reiben, im Frühsommer auch ohne Reiben, einen deutlichen Geruch nach frischen Äpfeln. Das geflügelte Wort „Keine Rose ohne Dornen" müsste richtig heißen: „Keine Rose ohne Stacheln": Die wehrhaften Gebilde entstehen im Gegensatz zu Dornen nicht aus umgewandelten Blättern oder Zweigen, sondern nur aus der Hautschicht und lassen sich wegdrücken, ohne den Zweig zu verletzen.

Blätter mit 5–7 Fiederblättchen

unten mit Haaren und rotbraunen, gestielten Drüsen

Fruchtstiel mit drüsigen Haaren

Frucht kugelig bis eiförmig

Zweig mit kräftigen, sichelförmig gekrümmten Stacheln

Vorkommen *Gebüsche in mageren Wiesen, Feldhecken, Waldränder, Böschungen, felsige Hänge. Auf mäßig trockenen, meist kalkhaltigen Böden. Ganz Europa.*

> **am Apfelduft gut zu erkennen**
> **bevorzugt warme Standorte**
> **Früchte eignen sich für Tee**

Blüte 2,5–4 cm groß

Kelchblätter länger als die Kronblätter

Hunds-Rose
Rosa canina (Rosengewächse)
H 100–300 cm   Juni   Strauch

Frucht schlank eiförmig, kahl

Die Früchte, die Hagebutten, liefern aromatischen, angenehm säuerlichen Tee und Vitamin-C-reiches Mus. Ihre altdeutsche Bezeichnung „Butte" galt früher für „Fass" und bezeichnet eine kurze, dicke Form. Dieser Name hat sich heute noch in „Büttenreden" und in „Buddelflasche" erhalten. Bei den Germanen war die Hunds-Rose der Liebesgöttin Frigg geweiht. Sie stand auch als Symbol für das Weiterleben der Seele nach dem Tod.

Blatt mit 5–7 Fiederblättchen

kahl, oft blaugrün

Grund breit

Stachel sichelförmig oder hakig

zahlreiche Staubblätter

Kronblätter hellrosa, etwas herzförmig

Blüten 4–5 cm breit, hellrosa oder auch weiß

44

Blattoberseite dunkelgrün

Schon gewusst?
Immer wieder findet man an Hunds-Rosen auffällige Gebilde, die man früher „Rosenäpfel" oder „Schlafäpfel" nannte. Es handelt sich dabei um Gallen, in denen die Larven der Rosengallwespe fressen und sich später verpuppen.

Gewöhnlicher Reiherschnabel

Erodium cicutarium (Storchschnabelgewächse)
H 10–60 cm   April–Okt.   ein- bis zweijährig

Blütenstand auf langem, behaartem Stiel

Die Früchtchen lassen sich als Feuchtigkeitszeiger verwenden: Trocken ist ihr „Schnabel" eingerollt, feucht gestreckt. Die Bewegung, die beim Anfeuchten stattfindet, lässt sich mit bloßem Auge beobachten. Findet sie bei einer auf dem Boden liegenden Frucht statt, bohrt sich der Samen in den Boden – die Pflanze sorgt so für einen geeigneten Keimplatz.

Vorkommen *Lockere Unkrautbestände auf Sandflächen, Äckern, Ödflächen, in Weinbergen, an Wegen. Ganz Europa.*

> **zeigt Sandboden an**
> **Pionier auf offenen Flächen**
> **benötigt Wärme im Sommer**

rosa Kronblätter weniger als 1 cm lang

Blatt gefiedert, Blättchen eingeschnitten

Früchtchen mit 3–4 cm langem „Schnabel"

Kelchblätter behaart

Adern meist dunkler

Frucht 3–4 cm lang

Blutroter Storchschnabel

Geranium sanguineum (Storchschnabelgewächse)
H 15–50 cm   Juni–Aug.   Staude

Der Name der Pflanze kann verschiedene Ursprünge haben: Blütenfarbe, Herbstfärbung oder die blutrote Farbe des aufgeschnittenen Wurzelstocks. Dieser enthält reichlich Gerbstoffe. Früher diente er zum Blutstillen, neuere Untersuchungen zeigen, dass Auszüge daraus auch die Vermehrung von Grippeviren hemmen.

Blätter handförmig geteilt

Abschnitte in 2–3 Zipfel gespalten

überragen das nächste Blatt

Vorkommen *Rand von Trockengebüschen und trockenen Wäldern, Felsen, Magerrasen, Böschungen. Besonders Mittel- und Südeuropa.*

> **wärmeliebend**
> **lockt Bienen als Bestäuber an**
> **auch üppig blühende Gartenzierpflanze**

Kronblätter bis 20 mm lang, leuchtend karminrot

Blüten einzeln

vorn meist seicht eingebuchtet

Stink-Storchschnabel

Geranium robertianum (Storchschnabelgewächse)
H 20–40 cm   Mai–Okt.   einjährig

Durch einen Schleudermechanismus können die Samen mehr als 3 m weit und fast 2 m hoch fliegen. Gelegentlich wächst die Pflanze deshalb auch auf moosigen Bäumen oder in Astgabeln. Die wegen des für die meisten Nasen unangenehmen Geruchs auch „Stinkender Storchschnabel" oder „Stinkender Robert" genannte Pflanze verwendete man früher gegen Motten.

Blüten meist zu zweit auf gemeinsamem Stiel

Blattstiele sterben nicht ab und stützen die Pflanze

Wurzel sehr klein, bietet wenig Halt

Blätter fast bis zum Grund handförmig 5–7-teilig

Kronblätter um 1 cm lang, meist mit 3 Längsstreifen

Echtes Tausendgüldenkraut

Centaurium erythraea (Enziangewächse)
H 10–50 cm   Juli–Sept.   einjährig

Der Name „Tausendgüldenkraut" soll den fast unbezahlbaren Wert wiedergeben, den man der Heilpflanze früher zusprach. *Centaurium* bedeutet zwar nur „100 Goldstücke", eine große Menge ließ sich volkstümlich jedoch mit 1000 besser beschreiben. Von den vielen Krankheiten, gegen die das Kraut helfen sollte, ist heute nur die verdauungsfördernde Wirkung belegt.

Kronzipfel 5–8 mm lang, stumpf

viele Blüten in einem ausgebreiteten Blütenstand

lange Kronröhre

Blätter gegenständig, etwas fleischig

ungestielt

Deutscher Fransenenzian

Gentianella germanica (Enziangewächse)
H 5–40 cm   Juni–Okt.   zweijährig

Vom Deutschen Fransenenzian gibt es eine Form, die im Früh-sommer und eine, die im Herbst blüht. Beide unterscheiden sich so stark, dass man sie für verschiedene Arten halten könnte: Die Pflanzen des Frühsommers sind wenig verzweigt und haben län-gere Stängelabschnitte zwischen den Blättern. Herbstformen sind stark verzweigt, gestaucht und tragen bis zu 50 Blüten. Trotz der kurzen Zeit bis zum Winter bilden auch sie noch reife Samen aus.

Vorkommen *Magere Rasen und Weiden über Kalk, vor allem in den Mittelgebirgen. An sonnigen Standorten in Mitteleuropa.*

> **blüht selten auch weiß**
> **schmeckt sehr bitter**
> **Wuchs sehr unter-schiedlich**

viele aufwärts gerichtete Blüten

trichterförmige, um 3 cm lange Kronröhre

lange Fransen am Eingang

47

Stängel verzweigt

Blätter gegenständig, eiförmig, spitz

Schon gewusst?

Der Feld-Fransen-enzian ähnelt dem Deutschen Fransen-enzian, hat aber Blüten mit 4 Kron-zipfeln. Er wächst in den Mittelgebirgen und im Gebirge bis 2800 m Höhe.

Gemeiner Oleander

Nerium oleander (Hundsgiftgewächse)
H 100–400 cm   Juli–Sept.   Strauch 🐛

Der Strauch erinnert ohne Blüten etwas an eine Weide. Die Blüten, die bei Züchtungen auch weiß, rosa und gefüllt sein können, duften besonders abends und locken Nachtschmetterlinge wie den Oleanderschwärmer an. Dessen Raupen leben von Blättern des Strauchs. Ihnen machen die stark herzwirksamen Giftstoffe nichts aus. Für den Menschen können sie tödlich sein.

Frucht bis 10 cm lang, spindelförmig

Blätter ledrig, bis 15 cm lang

Mittelnerv deutlich

Unterseite heller

Kronblätter mit Fransen

Blüten um 5 cm breit

mehrere Blüten in doldenartigen Blütenständen

Gewöhnlicher Hasenlattich

Prenanthes purpurea (Korbblütengewächse)
H 50–150 cm   Juli–Aug.   Staude

Besonders durch die wenigen Blüten im Körbchen kann man sich bei dieser Art irreführen lassen und das Körbchen für eine Einzelblüte mit wenigen Blütenblättern halten. Der Namensbezug zum Hasen weist darauf hin, dass es sich um eine wildwachsende Futterpflanze handelt, im Gegensatz zu anderen Lattichen, die als Salat angebaut werden.

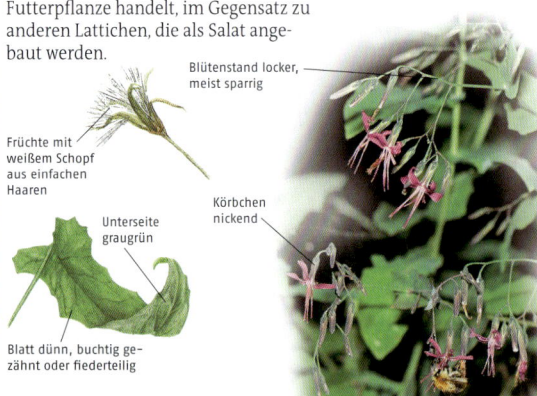

Blütenstand locker, meist sparrig

Früchte mit weißem Schopf aus einfachen Haaren

Unterseite graugrün

Körbchen nickend

Körbchen mit 2–5 Zungenblüten

Blatt dünn, buchtig gezähnt oder fiederteilig

Gewöhnlicher Beinwell

Symphytum officinale (Raublattgewächse)
H 30–100 cm   Mai–Juli   Staude

Bereits in der Antike setzte man den Gewöhnlichen Beinwell zur Wundheilung ein, ab dem Mittelalter galt er als heilsam bei Knochenverletzungen und Beinbrüchen. Heute ist belegt, dass die Pflanze bei Prellungen, Zerrungen, Quetschungen, Verstauchungen hilft und die Knochenheilung anregt. Da in der Pflanze allerdings auch leberschädigende und krebsauslösende Stoffe in wechselnden Mengen vorhanden sind, sollte man nur geprüfte Arzneimittel verwenden.

Vorkommen Ufer, Wegränder, nasse Wiesen, Gräben, Auenwälder. Auf feuchten bis nassen Böden vor allem in tieferen Lagen. Fast ganz Europa.

> *blüht gelblich weiß, purpurn oder rotviolett*
> *ganze Pflanze stark stachelig-rauhaarig*
> *heißt auch „Wallwurz"*

Kelch mit lang zugespitzten Zipfeln

Krone 1–2 cm lang, zylindrisch

49

Blütenstände vor dem Aufblühen eingerollt

Stängel aufrecht

Blatt breit lanzettlich

rau behaart

Schon gewusst?

Nur langrüsselige Bienen können ihren Rüssel bis zum Nektar einführen. Kurzrüsselige Hummeln und Bienen beißen oder stechen regelmäßig die Kronröhre seitlich an und begehen von dort aus „Nektardiebstahl", ohne die Blüten zu bestäuben.

Sommer-Adonisröschen

Adonis aestivalis (Hahnenfußgewächse)
H 20–60 cm   Mai–Juli   einjährig   ☠

Nach der griechischen Mythologie soll das Sommer-Adonisröschen aus dem Blut des schönen Jünglings Adonis entstanden sein. Aphrodite habe ihren Liebling in diese Blume verwandelt, nachdem er auf der Jagd von einem wilden Eber getötet worden war. Die Pflanze tritt bei uns als Getreideunkraut seit der Mittleren Bronzezeit auf, wird jedoch immer seltener.

Blüten einzeln, bis 3,5 cm groß

meist 6–8 Kronblätter

Basis mit schwarzem Fleck

Blätter fiederteilig

Frucht aus vielen Früchtchen zusammengesetzt

Blattzipfel um 1 mm breit

Kronen-Anemone

Anemone coronaria (Hahnenfußgewächse)
H 10–45 cm   Febr.–April   Staude   ☠

Die Pflanze bildet eine Knolle, mit der sie in ihrer Heimat die trockenen Sommer überdauern kann. Bereits die Römer fanden Gefallen an den schönen Blüten. Außerhalb des Mittelmeergebiets ist die Kronen-Anemone in vielen Sorten als frühblühende Gartenpflanze und im Spätwinter als Schnittblume bekannt.

5–8 Blütenblätter

oft am Grund heller

zahlreiche dunkle Staubblätter

Blüten einzeln, bis 6,5 cm breit

blüht auch violett, blau oder weiß

3 Blätter am Stängel, diese 3-teilig, Abschnitte tief gelappt

Echte Pfingstrose
Paeonia officinalis (Pfingstrosengewächse)
H 30–60 cm   Mai   Staude   🐝

In der griechischen Mythologie hat der Heilgott Paeon mit einer Pfingstrose den Gott der Unterwelt von einer Verwundung geheilt. Lange Zeit verwendete man die dicken Wurzeln auch gegen Gicht und nannte die Pflanze „Gichtrose". Ketten aus den Samen hängte man zahnenden Kindern um den Hals – ein Mittel, das sicher keine positive Wirkung entfaltete, sondern durch die Giftigkeit gefährlich war. Der Blütenstaub jeder Blüte besteht aus rund 3,6 Millionen Körnern – ein Rekord im Pflanzenreich.

Vorkommen *Trockene Hänge, trockene Gebüsche auf kalkhaltigen Böden bis in Höhen um 1700 m. Südeuropa, südlicher Alpenraum.*

> **blüht um Pfingsten**
> **in Mitteleuropa teils aus Gärten verwildert**
> **duftende Blüten**

5–10 rosa bis dunkelrote Kronblätter

zahlreiche Staubblätter

Schon gewusst?
In Gärten wachsen oft Formen der Echten Pfingstrose mit gefüllten Blüten, bei denen Staubblätter in Blütenblätter umgewandelt sind.

✿ 51

Blüten bis 12 cm breit

Blattrand glatt

knollige Wurzeln

rote und schwarze Samen

Blätter tief gespalten

Frucht öffnet sich mit Klappen

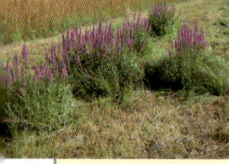

Blut-Weiderich

Lythrum salicaria (Weiderichgewächse)

H 50–100 cm   Juli–Sept.   Staude

***Vorkommen** Nasse Wiesen, Wiesengräben, Teichufer. Auf feuchten bis nassen, nährstoffreichen Böden. Fast ganz Europa.*

- ***Blätter stehen gegenständig oder in 3er-Quirlen***
- ***wächst oft in dichten Büscheln***
- ***für den Gartenteich geeignet***

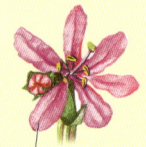

6 violettrote Kronblätter, über 1 cm lang

Beim Blut-Weiderich können Griffel und Staubblätter auf drei verschiedene Arten angeordnet sein: Griffel kurz, Staubblätter mittellang und lang oder Griffel mittellang, Staubblätter kurz und lang oder Griffel lang und Staubblätter kurz und mittellang. Bereits Darwin untersuchte dieses Phänomen und stellte fest, dass sich am meisten Samen bilden, wenn der Blütenstaub von Staubbeuteln der einen Blüte zu einer Blüte mit Griffeln der gleichen Länge kommen.

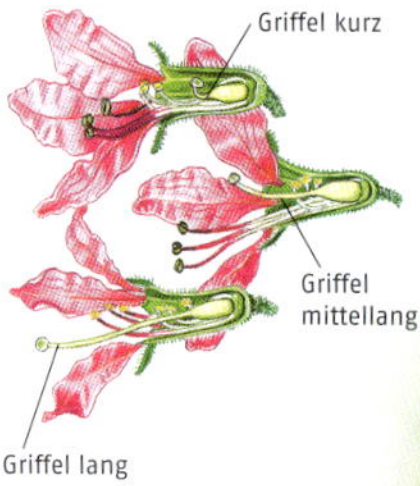
Griffel kurz
Griffel mittellang
Griffel lang

Blatt lanzettlich, weidenähnlich

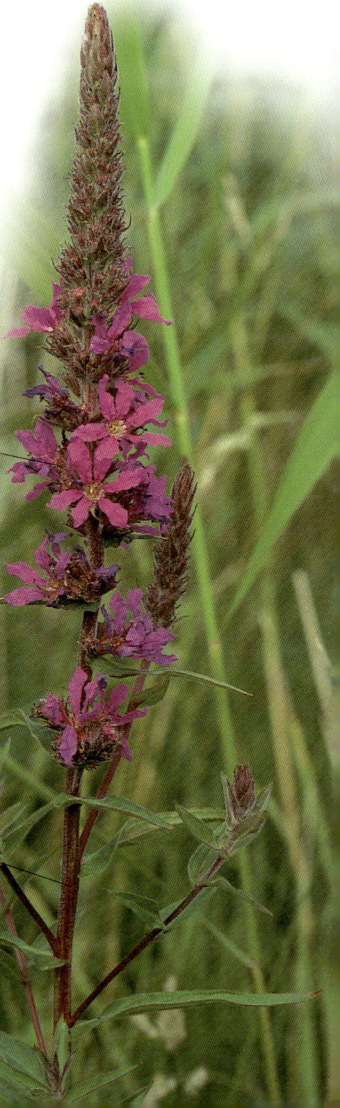
dichte, endständige Blütenähre
gelegentlich kürzere Seitenähren
Stängel aufrecht

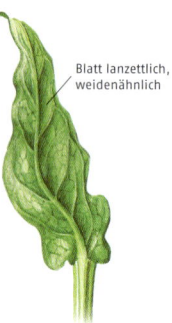

Schon gewusst?

Blut-Weiderich enthält Gerbstoffe, die gegen Durchfall und Darmkatarrh helfen. Diese Wirkung kannten bereits die Heilkundigen der Antike. Im 19. Jahrhundert wurden die Wurzeln während der Cholera-Epidemien in England in großem Maßstab verwendet.

Gewöhnliche Hauswurz

Sempervivum tectorum (Dickblattgewächse)
H 15–50 cm   Juli–Sept.   Staude

Früher hielt man die Gewöhnliche Hauswurz für blitzabwehrend und weihte sie den Göttern Jupiter bzw. Donar. Karl der Große verfügte sogar in einem Erlass, sie auf die Dächer seiner Güter zu pflanzen. Zwar machten sich Gelehrte bereits im 16. Jahrhundert über den angeblichen Zauber lustig, die Pflanze wächst jedoch noch heute auf vielen Dächern – und sei es nur zur Zierde.

Vorkommen Felsbänder, Mauern, Dächer. Auf warmen, trockenen, sonnigen Standorten bis auf 2800 m. Mittel- und Südeuropa.

> **speichert Wasser**
> **die Hauptrosette bildet Tochterrosetten und stirbt nach der Blüte ab**
> **alte Zauberpflanze**

zahlreiche 2–3 cm große Blüten

bilden einen kopfartig wirkenden Blütenstand

Rand bewimpert

Blatt fleischig, starr

12–16 Kronblätter

Knospen rosa

3–12 cm breite Blattrosette

Spitze meist rot

Spinnweben-Hauswurz

Sempervivum arachnoideum (Dickblattgewächse)
H 5–15 cm   Juni–Sept.   Staude

Die „Spinnweben", die sich zwischen den Blattspitzen spannen, stammen von der Pflanze selbst: Beieinander liegende, junge Blattspitzen verkleben etwas miteinander, beim Wachsen „ziehen die Klebestellen Fäden". Die glänzenden Haarbildungen wirken als Strahlungsschutz an den trockenen, sonnigen Standorten.

Vorkommen Felsspalten, offene, magere Bergrasen, Felsköpfe, Mauerkronen. Gebirge Mittel- und Südeuropas bis in Höhen um 3000 m.

> **Pflanze an sonnigen Standorten oft rot überlaufen**
> **abgelöste Blattrosetten bewurzeln sich und sorgen für Vermehrung**
> **erträgt Trockenheit**

6–12 karminrote Kronblätter

beblätterte, aufrechte Stängel mit Blüten

lanzettliche Blätter bilden dichte Rosetten

spinnwebartige Haare zwischen den Blattspitzen

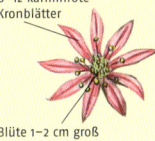

Blüte 1–2 cm groß

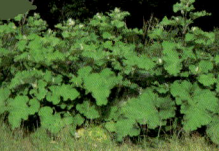

Große Klette

Arctium lappa (Korbblütengewächse)
H 80–150 cm Juli–Aug. zweijährig

Vorkommen *Unkrautbestände an Schuttplätzen, Bahnanlagen, Wegen, Zäunen, Ufer, gestörte Waldstellen. Mittel- und Südeuropa, südliches Skandinavien.*

> ***Klettfrüchte oft noch im Winter an abgestorbenen Pflanzen***
> ***Blätter bis 50 cm lang***
> ***die ähnliche Filzige Klette hat spinnwebartig überzogene Körbchen***

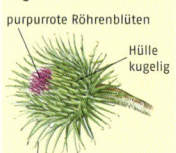

purpurrote Röhrenblüten
Hülle kugelig
Hüllblätter mit Hakenspitze

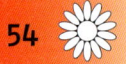

Blätter breit 3-eckig
Unterseite dünn graufilzig

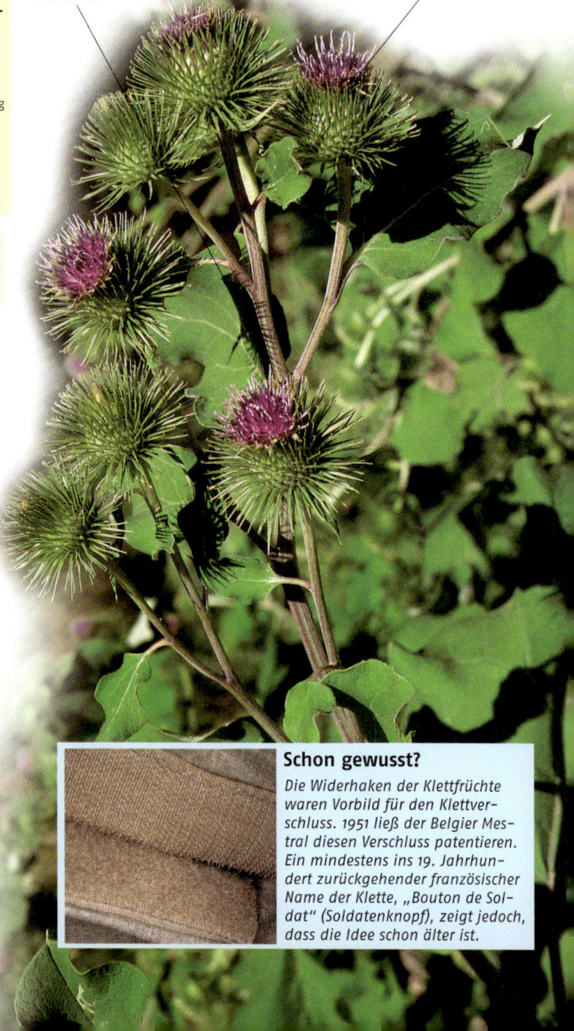

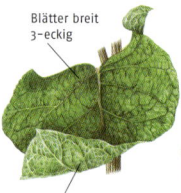

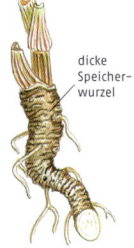

dicke Speicherwurzel

Die Klettfrüchte bleiben an vorbeistreifenden Tieren oder an Kleidung hängen und können weit verschleppt werden. An vielen Standorten hat der Mensch die Pflanze wohl ungewollt selbst ausgesät, wenn er die Kletten aus der Kleidung zupfte und sie wegwarf. Auszüge aus den Wurzeln können bei Hauterkrankungen und schuppigen Haaren hilfreich sein. Japaner kultivieren die Pflanze auch als Gemüse. Die fleischigen Wurzeln lassen sich wie Schwarzwurzeln zubereiten.

mehrere Körbchen bilden einen lockeren Blütenstand
bis 4,5 cm breite, gestielte Blütenkörbchen

Schon gewusst?

Die Widerhaken der Klettfrüchte waren Vorbild für den Klettverschluss. 1951 ließ der Belgier Mestral diesen Verschluss patentieren. Ein mindestens ins 19. Jahrhundert zurückgehender französischer Name der Klette, „Bouton de Soldat“ (Soldatenknopf), zeigt jedoch, dass die Idee schon älter ist.

Gewöhnlicher Wasserdost

Eupatorium cannabinum (Korbblütengewächse)
H 50–150 cm   Juli–Sept.   Staude

Die Pflanze heißt auch „Kunigundenkraut", wohl weil sie als Wundkraut der heiligen Kunigunde, der Gemahlin Heinrich II. (11. Jahrhundert), geweiht war. Die Volksheilkunde empfahl sie früher bei Leber- und Galleleiden und zur Wundheilung. Heute verwendet man sie nur noch in homöopathischen Verdünnungen, da größere Mengen die Leber schädigen und Krebs auslösen können.

Vorkommen *Waldlichtungen und Säume von feuchten Wäldern, Ufer, Gräben, Böschungen. Auf feuchten Böden in ganz Europa.*

> **bildet große Gruppen**
> **lockt viele Bienen und Schmetterlinge an**
> **ähnelt entfernt dem Gewöhnlichen Dost (S. 80)**

sehr viele Blütenkörbchen doldenartig beieinander

Rand gezähnt

Blätter gegenständig

Blatt handförmig 3–5-teilig

Griffel ragen weit heraus

kleine Körbchen mit je 4–6 Röhrenblüten

Grauer Alpendost

Adenostyles alliariae (Korbblütengewächse)
H 50–120 cm   Juli–Aug.   Staude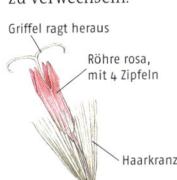

Der Graue Alpendost kann an nährstoffreichen Stellen bis 2 m hoch werden. Die Grundblätter erreichen Größen von bis zu 50 cm. Früher verwendete man sie im Freien als Toilettenpapier – sicher sind sie hierfür auch heute noch bei manchem Bergwanderer im Einsatz. Wenn die Pflanze nicht blüht, ist sie leicht mit der Gewöhnlichen Pestwurz (S. 56) zu verwechseln.

Vorkommen *Mischwälder, Staudenbereiche oberhalb der Waldgrenze bis um 2600 m, Bachufer. Auf nassen Böden. Alpen, Gebirge in Mittel- und Südeuropa.*

> **Blätter unterseits graufilzig**
> **untere Blätter erinnern an die der Pestwurz (S. 56)**
> **trotz des Namens nicht mit dem Gewöhnlichen Dost (S. 80) verwandt**

Griffel ragt heraus

Röhre rosa, mit 4 Zipfeln

Blütenstände ragen weit über die Blätter empor

Haarkranz

viele kleine Körbchen mit je 3–6 Röhrenblüten

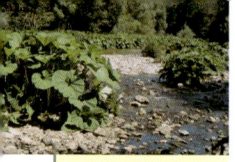

Gewöhnliche Pestwurz

Petasites hybridus (Korbblütengewächse)

H 15–100 cm April–Mai Staude

Vorkommen *Bach- und Flussufer, nasse Wiesen, Talauen. Auf sickerfeuchten Böden, Kies und Schotter. Fast ganz Europa, im Süden im Gebirge.*

> ***hat riesige, schirmartige Blätter***
> ***benötigt hohe Luftfeuchtigkeit***
> ***blüht bevor die grünen Blätter erscheinen***

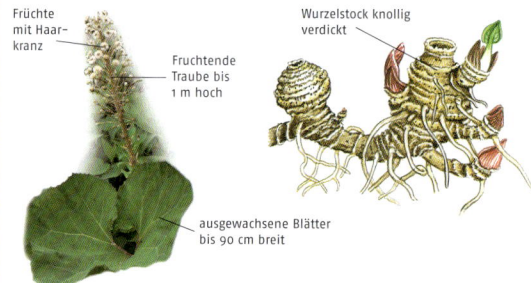

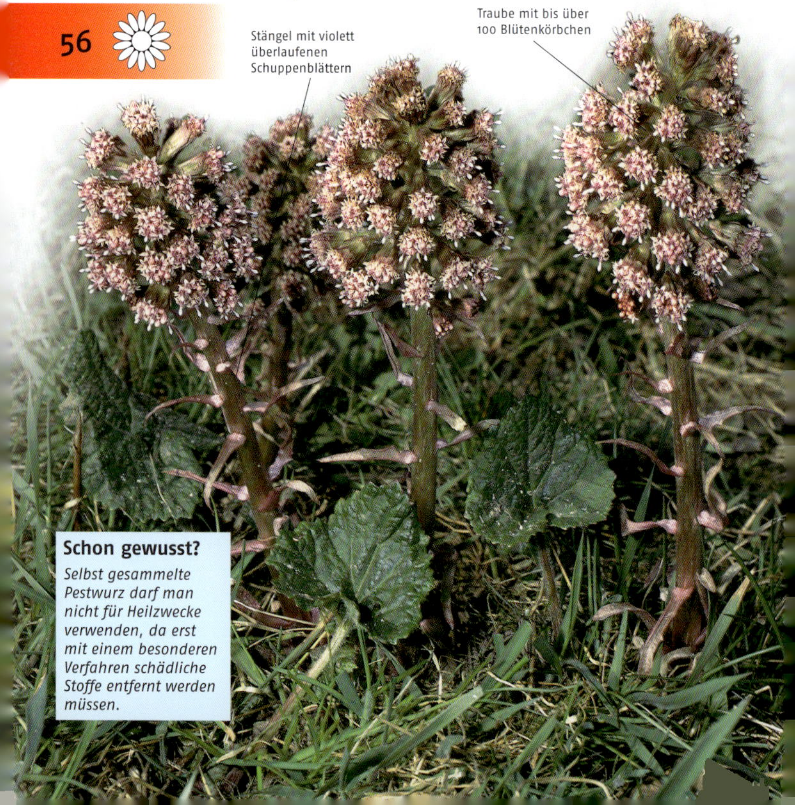

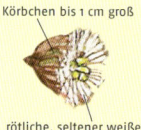

Körbchen bis 1 cm groß
rötliche, seltener weiße Röhrenblüten

Im Mittelalter meinte man, die unangenehm riechende Pflanze könne die Pest austreiben. Heilkundige verabreichten sie deshalb den Kranken als Pulver oder in Wein. Mit dem Schweiß sollte dann das Gift aus dem Körper ausgeschieden werden. Auch „Pestmasken", die man vor dem Gesicht trug, enthielten oft zerstoßene Pestwurz. Heute gibt es Arzneimittel aus der Gewöhnlichen Pestwurz gegen akute Schmerzen in den Harnwegen und zur Vorbeugung von Migräne.

Früchte mit Haarkranz
Fruchtende Traube bis 1 m hoch
ausgewachsene Blätter bis 90 cm breit

Wurzelstock knollig verdickt

Stängel mit violett überlaufenen Schuppenblättern
Traube mit bis über 100 Blütenkörbchen

Schon gewusst?

Selbst gesammelte Pestwurz darf man nicht für Heilzwecke verwenden, da erst mit einem besonderen Verfahren schädliche Stoffe entfernt werden müssen.

Nickende Ringdistel

Carduus nutans (Korbblütengewächse)
H 30–100 cm   Juli–Sept.   zweijährig

Diese Distel heißt auch Nickende Distel oder „Bisam-Distel", denn die Blüten duften süßlich, etwas moschusartig. Sie locken zahlreiche Insekten an. Früher aß man die jungen Blütenkörbchen als artischockenähnliches Gemüse und kochte auch junge Sprosse und Blätter.

Vorkommen Unkrautbestände an Wegen, Steinbrüchen, Böschungen, auf Schuttplätzen und stark beweideten, mageren Weiden. Fast ganz Europa.

Blütenkörbchen 3–6 cm breit, meist nickend

Blätter mit 3-eckigen, dornigen Abschnitten

Blattränder laufen am Stängel herunter

Stängel fast bis oben beblättert

> Früchte tragen einfache Haare
> stachelige Blätter halten Fressfeinde ab
> zeigt Stickstoffreichtum an

Hüllblätter mit starren, rückwärts gebogenen Dornen

purpurne Röhrenblüten

Wollköpfige Kratzdistel

Cirsium eriophorum (Korbblütengewächse)
H 80–180 cm   Juli–Sept.   zweijährig

Im ersten Jahr entsteht eine Blattrosette, die an den auffälligen Blättern gut zu erkennen ist. Die im zweiten Jahr austreibenden Sprosse lieferten früher Gemüse, ebenso wie die jungen Blütenköpfe, die man wie Artischocken verwendete. Ein weiterer Name dieser Kratzdistel war „Mönchskrone", da man das Blütenkörbchen mit einem geschorenen Mönchskopf verglich.

Hülle durch die Behaarung weißlich

Körbchen kugelig

Vorkommen Unkrautbestände in stark genutzten mageren Weiden, an Wegen, Gebüschrändern, Waldschlägen, bis über 2000 m. Mittel- und Südeuropa.

> Früchte mit langen fedrigen Haaren
> benötigt ausreichend Wärme
> schön für Gestecke

purpurne bis blauviolette Röhrenblüten

Hülle dornig, dicht weiß spinnwebartig behaart

kräftige Dornen

Stängel verzweigt

Blattabschnitte abwechselnd nach oben und unten gerichtet

Acker-Kratzdistel
Cirsium arvense (Korbblütengewächse)
H 60–120 cm   Juli–Sept.   Staude

Die Acker-Kratzdistel gehört zu den problematischen Unkräutern der Landwirtschaft. Sie wurzelt bis etwa 3 m tief. Bodenbearbeitung fördert die Verbreitung ihrer Wurzelstücke. Wissenschaftler suchen seit längerer Zeit nach einem Weg, sie außer mit Unkrautvernichtungsmitteln auch auf biologische Weise mit einem nur auf ihr wachsenden Pilz zu bekämpfen.

viele Körbchen beieinander

fruchtende Körbchen entlassen fedrig behaarte Früchte

Stängel nicht stachelig

Blätter ungeteilt oder eingeschnitten

Rand dornig

lila Röhrenblüten

Körbchen bis 2 cm lang

Hülle kugeligeiförmig

Wiesen-Flockenblume
Centaurea jacea (Korbblütengewächse)
H 20–150 cm   Juni–Nov.   Staude

Die Wiesen-Flockenblume schmeckt dem Weidevieh nicht besonders, da sie viele Gerbstoffe enthält. So bleibt sie auf Weiden manchmal noch stehen, wenn alle anderen Pflanzen bereits abgefressen sind. In einigen katholischen Gegenden bindet man die Pflanze traditionsgemäß in die Kräuterbüschel, die an Mariä Himmelfahrt geweiht werden.

2,5–4 cm breite Blütenkörbchen einzeln an den Stängelenden

Hüllblatt mit rundlichem, zerschlitztem, braunem Anhängsel

Blatt eiförmig bis lanzettlich

Hülle braun, mit dachziegelartig angeordneten Blättern

Rand glatt oder entfernt gezähnt

äußere Röhrenblüten stark vergrößert

mit 5 Zipfeln

Gewöhnliche Mariendistel
Silybum marianum (Korbblütengewächse)
H 20–150 cm   Juni–Sept.   ein- bis zweijährig

Schon im Altertum nutzte man die Gewöhnliche Mariendistel als Heil-, aber auch als Gemüsepflanze. Ihre Früchte sollten gegen Muskelzerrungen und Schlangenbisse helfen. Die Blätter ergeben gekocht ein kohlähnliches Gemüse. Die Wurzeln lassen sich wie Schwarzwurzeln, die jungen Blütenkörbchen ähnlich wie Artischocken zubereiten. Die weißen Blattflecken deutete man im Mittelalter als die Milch der Heiligen Maria.

Vorkommen – Ödflächen und Kulturland. Benötigt reichlich Nährstoffe und Wärme. Mittelmeerraum.

> *typisch gefleckte Blätter*
> *eine der bekanntesten Mittelmeerdisteln*
> *auf vielen Marienbildern abgebildet*

Blütenkörbchen einzeln, lang gestielt

bis 8 cm breite Blütenkörbchen

Hüllblätter mit starren Dornen

59

obere Blätter mit bis um 1 cm langen Dornen

überwintert mit Blattrosette

Blätter auffällig weiß marmoriert

Rand dornig gelappt

Schon gewusst?
Die Früchte der Pflanze nannte man im Mittelalter „Stechkörner" und empfahl sie gegen Seitenstechen. Heute rühmen Ärzte ihre leberschützende Wirkung. Ein aus ihnen gewonnener Stoff wird sogar bei Vergiftungen durch Knollenblätterpilze angewendet.

Gewöhnliche Eselsdistel

Onopordum acanthium (Korbblütengewächse)
H 30–250 cm   Juli–Aug.   zweijährig

Vorkommen Unkraut-
bestände an Müll- und
Schuttplätzen, Stein-
brüchen, Böschungen,
Wegrändern. Mittel-
und Südeuropa.

> wirkt aus der Ferne
  silbern
> eines unserer größten
  Korbblütengewächse
> Blütenböden wie
  Artischocken essbar

purpurne Röhrenblüten

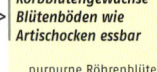

Hülle
kugelig,
spinn-
webartig

starre,
abstehende
Dornen

Disteln, insbesondere die auf Englisch „Scotch thistle" genannte
Gewöhnliche Eselsdistel, sind die Nationalblumen von Schottland. Der Legende nach sollen sie im Mittelalter maßgeblich
zum Ende der Angriffe durch die Wikinger auf Schottland beigetragen haben. Als sich die Wikinger durch Distelbestände an ein
schottisches Lager heranschlichen, alarmierten ihre Schmerzens-
schreie die Bewohner, so dass diese sich verteidigen konnten.

Schon gewusst?

Der wissenschaftliche Name Onopordum
*bedeutet übersetzt „Eselsfurz" oder „Esels-
blähung" und soll sich darauf beziehen,
dass die Pflanze gern von Eseln gefressen
wird, wobei sie entweder beim Fressen kracht
oder Blähungen verursacht.*

Stängel stachelig
geflügelt

3–5 cm große Blütenkörb-
chen einzeln an den Enden
der Verzweigungen

Orangerotes Habichtskraut

Hieracium aurantiacum (Korbblütengewächse)
H 20–50 cm   Juni–Aug.   Staude

Eine Deutung des Namens geht dahin, dass viele Habichtskräuter auf nur Habichten zugänglichen Felsen wachsen. Nach einem antiken Volksglauben sollen sich Habichte ihre Augen mit dem Pflanzensaft bestreichen, wenn diese an Sehkraft verlieren. Das Orangerote Habichtskraut ist eines der wenigen Habichtskräuter, das sich gut bestimmen lässt. Die meisten anderen Arten blühen gelb.

2–25 Blüten-
körbchen
beieinander

je 2–3 cm groß

mit vielen
meist hellen
Haaren

Blätter
spatelig,
weich

Vorkommen *Magere
Bergrasen und Berg-
weiden. Verwildert in
Parkrasen, an Straßen-
böschungen, Bahn-
dämmen. Nordeuropa,
Gebirge in Mittel- und
Südeuropa.*

> **Stängel hohl**
> **wächst meist in Gruppen
> mit vielen Rosetten**
> **oft als Zierpflanze aus
> Gärten verwildert**

orangegelbe bis braun-
rote Zungenblüten

Hülle meist schwärzlich
behaart

Gold-Pippau

Crepis aurea (Korbblütengewächse)
H 5–30 cm   Juni–Sept.   Staude

Bei sonnigem Wetter sorgt der Gold-Pippau für auffällig leuchtende Farbtupfer auf den blumenreichen Rasen der Gebirge und lockt vor allem Schmetterlinge, aber auch Käfer, Fliegen und Hummeln als Bestäuber an. Bei trübem Wetter bleiben die Körbchen dagegen geschlossen. Früher färbte man mit den Blüten Butter und Käse gelb.

Blatt
gezähnt bis
fieder-
spaltig

Stängel je nur mit
1 Blütenkörbchen

Vorkommen *Berg-
wiesen und Weiden,
steinige Gebirgsrasen
von der Baumgrenze
bis auf 2900 m. Gebirge
Mittel- und Südeuropas.*

> **Blätter erinnern an die
> des Wiesen-Löwenzahns
> (S. 257)**
> **Pflanze enthält Milchsaft**
> **schöne Pflanze für
> Steingärten**

orangerote
Zungen-
blüten

Körbchen
bis 4,5 cm
groß

Haferwurz

Tragopogon porrifolius (Korbblütengewächse)
H 20–120 cm   April–Juli   ein- bis zweijährig

Blätter lineal, grasartig

In Mitteleuropa pflanzte man die Haferwurz bis Ende des 16. Jahrhunderts als Wurzelgemüse. Später wurde sie von der Schwarzwurzel verdrängt, deren Wurzel auch bei blühenden Pflanzen noch schmackhaft ist. Bei der Haferwurz muss die bis 30 cm lange Pfahlwurzel vor der Blüte geerntet werden.

Körbchen 7–8 cm breit

purpurne bis weinrote Zungenblüten

meist 8 grüne Hüllblätter

Schwanenblume

Butomus umbellatus (Schwanenblumengewächse)
H 50–150 cm   Juni–Aug.   Staude

Der Name „Schwanenblume" bezieht sich auf den langen, dünnen, biegsamen Blütenstiel, den man mit einem Schwanenhals verglich. Wächst die Pflanze in tieferem Wasser, blüht sie nicht und bildet bandförmige Blätter. Früher stellte man aus diesen Körbe und Matten her. Als Zierpflanze für Gartenteiche bieten Gärtnereien Pflanzen aus Kulturen an.

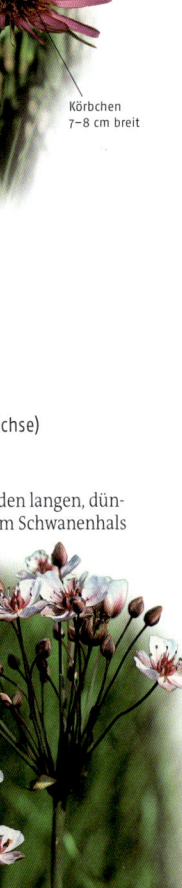

Blütenblätter außen mit dunklerem Streifen

bis 30 duftende, 2–2,5 cm große Blüten bilden eine Dolde

3 kürzere und 3 längere, rosa bis weiße Blütenblätter

Stängel aufrecht, rund

Türkenbund-Lilie

Lilium martagon (Liliengewächse)
H 40–100 cm   Juni–Juli   Staude

Die Blüten locken Schwärmer an, die beim Saugen des Nektars vor den Blüten schweben. Andere Schmetterlinge können sich auf den ölig überzogenen Blütenblättern kaum festhalten. Wichtig war früher die goldfarbene Zwiebel: Die Alchemisten des 16. Jahrhunderts setzten sie bei ihren Experimenten zur Goldherstellung ein. Sie sollte auch als Amulett um den Hals von zahnenden Kindern helfen sowie gegen „goldene Adern", eine alter Name von Hämorrhoiden, wirken.

***Vorkommen** Wälder mit krautigem Unterwuchs, Gebüsche, Bergwiesen bis etwa 2400 m. Auf Kalkböden im Halbschatten. Gebirge Europas.*

Schon gewusst?

Die Pflanzen sind oft hässlich zerfressen: Rehe knabbern die Blütenknospen ab und ein roter, 6–8 mm großer Käfer, das Lilienhähnchen, frisst an den Blättern. Diese Käfer können leise zirpen, für uns nur hörbar, wenn man sie ans Ohr hält.

> **Knospen oft von Rehen abgefressen**
> **frühere Zauberpflanze**
> **turbanähnliche, abends duftende Blüten**

6 bis etwa 4 cm lange, hellpurpurne Blütenblätter mit dunkleren Flecken

rote Staubbeutel

63

dachziegelartig angeordnete Schuppen

Zwiebel gelb

Traube mit bis 10 hängenden Blüten

Früchte aufrecht

Blütenblätter rollen sich zurück

Blatt mit parallelen Nerven

Gewöhnliche Schachblume

Fritillaria meleagris (Liliengewächse)
H 15–30 cm   April–Mai   Staude   ☠

Vorkommen *Unge-düngte Überschwem-mungs- oder Nass-wiesen, die nicht vor Anfang Juni gemäht werden. Mittel- und Südeuropa.*

> **Blätter grasartig**
> **heißt auch „Kiebitzei"**
> **blüht selten weiß mit gelblichen Nerven**

Die deutschen Namen beziehen sich auf die ungewöhnliche Musterung der Blüten. Jedes Blütenblatt besitzt auf der Innenseite eine lange Längs-furche mit reichlich Nektar, der Bienen und Hummeln anlockt. Die Gewöhn-liche Schachblume ist bei uns äußerst gefährdet, da es heute kaum noch für sie ge-eignete Standorte an Flüssen gibt.

Blüten hängen an gebogenen Stielen

Blüte glockig, schachbrett-artig purpurrot und weiß gefleckt

Furche auf der Innenseite jedes der 6 Blütenblätter

Blüten einzeln, selten 2–3, bis 4 cm groß

---

64 ✿

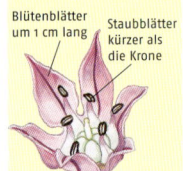

Schnitt-Lauch

Allium schoenoprasum (Amaryllisgewächse)
H 10–40 cm   Juni–Aug.   Staude

Vorkommen *Wild auf feuchtem Steinschutt der Gebirge. Verwildert an Sandbänken und Schotter entlang von Flüssen. Ganz Europa.*

> **bildet dichte Büschel mit grundständigen Blättern**
> **auch als Gewürz ange-pflanzt und verwildert**
> **typischer Lauchgeruch**

Schnitt-Lauch wächst wild auch in Asien und Nordamerika, bis hinauf in die Arktis. In Mitteleuropa pflanzt man ihn seit dem späten Mittelalter als Gewürz. Er enthält aromatische Lauch- und Senföle so-wie reichlich Vitamin C. Im Garten schneidet man die Büschel etwa dreimal jährlich. Ausgegrabene Zwiebeln lassen sich im Winter in Töpfen auf dem Fensterbrett antreiben.

bis 5 cm breiter, kugeliger Blütenstand

bis 30 Blüten dicht beieinander

Blütenblätter um 1 cm lang

Staubblätter kürzer als die Krone

längliche, weiße Zwiebel

Blatt röhren-förmig, hohl, rund

Herbst-Zeitlose

Colchicum autumnale (Zeitlosengewächse)
H 5–40 cm   Aug.–Nov.   Staude   🐀

Die ganze Pflanze enthält den hochgiftigen Stoff Colchicin und wird von Weidetieren verschmäht. Vergiftungen führen zu Krämpfen, Lähmung und Tod. In der Medizin waren genau dosierte Mengen Colchicin lange Zeit das Standardmittel bei akuter Gicht. Heute stehen jedoch andere Medikamente zur Verfügung. Bei Pflanzen wirkt der Stoff auf die Verteilung des Erbguts und eignet sich deshalb zur Züchtung von Hochleistungssorten, etwa bei Äpfeln, Bananen und Zitrusfrüchten.

Vorkommen *Ried-wiesen, feuchte Wiesen, Magerwiesen, Obstwiesen, Auenwälder. Auf nährstoffreichen Böden. Mittel- und Südeuropa.*

> **erinnert an einen Krokus**
> **im Herbst treiben nur die Blüten**
> **Blätter und Früchte erscheinen im Frühjahr**

6 lila, rosa oder weißliche, 4–6 cm lange Blütenzipfel

Blätter mit parallelen Nerven

8–25 cm lang

Knolle sitzt tief im Boden

Früchte zwischen den Blättern

Blüten aufrecht, sichtbarer Teil bis 20 cm lang

65

Schon gewusst?
Die Region Kolchis liegt an der Ostküste des Schwarzen Meeres. Nach der griechischen Mythologie lebte dort die Giftmischerin Medea. Der Sage nach fielen ihr einige Tropfen eines Gifttrankes auf die Erde und wuchsen zu Colchicum, der Herbst-Zeitlosen.

lange, dünne Blütenröhre kommt direkt aus dem Boden

Hohler Lerchensporn

Corydalis cava (Mohngewächse)

H 10–35 cm   März–Mai   Staude   🐝

Vorkommen *Lichte Laub- und Schluchtwälder, Auenwälder, Obstgärten, Gebüsche. Besonders Mitteleuropa.*

> ältere Knollen werden innen hohl
> zeigt nährstoffreiche Böden an
> blüht oft auch weiß

Die weißen Anhängsel der Samen sind sehr nährstoffreich und locken Ameisen an. Diese schleppen die Samen in ihre Nester, trennen das Anhängsel ab und tragen die Samen wieder aus ihrem Nest. So können diese viele Meter von der Mutterpflanze weggelangen. Die Blüten enthalten im Sporn süßen Nektar.

aufrechte Blütentrauben überragen die Blätter

langer Sporn

Blüte 1–3 cm lang

Frucht öffnet sich mit 2 Klappen

schwarze Samen mit weißem Anhängsel

Blätter blaugrün

Blätter doppelt 3-teilig

kapuzenartige Hülle über den Staubblättern

Gewöhnlicher Erdrauch

Fumaria officinalis (Mohngewächse)

H 15–30 cm   Mai–Okt.   einjährig   🐝

Vorkommen *Unkrautbestände auf Äckern, in Gärten, Weinbergen, offene Standorte auf Baustellen und anderen Ödflächen. Ganz Europa.*

> die Blüten bestäuben sich meist selbst
> zeigt Nährstoffreichtum an
> wächst oft in großen Gruppen

Der Name „Erdrauch" hängt vielleicht damit zusammen, dass große Gruppen der Pflanze aus der Ferne grau wirken – als ob es aus der Erde rauchen würde. Zerkleinerte Pflanzen geben außerdem schwache Säuredämpfe ab, die wie Rauch in den Augen brennen. Arzneimittel mit Gewöhnlichem Erdrauch wirken krampflösend bei Gallen- und Magen-Darm-Beschwerden.

Blüten zu 10–50 in endständigen Trauben

Blätter bläulich grün, oft rötlich überlaufen, fein zerteilt

Früchte kugelig, grün

vorn dunkelpurpurn

kurzer, sackartiger Sporn

Blüte 0,5–1 cm lang

Dornige Hauhechel

Ononis spinosa (Hülsenfrüchtler)

H 30–60 cm   Juni–Juli   Staude, Strauch

Im Volksmund hieß die Pflanze früher „Weiberkrieg", da sich die Röcke der Frauen bei der Arbeit auf den Weiden in den Dornen verfingen und sie deshalb mit der Pflanze auf Kriegsfuß standen. „Hauhechel" leitet sich von „Heuhechel" ab; man verglich die dornigen Äste mit einem Rechen, an dem Halme hängen bleiben.

Vorkommen *Magere Rasen und Weiden, Wegränder, Waldränder, Böschungen, Dämme. Auf warmen, kalkhaltigen Böden. Mittel- und Südeuropa.*

Schon gewusst?

Die Wurzeln der Dornigen Hauhechel wirken harntreibend und helfen bei Entzündungen der Harnwege. In klein geschnittener Form sind sie deshalb in vielen Nieren- und Blasentees enthalten.

> - **bildet eine lange Pfahlwurzel**
> - **zeigt magere Standorte an**
> - **bleibt wegen der Dornen auf Weiden oft stehen**

oberes Blütenblatt rundlich

1–2 cm lange Schmetterlingsblüte

67

Blüten rosa bis hellviolettrot, zu 1–2 in den Blattachseln

Zweige mit Dornen

kurz behaart

Rand gezähnt

Blätter lanzettlich

Äste starr

Gewöhnliche Geißraute

Galega officinalis (Hülsenfrüchtler)
H 60–120 cm   Juni–Aug.   Staude

Vorkommen *Brach-flächen, Raine, Bahn-höfe, Steinbrüche, Straßenränder, Gräben. Auf feuchten, nähr-stoffreichen Böden. Süd- und Mitteleuropa.*

> **etwas frostempfindlich**
> **Blätter erinnern ganz entfernt an die der Wein-Raute (S. 215)**
> **auch als Zierpflanze**

Haustiere, die Gewöhnliche Geißraute gefres-sen haben, sollen mehr Milch geben. Möglicherweise geht der deutsche Name auf diese Verwendung zurück, vielleicht wollte man mit der Bezeich-nung „Geiß-" aber auch nur eine Abgrenzung zur Wein-Raute (S. 215) schaffen.
In der Volksmedizin gilt die Pflanze als Blutzucker senkend. Wissenschaftliche Belege für diese Wirkung fehlen jedoch.

um 1 cm lange
Schmetterlingsblüte

alle Blütenblätter
etwa gleich lang

Frucht
zylindrisch,
2–5 cm
lang

Blüten helllila,
etwas nickend,
in lockeren
Trauben

Alpen-Süßklee

Hedysarum hedysaroides (Hülsenfrüchtler)
H 10–30 cm   Juli–Aug.   Staude

Vorkommen *Berg-wiesen, steinige Berg-rasen, Zwergstrauch-heiden von 1500 bis auf über 2800 m.*

> **Gebirge Mittel- und Südeuropas**
> **sehr lange Pfahlwurzel**
> **schmeckt trotz des Namens etwas bitter**

Blütenstand
2–5 cm lang

Blüten
hängend

Der Alpen-Süßklee gehört zu den wert-vollsten Futterpflan-zen der Gebirge. Er enthält reichlich Ei-weiß und wird sowohl vom Weidevieh als auch vom Wild in den Bergen gerne gefressen. Bei zu starker Beweidung leidet er jedoch, deshalb gewinnen die Bergbauern mancherorts lieber Heu von seinen Standorten.

etwa 2 cm lange
purpurrote
Schmetterlings-
blüte

Blättchen
eiförmig

Blatt unpaarig
gefiedert mit
9–19 Blättchen

Wiesen-Klee `002`

Trifolium pratense (Hülsenfrüchtler)
H 15–40 cm   Juni–Sept.   Staude

Anstatt einen Acker brachliegen zu lassen, säen Bauern schon seit dem 18. Jahrhundert häufig Wiesen-Klee aus. Dieser liefert nicht nur viel und wertvolles Futter für das Vieh, sondern verbessert gleichzeitig den Boden (s. Kasten). Neuerdings hat auch die Pflanzenheilkunde den Wiesen-Klee entdeckt: Auszüge sollen bei Beschwerden der Wechseljahre helfen.

Vorkommen Wiesen, Weiden, Wegränder, in verschiedenen Kulturformen auf Äckern angepflanzt. Ganz Europa.

> *sehr häufiger Klee*
> *heißt auch Rot-Klee*
> *lockt Hummeln an*

1–4 kugelige bis eiförmige Köpfchen am Stängelende

hellkarmin- bis fleischrote, 1–2 cm lange Schmetterlingsblüte

69

Köpfchen von den obersten Blättern mehr oder weniger umhüllt

Blatt 3-zählig

Blättchen meist mit pfeilförmiger weißer Zeichnung

Schon gewusst?

Die bis 2 m tief hinabreichenden Wurzeln tragen kleine Knöllchen, in denen Bakterien leben. Diese binden Stickstoff aus der Luft und machen diesen wichtigen Nährstoff der Pflanze verfügbar. Gleichzeitig düngen sie den Boden damit.

Inkarnat-Klee

Trifolium incarnatum (Hülsenfrüchtler)
H 20–40 cm   Juni–Aug.   einjährig

Vorkommen Schutt-
plätze, Brachäcker,
Straßenböschungen,
Äcker. In Gegenden mit
milden Wintern.

> stammt aus dem west-
lichen Mittelmeerraum
> Klee mit auffälliger
Blütenfarbe
> in Wildblumen-
mischungen enthalten

leuchtend rote,
1–1,5 cm lange
Schmetterlings-
blüte

Kelch zottig
behaart

Seit dem 19. Jahrhundert kultivieren Bauern den Inkarnat-Klee
auch bei uns auf Äckern. Er sorgt
für nährstoffreiche Böden und
liefert gutes Grünfutter für das
Vieh. Seit einiger Zeit geht sein
Anbau jedoch wieder zurück,
dafür sät man diese kräftig rot
leuchtende Kleeart gelegentlich
an Straßenböschungen neu aus.
In den USA wurde er erst 1955
eingeführt.

Köpfchen
gestielt

Blatt 3-zählig

Blättchen bis
3,5 cm lang,
behaart

Blütenköpfchen
3–6 cm lang,
1,5–2,5 cm dick

Alpen-Klee

Trifolium alpinum (Hülsenfrüchtler)
H 5–20 cm   Juni–Aug.   Staude

Vorkommen Magere
Bergrasen, Bergweiden,
zwischen Zwerg-
sträuchern von der
Baumgrenze bis um
2700 m.

> Gebirge Mittel- und
Südeuropas
> Blüten duften besonders
bei Besonnung
> ein großblütiger Klee

über 2 cm lange
Schmetterlings-
blüte

Die Pfahlwurzel des Alpen-Klees
wächst bis über 1 m tief in den
Boden. Sie versorgt die Pflanze
nicht nur mit Nährstoffen,
sondern verhindert gleichzeitig,
dass Wildtiere die kleine Pflanze
aus dem oft steinigen
Boden reißen. Gämsen
und Murmeltiere
weiden sehr gern an
dem zart duftenden
Alpen-Klee.

endständiges
Köpfchen mit
3–15 Blüten

Stängel
ohne
Blätter

Blättchen
schmal, bis
7 cm lang,
kahl

Blatt 3-zählig

Bunte Kronwicke

Securigera varia (Hülsenfrüchtler)
H 30–60 cm Juni–Aug. Staude

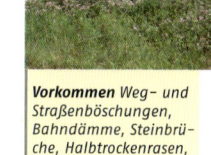

Die Fiederblättchen besitzen ein Gelenk an ihrer Basis und bewegen sich nachts aufwärts in eine „Schlafstellung". Die Pflanze enthält herzwirksame Stoffe, sie wird jedoch heute in der Heilkunde nicht mehr verwendet. Bei einer Vergiftung kommt es zu starker Übelkeit und Krämpfen, im Extremfall kann sie sogar zum Tod führen.

5–20 nickende Blüten in kopfigem Blütenstand

Blatt unpaarig gefiedert

Stängel deutlich gerillt

Vorkommen Weg- und Straßenböschungen, Bahndämme, Steinbrüche, Halbtrockenrasen, lichte Gebüsche, Waldränder. Mittel- und Südeuropa.

> **blüht manchmal auch fast weiß**
> **Wuchs meist breit mit liegenden Stängeln**
> **lockt Bienen an**

1–1,5 cm lange, rosa Schmetterlingsblüte

Blütenstiel länger als der Kelch

71

Futter-Esparsette

Onobrychis viciifolia (Hülsenfrüchtler)
H 30–60 cm Mai–Juli Staude

Die Futter-Esparsette stammt aus Südosteuropa. Seit dem 16. Jahrhundert wurde sie in Mitteleuropa als eiweißreiche Futterpflanze kultiviert und verwilderte oft. Sie erträgt zwar keine direkte Beweidung, liefert aber wertvolles Heu. Heute spielt sie in der Landwirtschaft kaum mehr eine Rolle. Die Bauern pflanzen sehr viel häufiger Mais, Luzerne (S. 187) oder Wiesen-Klee (S. 69).

20–50 Blüten bilden eine dichte aufrechte Traube

15–29 ovale, kurz gestielte Blättchen

Blatter unpaarig gefiedert

Kante gezähnt

Frucht 6–8 mm lang, mit Netzleisten

Vorkommen Halbtrockenrasen, Wege, Böschungen. Auf warmen, mäßig trockenen Kalkböden an sonnigen Standorten. Fast ganz Europa.

> **Wurzeln reichen bis 4 m tief**
> **verbessert den Boden**
> **Früchte bleiben an Tieren hängen**

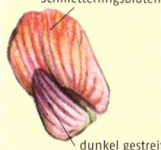

1–1,5 cm lange, rosa Schmetterlingsblüten

dunkel gestreift

Frühlings-Platterbse

Lathyrus vernus (Hülsenfrüchtler)
H 20–40 cm   April–Mai   Staude   (☠)

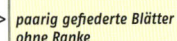

Vorkommen *Wälder, besonders Buchenwälder mit reichlich krautigem Unterwuchs. Auf meist kalkhaltigen Böden. Fast ganz Europa.*

> **paarig gefiederte Blätter ohne Ranke**
> **fällt durch die frühe Blütezeit auf**
> **schön im Wildpflanzengarten**

Die Farbe der Blüten hängt von deren Säuregehalt ab und ändert sich mit dem Alter der Blüte sehr auffällig. In der Knospe ist der Zellsaft sauer und der Farbstoff deshalb rot, in der offenen Blüte ist er neutral, was eine rotviolette und blaue Farbe zur Folge hat. Beim Abblühen schließlich ist die Blüte basisch wie Seife und ihre Färbung wechselt zu Türkis.

3–7 Blüten bilden eine lang gestielte Traube

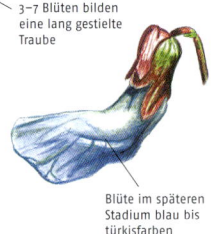

Schmetterlingsblüte 1–2 cm lang, jung rotviolett

Blüte im späteren Stadium blau bis türkisfarben

Schopfiges Kreuzblümchen

Polygala comosa (Kreuzblumengewächse)
H 15–25 cm   Mai–Juni   Staude

Vorkommen *Sonnige, magere Rasen und Weiden, Wegraine. Auf mäßig trockenen, im Sommer warmen, meist kalkreichen Böden. Mittel- und Südeuropa.*

> **Blüten erinnern an Schmetterlingsblüten**
> **das ähnliche Gewöhnliche Kreuzblümchen blüht meist blau**
> **zeigt magere Böden an**

Der Name „Kreuzblümchen" bezieht sich auf die Blütezeit in der Kreuzwoche (Bittwoche), 2 Wochen vor Pfingsten. Das typische, fransige Anhängsel an der Spitze der Blüte dient als Landeplatz für Insekten und soll wohl auch Staubblätter und damit Nahrung vortäuschen. Als Belohnung für ihren Besuch erhalten die Bestäuber jedoch süßen Nektar.

je 15–30 Blüten bilden endständige Trauben

1–2,5 cm lang, lineal-lanzettlich

Traube wirkt oben schopfig

Blätter wechselständig

2 flügelartige, 4–7 mm lange seitliche Blütenblätter

auffälliges, gefranstes Anhängsel

mehrere Stängel

innere Blütenblätter kahnförmig verwachsen

Diptam

Dictamnus albus (Rautengewächse)
H 60–120 cm   Mai–Juni   Staude   ☠

An heißen Tagen verdunstet die Pflanze besonders viel duftendes ätherisches Öl aus den Drüsenhaaren und aus Ölbehältern der Blätter. Bei Windstille bildet dieses eine Wolke um die Pflanze und kann dann sogar angezündet werden oder es entzündet sich von selbst. Die Pflanze wird deshalb auch als „Brennender Busch" bezeichnet. Sie kommt dabei jedoch – ähnlich wie flambierte Speisen – nicht zu Schaden.

Vorkommen *Sonnige, felsige, buschige Hänge, lichte, trockene Wälder, Waldränder. Auf trockenen, mageren, meist kalkreichen Böden in Mittel- und Südeuropa.*

> **duftet intensiv nach Zitrone und Zimt**
> **Saft kann auf der Haut zu Blasen führen**
> **braucht viel Wärme**

5 rosafarbene Kronblätter mit dunkleren Adern

10 lange, gebogene Staubblätter

73

endständige Blütentrauben

Blüten 4–5 cm breit

Blätter unpaarig gefiedert mit 7–11 Blättchen

Stängel aufrecht

5-teilige Frucht mit Drüsenhaaren

Schon gewusst?

Der „Brennende Busch" der Bibel war kein Diptam, sondern wohl ein mit den Hülsenfrüchtler verwandter Sennabusch. Seine gelben Blütentrauben erinnern entfernt an Flammen.

Drüsiges Springkraut

Impatiens glandulifera (Balsaminengewächse)

H 50–250 cm   Juli–Aug.   einjährig   (⚘)

74

Vorkommen *Auen-*
wälder, feuchte Wälder,
Ufer. Bevorzugt eher
schattige Standorte mit
hoher Luftfeuchtigkeit.
Fast ganz Europa.

> **Blüten duften intensiv**
> **reife Früchte platzen bei**
>   **Berührung auf**
> **wächst sehr rasch**

5 verschieden
große Kronblätter

weiter Helm

grünlicher,
gekrümmter
Sporn

Das Drüsige Springkraut stammt aus dem Himalaya. Als hübsche Zierpflanze säte man es 1837 erstmals in Dresden, später in ganz Europa in vielen Gärten. Von dort verwilderte es rasch. Heute bildet die Pflanze an Ufern und in Auenwäldern teils dichte Gruppen und verdrängt immer mehr die heimischen Pflanzen von diesen Standorten. Naturschützer bekämpfen sie deshalb vielerorts. Gartenbesitzer sollten sie nicht noch durch zusätzliche Kultur fördern.

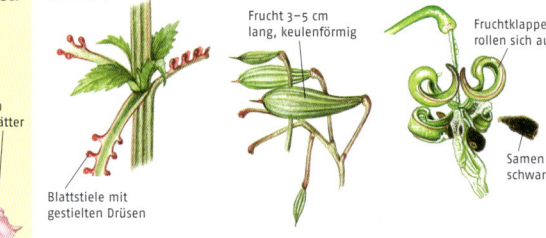

Frucht 3–5 cm
lang, keulenförmig

Fruchtklappen
rollen sich auf

Samen
schwarz

Blattstiele mit
gestielten Drüsen

Blütenstände mit 5–20,
bis 5 cm langen Blüten

oft gleichzeitig Blüten
und Früchte vorhanden

Blätter
scharf
gezähnt

Schon gewusst?

Das Drüsige Spring-
kraut sorgt mit einem
Schleudermechanismus
für die Ausbreitung
seiner Samen. In den
Früchten bauen sich
große Spannungen
auf, durch die sie bei
Berührung oder von
selbst plötzlich explo-
dieren. Die Samen
fliegen dann bis zu
7 m weit.

Purpurrote Taubnessel

Lamium purpureum (Lippenblütengewächse)
H 15–45 cm   März–Okt.   einjährig, Staude

Die Purpurrote Taubnessel wächst sehr rasch und kann pro Jahr bis zu 4 Generationen hervorbringen. Bei günstigen Bedingungen blühen die Pflanzen sogar im Winter. Die Früchtchen tragen einen nahrhaften Ölkörper und locken so Ameisen an, die für die Verbreitung sorgen.

Vorkommen Lückige Unkrautbestände auf Äckern, in Gärten, Weinbergen, an Wegen, Schuttplätzen, Ödflächen. Ganz Europa.

> *Blätter an sonnigen Standorten oft rot gefärbt*
> *zeigt stickstoffreiche Böden an*
> *wächst oft in Gruppen*

quirlartige Blütenstände mit bis 1,7 cm großen Lippenblüten in den Blattachseln

Blätter 1–2,5 cm lang, rundlich, weich behaart

Stängel 4-kantig

Blätter gegenständig

Rand stumpf gezähnt

Oberlippe helmförmig gewölbt

Unterlippe mit größerem, schwach gezeichnetem Mittelteil

75

Gefleckte Taubnessel

Lamium maculatum (Lippenblütengewächse)
H 15–60 cm   April–Sept.   Staude

Tief im Grund verborgen enthalten die Blüten reichlich Nektar. Dieser besteht zu rund 40 Prozent aus Zucker – kein Wunder, dass langrüsselige Hummeln die Blüten so gerne besuchen. Kleinere Hummeln, deren Rüssel zu kurz ist, beißen die Röhre von der Seite an. Durch diese Löcher können dann auch Honigbienen ihren Rüssel bis in den Nektar strecken.

Vorkommen Unkrautbestände, Auenwälder, Waldränder, Gräben, Hecken, Wegränder, Zäune. An halbschattigen Standorten. Mittel- und Südeuropa.

> *erinnert ohne Blüten etwas an eine Brennnessel (S. 289)*
> *zeigt nährstoffreiche Böden an*
> *schön für Wildpflanzengärten*

Blatt eiförmig, behaart

Rand unregelmäßig gezähnt

Blätter gegenständig

Kelch sternförmig mit 5 Zähnen

umgibt nach der Blüte die 4 kleinen Früchtchen

quirlartige Blütenstände

Stängel 4-kantig

Oberlippe helmförmig gewölbt

2–3 cm lange, purpurne Lippenblüte

Unterlippe weiß und rot gefleckt

Gewöhnlicher Hohlzahn

Galeopsis tetrahit (Lippenblütengewächse)
H 10–70 cm   Juni–Okt.   einjährig

76

Vorkommen Unkraut-bestände auf Äckern, Schuttplätzen, Wald-lichtungen, an Wegen, Zäunen, Ödflächen. Von der Ebene bis ins Ge-birge. Ganz Europa.

> typisch sind die Zähne in der Blüte
> zeigt Stickstoff an
> heißt wegen der stacheligen Kelche auch „Stechender Hohlzahn"

Oberlippe helmförmig

Unterlippe gemustert, mit 2 hohlen Zähnen

Kelch mit 5 sta-chelig begrannten Zähnen

Der deutsche Name „Hohlzahn" leitet sich von den Zähnen in der Blüte ab, die den anfliegenden Insekten als „Leitplanken" dienen. Wenn zur Fruchtzeit Tiere an den harten, stacheligen Kelchen vor-beistreifen, verhaken sich diese an ihnen. Die elastischen Stängel biegen sich, federn anschließend zurück und schleudern dabei die Früchte aus den Kelchen.

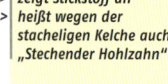

Blätter eiförmig bis breit-lanzettlich, 1,5–4,5 cm breit

Rand gezähnt

mit Borsten und Drüsen

Stängel unter den Blättern verdickt

mehrere Quirle übereinander

je 6–15 Blüten in dichten Quirlen

1,5–2 cm lange Lippenblüten

Schon gewusst?
Im Schotter zwischen Bahngleisen, aber auch in Steinbrüchen findet man recht häufig den Schmalblättrigen Hohl-zahn, dessen Blätter nur 2–5 mm breit werden. Seine Blüten ähneln de-nen des Gewöhnlichen Hohlzahns.

Schwarznessel

Ballota nigra (Lippenblütengewächse)
H 30–100 cm   Juni–Sept.   Staude

Früher hieß die Schwarznessel wegen des widerwärtigen Geruchs „Gottvergess". Den heutigen deutschen Namen erhielt sie, weil ihre Blätter denen der Brennnessel sehr ähnlich sehen (S. 289). Die Volksmedizin empfiehlt die Pflanze bei Magenbeschwerden, Wechseljahrsproblemen, Unruhe und Keuchhusten.

Blätter gegenständig

Pflanze behaart

Vorkommen In Unkrautbeständen an Wegen, Zäunen, auf Schuttplätzen, besonders in Dörfern. Auf warmen Böden. Besonders in Mittel- und Südeuropa.

> *Pflanze dunkelgrün, oft fast schwärzlich*
> *stinkt zerrieben unangenehm*
> *zeigt Stickstoff an*

Blüten zu 8–20 in Quirlen

Rand grob gezähnt

Oberlippe fast flach, außen behaart

Kelch behaart, mit 5 Zähnen

Blätter breit eiförmig

Spreite runzelig

10–14 mm lange Lippenblüte

Edel-Gamander

Teucrium chamaedrys (Lippenblütengewächse)
H 15–30 cm   Juli–Aug.   Strauch

Früher empfahlen Heilkundige das duftende Kraut bei Verdauungsschwäche, Gicht und Fieber. Gemäß der Volksheilkunde soll es auch Schlankheitskuren unterstützen. Seit allerdings Vergiftungen mit Leberschäden und Gelbsucht bekannt wurden, ist von einer Verwendung als Heilpflanze abzuraten.

Blüten in den Achseln der oberen, oft rotvioletten Blätter

Vorkommen Felsen, sonnige Hänge, trockene Rasen und Wälder. Auf warmen, trockenen, nährstoffarmen, meist kalkhaltigen Böden. Mittel- und Südeuropa.

> *Pflanze duftet zerrieben angenehm aromatisch*
> *braucht viel Wärme*
> *wächst meist in Gruppen*

Blätter oval, etwas derb

Rand unregelmäßig gezähnt

keine Oberlippe

Unterlippe 5-zipfelig

1–1,5 cm lange, rosa Lippenblüte

Immenblatt

Melittis melissophyllum (Lippenblütengewächse)

H 20–50 cm   Mai–Juni   Staude

Vorkommen *Lichte Wälder, Waldränder, sonnige Gebüsche. Auf oft steinigen Böden an halbschattigen, warmen Standorten. Mittel- und Südeuropa.*

> *braucht Wärme*
> *riecht getrocknet etwas nach Waldmeister (S. 98)*
> *auffallend große Lippenblüten*

3–4,5 cm lange, rosa oder weiße Lippenblüte

lange Röhre

Unterlippe mit rot-violetten Flecken

Der Name der Pflanze leitet sich von „Biene" ab, ist aber nicht ganz passend: Die Blüten enthalten zwar süßen Nektar, dieser Zuckersaft ist allerdings so tief in der langen Röhre verborgen, dass die Honigbiene mit ihrem recht kurzen Rüssel nicht darangelangen kann. Nur langrüsselige Hummeln und Schmetterlinge können ihn heraussaugen.

Blätter gekreuzt gegenständig

Blüten in den Achseln der oberen Blätter

Blatt 3–9 cm lang, eiförmig

Rand regelmäßig grob gezähnt

Blüten meist nach einer Seite gerichtet

Heil-Ziest

Betonica officinalis (Lippenblütengewächse)

H 30–100 cm   Juli–Aug.   Staude

Vorkommen *Moorwiesen, magere Bergwiesen, Heiden. Auf feuchten Böden an etwas wärmeren Standorten. Besonders Mittel- und Südeuropa.*

> *Blattpaare stehen in großem Abstand zueinander*
> *zeigt magere Böden an*
> *blüht lange und lockt viele Insekten an*

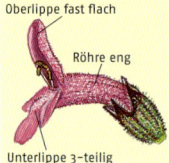

Oberlippe fast flach

Röhre eng

Unterlippe 3-teilig

Der Heil-Ziest enthält Gerbstoffe und wirkt deshalb bei Durchfall leicht stopfend. Im Altertum war er eine hochgeschätzte Arzneipflanze, von der man glaubte, dass sie vor Epidemien und bösem Zauber schütze. Im 16. und 17. Jahrhundert glaubte man, dass kaum eine Krankheit nicht mit dem Kraut behandelt werden könne.

dichter, ährenartiger Blütenstand am Stängelende

1–1,5 cm lange, dunkelrosa Lippenblüten

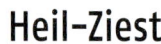

Blätter am Stängel gegenständig

Rand grob gezähnt

Wald-Ziest

Stachys sylvatica (Lippenblütengewächse)
H 30–100 cm Juni–Sept. Staude

Als Eselsbrücke zu dem Namen und Standort dieser typischen Waldpflanze mag folgender Spruch dienen: „Wenn du in den Wald ziehst, siehst du den Wald-Ziest": Die Art gehört zu den wenigen Blütenpflanzen, die auch im schattigen Wald noch blühen. Bleiben blütenbesuchende Insekten aus, bestäuben sich die Blüten selbst.

Pflanze abstehend behaart

Rand grob und spitz gezähnt

Blätter gestielt

viele locker übereinander stehende Blütenquirle am Stängelende

Vorkommen *Wälder, Gebüsche, Waldquellen, Waldwege. Auf feuchten bis nassen, nährstoffreichen Böden. Fast ganz Europa, im Süden in den Gebirgen.*

> **Blüten auffallend dunkel**
> **Blätter erinnern an Nesseln**
> **riecht beim Zerreiben unangenehm**

dunkel braunrote, 1–1,5 cm lange Lippenblüte

Oberlippe kleiner

Unterlippe mit auffälligem Muster

Echtes Herzgespann

Leonurus cardiaca (Lippenblütengewächse)
H 30–100 cm Juni–Sept. Staude

Wie der Name vermuten lässt, soll das Kraut bei Herzbeschwerden helfen. Diese Heilwirkung kennt man seit dem 15. Jahrhundert. Die Volksmedizin verwendet das Echte Herzgespann noch heute bei nervösen Herzbeschwerden. In letzter Zeit wird die Pflanze gelegentlich auch angepflanzt, weil sie gerne von Bienen besucht wird und diesen reichlich Nahrung liefert.

dichte Blütenstände in den Achseln der oberen Blätter

Blätter gegenständig

Blatt tief 3–7 lappig

Vorkommen *In Unkrautbeständen an Wegen, Mauern, Hecken, Gärten, Zäunen, vor allem in Dörfern. Auf nährstoffreichen Böden. Fast ganz Europa.*

> **bildet mehrere aufrechte, unverzweigte Stängel**
> **benötigt Wärme**
> **heißt auch „Löwenschwanz"**

Oberlippe aufrecht, schwach helmförmig

außen stark behaart

um 1 cm große Lippenblüte

Gewöhnlicher Dost
Origanum vulgare (Lippenblütengewächse)
H 20–60 cm   Juli–Sept.   Staude

Vorkommen *Gebüsch-*
ränder, Trockenrasen,
lichte warme Gehölze
und Kahlschläge,
Böschungen. Fast ganz
Europa.

> **riecht zerrieben nach**
  Pizzagewürz
> **Blüten locken zahlreiche**
  Insekten an
> **braucht Wärme im**
  Sommer

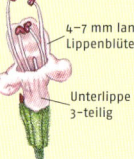

rotviolette Staubbeutel
ragen aus der Blüte

4–7 mm lange
Lippenblüte

Unterlippe
3-teilig

80

Auch bei uns wachsender Dost lässt sich als Gewürz verwenden.
Was sich unter der Bezeichnung „Oregano" im Handel befindet,
enthält jedoch meist Blätter und Blüten von im Mittelmeerraum heimischen Rassen des Gewöhnlichen Dosts mit kräftigem
Aroma sowie von verwandten Arten. Im Volksglauben gehörte
Dost zu den Pflanzen, mit dem man böse Geister und den Teufel
abwehrte.

dichte, kopfige
Blütenstände am
Stängelende

Stängel rötlich
überlaufen

gegenständig
verzweigt

Blätter
länglich-eiförmig,
bis 3 cm lang

Schon gewusst?
Der nah verwandte
Majoran aus dem Mittel-
meerraum liefert eben-
falls ein aromatisches
Gewürz, das besonders
für Wurst verwendet
wird. Er ist kälteemp-
findlich und bei uns
seltener angepflanzt.

Arznei-Thymian

Thymus pulegioides (Lippenblütengewächse)
H 5–40 cm   Juni–Okt.   Strauch

Die Pflanzen besiedeln häufig Ameisenhaufen, da die Früchtchen von Ameisen in ihre Bauten geschleppt werden. Der Arznei-Thymian lindert mit seinen ätherischen Ölen Katarrhe der Atemwege. Auch wenn es sein deutscher Name anders vermuten lassen würde, wird er hierfür jedoch viel seltener verwendet als der Gewürz-Thymian (s. unten).

dichte, kopfige Blütenstände am Stängelende

weitere Blüten in Quirlen darunter

Stängel scharf 4-kantig

an den Kanten behaart

Blätter bis 2 cm lang und 1 cm breit

> **duftet würzig aromatisch, manchmal auch nach Zitrone**
> **Blätter immergrün**
> **braucht Wärme und Sonne**

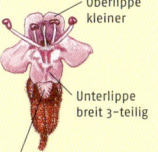

Oberlippe kleiner

Unterlippe breit 3-teilig

um 6 mm lange purpurrosa Lippenblüte

Gewürz-Thymian

Thymus vulgaris (Lippenblütengewächse)
H 10–30 cm   April–Juli   Strauch

In der Antike verbrannten die Griechen Thymian ähnlich wie Weihrauch in Opferfeuern. Hieraus leitet sich der Name ab (griechisch thyein = „rauchen, räuchern"). Thymian galt früher auch als ein Symbol des Todes, da man glaubte, die Seelen der Verstorbenen würden sich in die Blüten wohlriechender Blumen zurückziehen. Heute verwendet man die Pflanze als Hustenmedizin und Gewürz.

Blüten bilden dichte Köpfe

Blätter gegenständig

Unterseite weißfilzig

Rand eingerollt

unter 1 cm lang

Pflanze verholzt

> **meist viele Pflanzen beieinander**
> **oft als Heil- und Gewürzpflanze kultiviert**
> **duftet typisch aromatisch**

4–6 mm lange, weißliche bis rosa Lippenblüte

Unterlippe tief 3-teilig

Roter Fingerhut

Digitalis purpurea (Wegerichgewächse)

H 40–150 cm   Juni–Aug.   zweijährig, Staude ☠

Vorkommen *Waldwege, Waldlichtungen, Bergwälder, Kahlschläge. Auf kalkarmen Böden an sonnigen bis halbschattigen Standorten. Besonders in Westeuropa.*

> wächst oft in Gruppen
> tödlich giftig
> Farbflecken in der Blüte täuschen Staubbeutel vor und locken Hummeln an

Krone hell- bis dunkel karminrot, mit bauchiger Röhre

innen mit dunklen, weiß umrandeten Flecken

82

Die Mythologie des Nordens berichtet, dass Elfen die Blüten von Fingerhüten aufsetzen, wenn sie im Mondschein tanzen. Als hochwirksame Heilpflanze kann der Fingerhut, von Ärzten genau dosiert, bestimmte Herzleiden lindern. Diese Wirkung auf das Herz erkannte erst im 18. Jahrhundert der englische Arzt William Withering, bis dahin verwendete man die Pflanze nur gegen Abszesse und Geschwüre.

Blüten hängend, 3,5–5 cm lang

lange Trauben mit bis über 100 Blüten

langer Blattstiel

Unterseite graufilzig

Blätter eiförmig

Schon gewusst?

Der Blütenstand endet manchmal mit einer ungewöhnlichen Blüte. Bei dieser so genannten „Pelorie" sind die Blütenteile so verändert, dass eine mehr oder weniger große Schüssel entsteht.

Acker-Wachtelweizen

Melampyrum arvense (Sommerwurzgewächse)

H 15–50 cm   Juni–Sept.   einjährig

Die Früchte enthalten weizenkornähnlich geformte, etwa ebenso große, schwarze Samen. Gelangten sie früher ins Mehl oder Brot, färbte sich dieses bläulich. Der wissenschaftliche Name *Melampyrum* leitet sich vom griechischen melas = „schwarz" und pyros = „Weizen" ab.

Blätter im Bereich des Blütenstandes purpurrot überlaufen

auffallende Blütenähren am Ende der Stängel

obere Blätter mit langen, schmalen Zähnen

Vorkommen *Getreideäcker, Gebüschränder, sonnige Hecken, Wege. Auf eher trockenen, nährstoffreichen Böden in fast ganz Europa.*

> **fällt von Weitem auf**
> **Samen werden von Ameisen verschleppt**
> **gelegentlich in Wildblumenmischungen enthalten**

Blüte 2–2,5 cm lang, violettrot, 2-lippig

mittlerer Bereich gelb bis gelblich weiß

Roter Zahntrost

Odontites vulgaris (Sommerwurzgewächse)

H 10–45 cm   Mai–Okt.   einjährig

Blüten etwa 1 cm lang

beblätterte, einseitswendige Blütenähren

Der Rote Zahntrost gehört wie viele Braunwurzgewächse zu den schmarotzenden Pflanzen. Er besitzt aber auch Blattgrün, so dass er selbst Kohlenhydrate bilden kann. Um an Wasser und Nährstoffe zu gelangen, senkt er jedoch besondere Saugwurzeln in die Wurzeln von Gräsern. Diesen entzieht er die gewünschten Stoffe, wozu er eine hohe Saugkraft aufbringen muss. Gepflückte Pflanzen welken deshalb bereits nach wenigen Minuten.

Vorkommen *Wegränder, Waldwege, Weiden. An im Sommer warmen Standorten, auch an trittbelasteten Stellen. Ganz Europa.*

> **Halbschmarotzer**
> **verträgt Salz im Boden**
> **wächst meist in kleineren Gruppen**

lanzettlich, meist gezähnt

abstehende, lange Seitenzweige

Blätter gegenständig

Staubblätter ragen heraus

Blüte 2-lippig, Oberlippe helmförmig

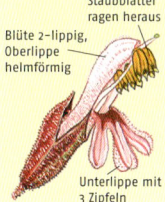

Unterlippe mit 3 Zipfeln

Schuppenwurz

Lathraea squamaria (Sommerwurzgewächse)

H 10–30 cm   März–Mai   Staude

Vorkommen *Auen-wälder, Schlucht-wälder. Meist in kleinen Gruppen von der Ebene bis in mittlere Gebirgs-lagen in fast ganz Europa.*

> *Pflanze fleischig, ohne Blattgrün*
> *wächst im Schatten oder Halbschatten*
> *braucht feuchten bis nassen Boden*

Die Schuppenwurz lebt als Vollschmarotzer auf ausdauernden Pflanzen, hauptsächlich Erle, Hasel und Pappel. Sie senkt Saug-wurzeln in deren Wurzel und entnimmt ihnen alles, was sie zum Wachsen und Gedeihen benötigt: Wasser, Nähr-salze und organische Substanzen. So braucht die Schuppenwurz kein Licht und kann an sehr dunklen Stellen im Wald wachsen.

Blütenkelche behaart

dichte, ein-seitswendige Blütentrauben

Blätter bleich, schuppenartig

Blüte 2-lippig, 1,5–2 cm lang, hellrosa bis hellviolett

84

Quirlblättriges Läusekraut

Pedicularis verticillata (Sommerwurzgewächse)

H 5–20 cm   Juni–Aug.   Staude

Vorkommen *Nasse Gebirgsrasen, niedrige, steinige Wiesen und Weiden in den Alpen von 1000 bis auf 2800 m.*

> *Blätter stehen am Stängel in Quirlen zu 3–4*
> *braucht feuchten Boden*
> *lockt besonders Hummeln an*

Früher verwendete man Absude aus Läusekräutern gegen Läuse und anderes Ungeziefer an Mensch und Vieh. Weltweit gibt es um 600, in den Alpen über 20 verschiedene Läusekräuter. Alle sind Halbschmarotzer. Sie haben Blattgrün, um Kohlenhydrate zu produzieren, entnehmen Wasser und Mineralsalze jedoch den Wirtspflanzen, auf deren Wurzeln sie sitzen.

Blüten bilden einen dichten Blütenstand

Blatt tief fiederteilig

Rand gezähnt

Pflanze oft rot überlaufen

Oberlippe helmförmig, aufrecht

Blüte 2-lippig, um 1,5 cm lang, purpurrot

Sommerwurz

Orobanche sp. (Sommerwurzgewächse)
H 20–50 cm   Juni–Juli   ein- bis mehrjährig

Die Sommerwurz lebt als Schmarotzer. Jede Art zapft die Wurzeln einer bestimmten Wirtspflanzengruppe an. Aus diesen entzieht die Pflanze mittels kräftigen Saugwurzeln Wasser sowie alle Nährstoffe. Einige Sommerwurz-Arten sind im Mittelmeerraum gefürchtete Kulturschädlinge.

Vorkommen Pflanzen sitzen den Wurzeln verschiedener Kultur- und Wildpflanzen auf. Fast ganz Europa.

> Pflanze vollständig ohne Blattgrün
> das Aussehen erinnert etwas an eine Orchidee
> stirbt nach der Blüte ab

lockere bis mäßig dichte Blütenähre

Blüten nach allen Seiten gerichtet

Stängel an der Basis auffällig verdickt

Oberlippe oft vorn abgewinkelt

Blüte 2-lippig, bis 3,5 cm lang, hellgelb bis dunkelrot

85

Rote Spornblume

Centranthus ruber (Geißblattgewächse)
H 30–80 cm   Mai–Juli   Staude

Nur Schmetterlinge haben einen Rüssel, der lang und dünn genug ist, um durch die Röhre der Krone an den Nektar im Sporn zu gelangen. Die Rote Spornblume ist eine dankbare Gartenstaude für sonnige Standorte. Ihre Wurzel wurde früher gelegentlich ähnlich wie Baldrianwurzel (S. 128) gegen Schlafstörungen verwendet.

Vorkommen An sonnigen Mauern, Felsen und auf Schutt in Südeuropa. In Mitteleuropa als Zierpflanze kultiviert und an warmen Stellen verwildert.

> Blätter etwas blaugrün
> kann auch weiß blühen
> braucht ausreichend Wärme

Rand glatt

Blatt eiförmig oder breit-lanzettlich, kahl

auffällige Rispe mit sehr vielen Blüten

5 ungleiche Zipfel

etwa 1 cm lange Kronröhre

dünner Sporn

Weicher Akanthus

Acanthus mollis (Akanthusgewächse)

H 40–90 cm   April–Aug.   Staude

Vorkommen Gebüsche, Brachland und Ödflächen im westlichen und zentralen Mittelmeergebiet, aus Gärten verwildert.

> **Blätter können bis 1 m lang sein**
> **wächst in Büscheln**
> **der verwandte Dornige Akanthus ist distelähnlich dornig**

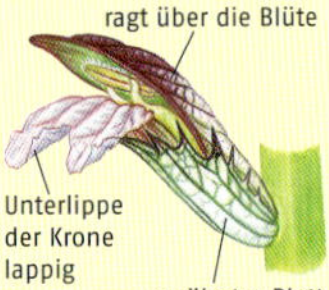

oberer Kelchlappen ragt über die Blüte

Unterlippe der Krone lappig

gezähntes Blatt unter der Blüte

86

Die Blüten sind so gebaut, dass nur kräftige Hummeln und Hummelverwandte an den Nektar an ihrer Basis gelangen können. Sie müssen sich hierzu zwischen das feste, durch den oberen Kelchlappen gebildete Dach und die Blütenlippe hineinzwängen. Gelegentlich bieten Gärtnereien die stattlichen, starkwüchsigen Pflanzen auch in Mitteleuropa als Park- und Gartenstaude an.

Kelchlappen violettrot

dichte, zylindrische Blütenähre

Blüten um 4 cm lang

Blatt weich, typisch eingeschnitten gezähnt, ohne Dornen

Schon gewusst?

Akanthus-Blätter dienten schon in der Antike als Vorlage für den Schmuck von Säulenabschlüssen. Auch heute ist das Akanthus-Blatt noch an vielen Bauwerken zu finden.

Sumpf-Siegwurz

Gladiolus palustris (Schwertliliengewächse)
H 30–50 cm   Mai–Juni   Staude

Sowohl der deutsche Name „Siegwurz"
als auch die wissenschaftliche Bezeichnung *Gladiolus* (lateinisch für
„kleines Schwert") beziehen
sich auf die typische
Blattform der
Knollenpflanze. Die
als Schnittblumen
und in Gärten
kultivierten groß-
blütigen Gladiolen
sind Kreuzungen
verschiedener, meist
afrikanischer Arten.

*Vorkommen Sumpf-
und Moorwiesen, nasse
Wiesenbereiche an
Hängen. Auf feuchtem
oder gelegentlich über-
schwemmtem Boden.
Mittel- und Südost-
europa.*

> *erträgt keine Düngung*
> *wird wild immer seltener*
> *die ähnliche Saat-Sieg-
> wurz wächst auf Äckern
> im Mittelmeerraum*

6 Blüten-
blätter, bis
3 cm lang

Blüten bilden
lockere, ein-
seitswendige
Ähren

bis 2 cm
große
Knolle

netzfasrige
Hülle

unten zu einer
krummen Röhre
verwachsen

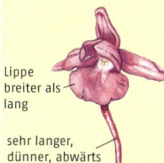

87

Mücken-Händelwurz

Gymnadenia conopsea (Orchideengewächse)
H 25–60 cm   Mai–Aug.   Staude

bis 15 cm
lange, dichte,
zylindrische Ähre
mit bis zu 140
Orchideenblüten

Der lange, dünne Blütensporn
weist auf die Bestäuber dieser
Orchidee hin: Tag- und Nachtfalter, die ihren dünnen Rüssel
gut durch den weniger als 1 mm
breiten Eingang in die Röhre
einführen und den reichlichen,
im Gegenlicht gut sichtbaren
Nektar aufsaugen können.
An manchen Standorten
duften die Pflanzen besonders intensiv in der Abenddämmerung.

*Vorkommen Moorige
Wiesen, Magerrasen,
lichte Wälder. Sowohl
auf trockenen wie auch
feuchten, meist kalk-
haltigen Böden. Fast
ganz Europa.*

> *Blüten duften stark*
> *blüht selten auch weiß*
> *wie alle Orchideen
> geschützt*

Blätter
aufrecht,
1–2 cm breit,
grün

Stängel beblättert

Lippe
breiter als
lang

sehr langer,
dünner, abwärts
gerichteter Sporn

Stattliches Knabenkraut

Orchis mascula (Orchideengewächse)
H 15–50 cm   Mai–Juni   Staude

Vorkommen *Magere Gebirgswiesen, Halbtrockenrasen, lichte Wälder, Auenwälder, Steinbrüche. Ganz Europa.*

> **Blätter auch ungefleckt**
> **typisch ist der aufgerichtete Sporn**
> **heißt auch „Manns-Knabenkraut"**

Die immer paarweise stehenden Knollen erinnern an Hoden. Im 1. Jahrhundert n. Chr. beschrieb der griechische Gelehrte Dioskurides, dass man durch den Genuss dieser Knollen das Geschlecht eines Kindes beeinflussen könne (orchis = „Hoden"). Noch bis zu Beginn des 19. Jahrhunderts meinte man, die Knollen würden den Geschlechtstrieb fördern.

lockere, gleichmäßige Ähre mit 20–70 Blüten

Lippe 10–12 mm lang, 3-teilig

Stängel oben oft dunkel

Blätter breitlanzettlich, meist dunkel gefleckt

aufrecht gerichteter Sporn

purpurrote Orchideenblüte

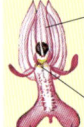

Helm-Knabenkraut

Orchis militaris (Orchideengewächse)
H 25–45 cm   Mai–Juni   Staude

Vorkommen *Magerrasen, Böschungen, moorige Wiesen, Flussauen, lichte Gebüsche. Auf kalkreichen, humushaltigen Böden an etwas wärmeren Standorten. Fast ganz Europa.*

> **wächst oft in Gruppen**
> **wird vom Vieh nicht gefressen**
> **fällt von Weitem auf**

Helm blassrosa bis aschgrau, heller als die Lippe

zylindrische, dichte Ähre mit 20–50 Orchideenblüten

Das Helm-Knabenkraut gehört zu den etwas häufigeren Orchideen. Es kann auch neu geschaffene Standorte wie Straßenböschungen oder Dämme besiedeln und erscheint dort oft lange vor anderen Orchideenarten.

obere Blätter hellgrün, umfassen den Stängel

halbkugeliger, innen rot geaderter Helm

Lippe 1–2 cm lang, 3-spaltig

Mittellappen vorn gespalten

Geflecktes Knabenkraut

Dactylorhiza maculata (Orchideengewächse)
H 10–60 cm   Mai–Aug.   Staude

Wie die anderen Orchideen bildet auch das Gefleckte Knabenkraut staubfeine, mit einer losen Hülle versehene Samen aus. Diese sind so hervorragend an eine Verbreitung durch den Wind angepasst, dass sie bis 10 km weit fliegen können. Allerdings enthalten sie praktisch keine Reservestoffe und nur einen winzigen Keimling. Für das Wachstum des Keimes ist deshalb die Lebensgemeinschaft mit einem Pilz erforderlich.

Vorkommen *Feuchte Magerrasen, Heidemoore, Heiden. Auf nassen oder feuchten, modrigen oder humusreichen Böden. Fast ganz Europa.*

> **sehr variabel in der Blüte und im Wuchs**
> **duftet nicht**
> **bietet den Bestäubern keinen Nektar als Belohnung**

dunkelgrün, oberseits dunkelbraun gefleckt

untere Blätter breit-lanzettlich

Blütenähre anfangs kegelförmig, später zylindrisch

2 Blütenblätter stehen seitlich ab

Lippe 0,5–1 cm lang, mit Punkten und Mustern

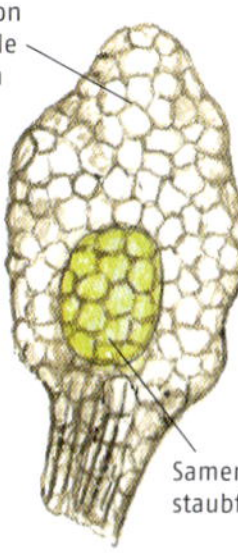

89

Samen von loser Hülle umgeben

20–70 meist blass violette Orchideenblüten

Samen staubfein

Schon gewusst?

Die Knollen sind fingerartig geformt. Im Volksglauben verglich man die dunkle Knolle des Vorjahres mit einer Teufelshand, die helle neue Knolle mit einer Marienhand. Diese helle Hand sollte am 24. Juni, dem Johannistag, gegen Krankheiten wirken.

Gewöhnliche Knoblauchsrauke

Alliaria petiolata (Kreuzblütengewächse)
H 20–100 cm   April–Juni   einjährig

Vorkommen Schattige Unkrautbestände an Waldrändern, Hecken, in Gärten, Parks. Von der Ebene bis in mittlere Gebirgslagen. Fast ganz Europa.

> *treibt früh im Jahr aus*
> *zeigt Stickstoffreichtum an*
> *nach dem Zerreiben am Geruch zu erkennen*

Wer Knoblauch mag, kann die jungen Blätter der Knoblauchsrauke zerkleinern und zum Würzen, etwa von Quark oder Salaten, verwenden. Sie schmecken und riechen knoblauchähnlich. Außerdem enthalten sie reichlich Vitamin A und C. Die Blätter lassen sich auch auf Vorrat einfrieren. Beim Trocknen dagegen verlieren sie ihr Aroma.

Blütenstand anfangs fast doldig

Frucht 2–7 cm lang

2 abfallende Klappen

Rand buchtig gezähnt

1 Reihe schwarzer Samen

Blätter herzförmig-dreieckig

Blüte 0,6–1 cm groß

4 gleich große weiße Kronblätter

Küsten-Meerkohl

Crambe maritima (Kreuzblütengewächse)
H 30–75 cm   Mai–Juni   Staude

Vorkommen Dünen in Meeresnähe, Strände mit Geröll. Gern an stickstoffhaltigen Standorten. Meeresküsten fast ganz Europas.

> *riecht typisch kohlartig*
> *Früchte werden vom Meer verbreitet*
> *wild selten, Wildvorkommen nicht abernten*

Meerkohl lässt sich als Gemüse verwenden und wird zu diesem Zweck auch in Frankreich und England kultiviert. Sein wissenschaftlicher Name leitet sich vom griechischen krambos ab, was so viel wie „eingeschrumpft" bedeutet. Vielleicht verglich man die Blätter mit denen der üblichen Speise-Kohlsorten.

Frucht dickwandig

obere Blätter kleiner und schmäler

runde, 8–14 mm lange Früchte

dichte Blütenstände mit vielen Einzelblüten

wachsig-blaugrün, fleischig

Rand buchtig gelappt

untere Blätter groß

4 Kronblätter, um 1 cm lang

Blüten deutlich gestielt

Gewöhnlicher Meerrettich

Armoracia rusticana (Kreuzblütengewächse)

H 60–120 cm   Mai–Juli   Staude

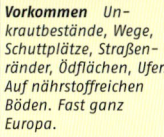

Der Meerrettich stammt aus Südosteuropa, wird seit alters gepflanzt und ist häufig verwildert. Der Name soll an den Wuchsort der wilden Pflanzen in Meeresnähe erinnern. Die geriebenen Wurzeln eignen sich als Gewürz für Salate, Soßen und Fleisch, sind allerdings nicht jedermanns Geschmack. Frisch gerieben schmecken sie am besten. Medizinisch nützt man die bakterienabtötende, krampflösende und durchblutungsfördernde Wirkung der Inhaltsstoffe.

Vorkommen *Unkrautbestände, Wege, Schuttplätze, Straßenränder, Ödflächen, Ufer. Auf nährstoffreichen Böden. Fast ganz Europa.*

> * heißt auch „Kren"
> * Wurzeln riechen und schmecken scharf, würzig
> * wächst besonders in der Nähe von Dörfern

Schon gewusst?

Bei uns gehörte Meerrettich im Mittelalter neben Senf zu den einzigen scharfen Gewürzen, die für die Bevölkerung erschwinglich waren. Pfeffer dagegen, der auf dem Landweg von Indien nach Europa kam, war ein unerschwingliches Luxusgut.

4 weiße
Kronblätter

Blüten 5–9 mm groß

91

Blüten in Trauben

obere Blätter kleiner als die unteren

lanzettlich

stumpf gezähnt

Blätter dicklich, glänzend

Ränder gewellt, stumpf gezähnt

Blätter lang gestielt

dicke fleischige bis holzige Wurzel

untere Blätter sehr groß

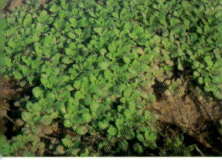

Echte Brunnenkresse

Nasturtium officinale (Kreuzblütengewächse)
H 20–80 cm   Mai–Okt.   Staude

Brunnenkresse enthält Senföle, Vitamin A und C sowie reichlich Mineralstoffe. Sie liefert herb-pikanten und gesunden Salat oder Gemüse, muss allerdings gut geputzt werden, da oft Wasserschnecken und andere Wassertiere an ihr sitzen. Ab dem Mittelalter kultivierte man die Brunnenkresse in Westeuropa, ab dem 16. Jahrhundert auch in Thüringen in besonderen Wasserbeeten (Kressegärten), um sie in den vitaminarmen Wintermonaten ernten zu können.

Vorkommen *In Bächen, Gräben und Quellen mit klarem, kühlem, fließendem Wasser. Von der Ebene bis ins Gebirge in ganz Europa.*

> ***kann auch im Wasser untergetaucht leben***
> ***Staubbeutel immer gelb***
> ***Stängel hohl, lässt sich zusammendrücken***

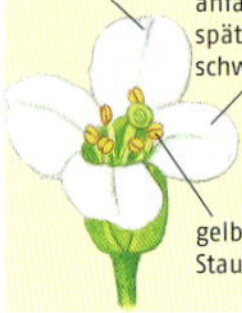
4 verkehrt eiförmige Kronblätter
anfangs weiß, später auch schwach lila
gelbe Staubbeutel

92

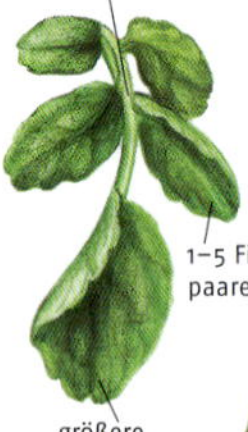
Blatt unpaarig gefiedert
1–5 Fiederpaare
größere Endfieder

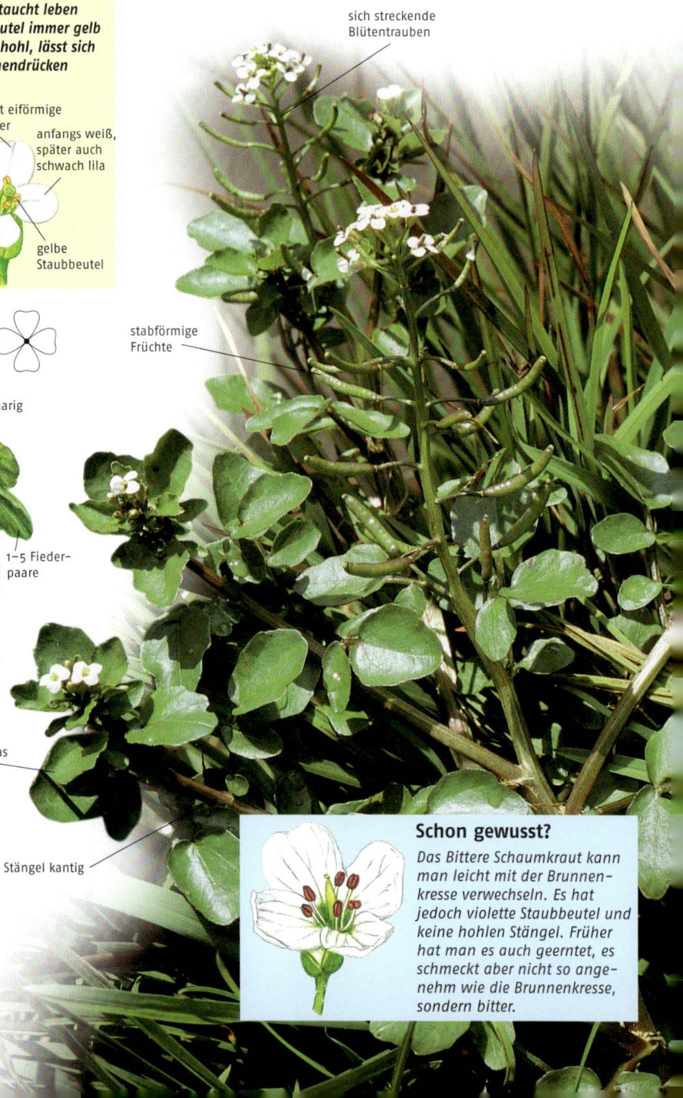
sich streckende Blütentrauben
stabförmige Früchte
Blätter kahl, etwas fleischig
Stängel kantig

Schon gewusst?

Das Bittere Schaumkraut kann man leicht mit der Brunnenkresse verwechseln. Es hat jedoch violette Staubbeutel und keine hohlen Stängel. Früher hat man es auch geerntet, es schmeckt aber nicht so angenehm wie die Brunnenkresse, sondern bitter.

Hungerblümchen

Erophila verna (Kreuzblütengewächse)

H 3–15 cm   März–Mai   einjährig

Die Pflanze besiedelt nährstoffarme Böden, auf denen sich Kulturpflanzen nicht optimal entwickeln. Das Hungerblümchen ist also ein Anzeiger für „Hungerböden". Früher glaubte man, dass eine Missernte bevorsteht, wenn im Frühjahr sehr viele Hungerblümchen blühen.

an geöffneter Frucht bleibt eine helle Wand stehen

zahlreiche Samen

Früchte 5–12 mm lang

Stängel ohne Blätter

lanzettliche Blätter bilden eine Grundrosette

junge Früchte oft noch mit Blütenresten

bis etwa zur Mitte gespalten

Kronblätter 2–5 mm lang

Gewöhnliches Hirtentäschel

Capsella bursa-pastoris (Kreuzblütengewächse)

H 2–70 cm   Jan.–Dez.   ein- bis zweijährig

Das Gewöhnliche Hirtentäschel erhielt seinen Namen von der Ähnlichkeit der herzförmigen Früchte mit den Umhängetaschen mittelalterlicher Hirten. In China nutzt man das Kraut als Gemüsepflanze, in Europa als Heilpflanze bei unregelmäßigen Regelblutungen und bei Nasenbluten.

Stängelblätter lanzettlich

umfassen den Stängel pfeilförmig

Rand mehr oder weniger gezähnt

Blütentrauben strecken sich stark

Frucht typisch herzförmig

oft verzweigt

untere Blätter bilden eine Rosette

4 weiße Kronblätter, um 3 mm lang

4 aufrechte Kelchblätter

Acker–Hellerkraut

Thlaspi arvense (Kreuzblütengewächse)
H 10–50 cm   April–Aug.   einjährig

Die münzenähnlichen Früchte geben dem Hellerkraut den Namen. An ihrem breiten Rand kann sich der Wind verfangen. Er reißt die reifen Früchte auf und sorgt dafür, dass die Samen verbreitet werden. Aus den Samen presste man früher Brenn- und Speiseöl, die rettich- bis senf-ähnlich schmeckenden Blätter verwendete man für Salat und Suppen.

Blüten in Trauben

meist Blüten und Früchte gleichzeitig

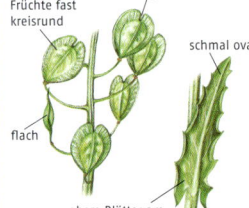

Früchte fast kreisrund

vorn eingeschnitten

schmal oval

flach

vorn abgerundet oder leicht eingebuchtet

4 weiße, 3–4 mm lange Kronblätter

obere Blätter am Grund pfeilförmig

Stängel kantig

Herbst–Seidelbast

Daphne gnidium (Seidelbastgewächse)
H 50–200 cm   Juni–Okt.   Strauch ☠

Der wissenschaftliche Name Daphne bedeutet übersetzt „Lorbeer-baum". Er bezieht sich darauf, dass einige Seidelbast-Arten lorbeer-ähnliche, immergrüne Blätter tragen. In der griechischen Mytho-logie war Daphne eine Baumnymphe. Apollo verliebte sich in sie, weshalb Zeus sie in einen Strauch verwandelte.

Krone 4-zipfelig

behaart

Blütenstände an den Zweigenden

Blätter spiralig angeordnet

Blatt 2–5 cm lang, kahl, ledrig

Unterseite blaugrün

glänzend rote Beerenfrüchte

Dorniger Kapernstrauch

Capparis spinosa (Kaperngewächse)

H 30–150 cm   April–Okt.   Strauch

In der Antike kannte man Kapern als Mittel gegen Ischias und Krämpfe sowie als Gewürz. Sowohl die geschlossenen Blütenknospen als auch die Kapernfrüchte können in Salz, Essig oder Öl eingelegt werden. Beide haben ein würzig-pikantes, etwas eigenartiges Aroma. Die eingelegten Früchte, auch Kapernäpfel genannt, schmecken intensiver. Zu unseren bekanntesten Gerichten mit Kapern gehören Königsberger Klopse.

Vorkommen *Felsen, Mauern, Ödland, Brachäcker, Straßenränder. Mittelmeerraum.*

> **besonders in Frankreich und Spanien kultiviert**
> **Blüten nur wenige Stunden geöffnet**
> **kann etwas klettern**

Blätter wechselständig

mit deutlicher Spitze

Blatt breit elliptisch

Fruchtknoten lang gestielt

Staubblätter sehr zahlreich

Blüten 4–5 cm breit

95

fleischige Kapselfrucht

gestielte Blüten in den Blattachseln

Schon gewusst?

Die kurzlebigen Blüten spielen sogar in der Bibel eine Rolle. Im Buch der Sprüche beschreibt Salomo eine aufbrechende Kaper als Bild von der Vergänglichkeit und vom Altwerden.

Gewöhnliches Hexenkraut

Circaea lutetiana (Nachtkerzengewächse)
H 20–70 cm   Juni–Aug.   Staude

Vorkommen *Wälder, Waldwege, Gebüsche, Auen. Auf feuchten Böden. Fast ganz Europa.*

> **zeigt nährstoffreiche Böden an**
> **blüht auch im Schatten**
> **Blüten locken besonders Schwebfliegen an**

Das Hexenkraut hat keulenförmige Früchte. Mit ihren Häkchen bleiben sie sehr leicht an Tieren und auch an den Kleidern des Menschen hängen. So können sie über große Strecken verbreitet werden. Vielleicht trug das etwas unheimliche, unbemerkte Anhängen der Früchte an die Kleidung zum Namen „Hexenkraut" und *Circaea* bei. Circe war in der griechischen Mythologie eine Zauberin oder Hexe.

Blüten in einer lockeren Traube

Früchte 3–4 mm lang

dicht mit hakigen Borsten besetzt

behaart

Blätter gegenständig

2 Kronblätter, 2–4 mm lang

tief 2-teilig

Schwedischer Hartriegel

Cornus suecica (Hartriegelgewächse)
H 5–25 cm   Mai   Staude

Vorkommen *Moore, Heiden mit niedrigen Sträuchern. Auf torfigen Böden. Nordeuropa, Norddeutschland*

> **Blätter im Herbst rot gefärbt**
> **unterirdischer, kriechender Wurzelstock**
> **braucht kühle Sommer**

Die wenigen Vorkommen, an denen der Schwedische Hartriegel auch heute noch in Mitteleuropa zu finden ist, gelten als Eiszeitrelikte. Während der letzten Eiszeit war er weiter verbreitet. Die nächsten Verwandten dieser hübschen Staude wachsen strauch- oder baumförmig.

Blätter eiförmig-länglich

Fruchtstände am Ende des Stängels

ohne Blattstiel

Blattnerven bogenförmig

4 weiße oder cremefarbene, wie Blütenblätter wirkende Blätter

eigentliche Blüten winzig, bräunlich

Mittlerer Wegerich

Plantago media (Wegerichgewächse)

H 10–45 cm   Mai–Sept.   Staude

Plantago leitet sich vom lateinischen planta = Fußsohle ab. Die dicht an den Boden gedrückten Blätter erinnern etwas an Fußabdrücke, außerdem erträgt es die Pflanze, dass man auf ihr herumläuft. Reißt man die Blätter oder Blattstiele auseinander, so bleiben dünne Fäden stehen. Es handelt sich dabei um Gefäßbündel, die für den Wasser- und Stofftransport zuständig sind. Sie lassen sich bei dieser Art leicht herausziehen.

Vorkommen Halbtrockenrasen, magere Wiesen, Weiden, Rasenflächen, Wege, Straßenränder. An meist sonnigen Standorten. Fast ganz Europa.

> meistens auf betretenen Standorten
> Blüten wohlriechend
> im Rasen lästig, das Gras stirbt unter der Rosette

Blattstiel sehr kurz

5–9 Längsnerven

Blätter bilden eine Rosette

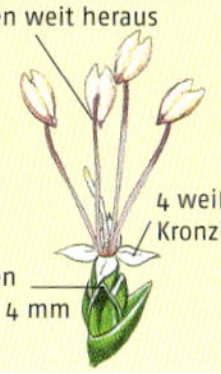

Staubfäden purpurn, ragen weit heraus

4 weiße Kronzipfel

Blüten etwa 4 mm lang

Ähre verlängert sich während der Blütezeit

97

Stängel ohne Blätter

Blüten in dichter Ähre

Schon gewusst?

Wegericharten haben Samen, die bei Nässe klebrig werden und dann gut an Schuhsohlen haften bleiben. Der Große Wegerich gelangte so bis Nordamerika. Die Indianer nannten ihn „Fußtritt des weißen Mannes", da er überall dort wuchs, wohin die Weißen kamen.

Waldmeister

Galium odoratum (Rötegewächse)
H 15–30 cm   Mai–Juni   Staude   (☠)

Vorkommen *Laub- und Mischwälder mit krautreichem Unterwuchs. An schattigen Standorten. Fast ganz Europa.*

> **eine der häufigen, auffälligen Laubwaldpflanzen**
> **schöner Bodendecker**
> **eignet sich auch für Duftsäckchen**

Der typische Waldmeisterduft, der auch der Maibowle ihr Aroma gibt, entwickelt sich erst, wenn man die Pflanze pflückt und anwelken oder trocknen lässt. Dabei entsteht der Aromastoff Cumarin. Besonders viel Aroma liefern kurz vor der Blüte stehende Pflanzen. Der Genuss von großen Waldmeistermengen führt zu Kopfschmerzen und Benommenheit.

verzweigte Blütenstände überragen die oberen Blätter

Stängel aufrecht, unverzweigt

Blätter in Quirlen zu 6–9

Krone trichterförmig

4 spitze Zipfel

lanzettlich, 2–4 cm lang — am Rand rau

Früchte aus 2 kugeligen Teilfrüchtchen

mit hakigen Borsten besetzt

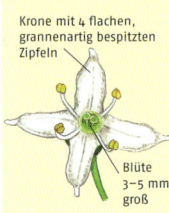

Wiesen-Labkraut

Galium mollugo (Rötegewächse)
H 25–100 cm   Mai–Sept.   Staude

Vorkommen *Wiesen, Wald- und Gebüschränder, Wegraine. Meist auf nährstoffreichen Böden. Ganz Europa.*

> **formenreiche Art**
> **fällt durch den Blütenreichtum auf**
> **stützt sich an anderen Pflanzen ab**

In manchen Gegenden nannte man das Wiesen-Labkraut früher auch „Wilde Röte". Seine Wurzeln enthalten einen roten Farbstoff. Mit dem Salz Alaun vorbehandelte Wolle lässt sich damit lichtecht in roten Farbtönen färben. Auch Ostereier färbte man früher mit Labkrautwurzeln.

stark verzweigter Blütenstand mit vielen Blüten

Krone mit 4 flachen, grannenartig bespitzten Zipfeln

Blüte 3–5 mm groß

länglich-lanzettliche, derbe Blätter in Quirlen zu 6–9

Stängel dünn

allmählich verschmälert

Gewöhnliches Kletten-Labkraut

Galium aparine (Rötegewächse)
H 60–200 cm Juni–Okt. einjährig

Die dünnen Stängel der Pflanze sind zu schwach, als dass sie ohne Halt in die Höhe wachsen könnten. Mit ihren besonders ausgebildeten Haaren bleiben sie jedoch fast überall haften. So können sie problemlos an anderen Pflanzen hinaufklettern und niedere Vegetation oder Zäune überwuchern, um ans Licht zu gelangen. Abgerissene Teile werden auch von Tieren und Menschen unabsichtlich verschleppt und können an anderen Stellen wieder Fuß fassen.

Vorkommen *Unkrautbestände an Heckenrändern, Waldrändern, Ufern, auf Äckern und Schuttstellen, auch in Orten. Ganz Europa.*

> *zeigt stickstoffreiche Standorte an*
> *Früchte und ganze Triebe bleiben an den Kleidern „kleben"*
> *heißt auch „Kleb-Labkraut"*

Blüten etwa 2 mm groß

Krone weiß oder grünlich, mit 4 flachen, spitzen Zipfeln

ganze Pflanze borstig

Früchte aus 2 Teilfrüchtchen zusammengesetzt

99

Stängel mit rückwärts gekrümmten Borsten

Blüten unscheinbar

Blätter in Quirlen zu 6–8

am Rand und auf dem Nerv mit rückwärts gerichteten Stachelhaaren

Schon gewusst?

Fast jeder hat schon einmal versehentlich die ebenfalls mit Widerhaken versehenen Früchte an Socken oder Schnürsenkeln nach Hause getragen oder sie unterwegs aus dem Fell seines Hundes geklaubt – moderne Transportmittel der unscheinbaren Pflanze.

Gewöhnlicher Froschlöffel

Alisma plantago-aquatica (Froschlöffelgewächse)
H 30–100 cm   Juli–Aug.   Staude   (☠)

Vorkommen *Flach überschwemmte Ufer von Seen, Teichen, langsam fließenden Gewässern, Gräben, im Röhricht. Ganz Europa.*

> **Pflanze ragt meist aus dem Wasser**
> **auch für Gartenteiche geeignet**
> **blühende Stängel ohne Blätter**

Die Pflanze und besonders ihr brennend scharfer Saft reizen die Haut, es können sich Blasen bilden. Die Blüten öffnen sich nur nachmittags, die des ähnlichen Lanzettblättrigen Froschlöffels *(Alisma lanceolatum)* dagegen vormittags. Sie werden besonders von Schwebfliegen besucht.

Blütenstand locker

Blätter gestielt

eiförmig bis breitlanzettlich, am Grund herzförmig oder abgerundet

Blüten um 1 cm groß

3 weiße bis hellrosa Kronblätter, etwas gezähnt

3 grüne Kelchblätter

100

Europäischer Froschbiss

Hydrocharis morsus-ranae (Froschbissgewächse)
H 15–30 cm   Juni–Aug.   Staude

Vorkommen *Meist schwimmend zwischen Pflanzen in stehenden bis langsam fließenden Gewässern, Seen. Ganz Europa.*

> **benötigt im Sommer ausreichend Wärme**
> **braucht nährstoffreiches Wasser**
> **erinnert von den Blättern her an eine kleine Seerose**

Die am Grund eingebuchteten Blätter erscheinen wie ausgebissen. Da sich häufig Frösche zwischen den Pflanzen aufhalten, meinte man früher, dass diese die Pflanzen anfressen und gab der Pflanze den Namen „Froschbiss". Frösche schnappen aber höchstens auf den Blättern sitzende Kleintiere weg.

herzförmig, 1,5–6 cm groß

Blüten ragen über das Wasser empor

Blatt lang gestielt

Blätter schwimmen auf der Wasseroberfläche

3 weiße, rundliche Kronblätter

Blüte 1–1,5 cm groß

Krebsschere

Stratiotes aloides (Froschbissgewächse)
H 15–45 cm   Mai–Aug.   Staude

Die Blätter unter den Blüten ähneln den Scheren eines Krebses und gaben der Pflanze ihren Namen. Ein weiterer ist „Wasseraloe". Er bezieht sich auf die Ähnlichkeit der Pflanze mit den zum Teil als Heilpflanzen eingesetzten Aloe-Arten. Stratiotes bedeutet „Schwertträger" und leitet sich von der Blattform ab. Die Pflanzen sinken im Spätherbst auf den Boden der Gewässer und überwintern dort.

Vorkommen *In meist stehendem, nährstoffreichem Wasser von Tümpeln und Altwässern, in geschützten Uferbuchten. Fast ganz Europa.*

> *kann Massenbestände ausbilden*
> *heißt auch „Wasseraloe"*
> *es gibt männliche und weibliche Pflanzen*

2 gezähnte, derbe Blätter unter den Blüten

Blatt fleischig, im Querschnitt 3-eckig

3 rundliche Kronblätter

Blüten um 2 cm groß

101

Blätter lanzettlich-schwertförmig, 10–40 cm lang

Rand scharf gezähnt

halb untergetauchte Blattrosette

Schon gewusst?

Die Grüne Mosaikjungfer, eine große Libelle, legt ihre Eier ausschließlich in diese Pflanze. Sie ist auf ausreichend große Vorkommen von Krebsscheren angewiesen.

Schlangenwurz

Calla palustris (Aronstabgewächse)

H 15–30 cm   Mai–Sept.   Staude

Vorkommen *Ufer von Teichen, Waldtümpeln, Weihern, Mooren. An eher schattigen Standorten. Nord- und Mitteleuropa.*

> *auch in Teiche ausgepflanzt*
> *wächst oft in dichten Gruppen*
> *Blüten riechen unangenehm, locken Aasfliegen und kleine Käfer an*

um 2 cm langer Kolben mit kleinen Blüten

blattähnliches, innen weißes Hochblatt

102

Calla leitet sich von griechisch kallos = Schönheit ab und bezieht sich auf das auffällige, weiße Hochblatt, das direkt unter dem Blütenkolben sitzt. Der schlangenförmige Wurzelstock, der für den deutschen Namen der Pflanze verantwortlich ist, enthält Stärke. Früher verfütterte man ihn an Schweine. In Russland mischte man sein Mehl auch in Brotteig. Die Pflanze enthält hautreizende, brennend scharfe Substanzen.

Beeren scharlachrot, etwa 5 mm groß

zu vielen beieinander

Blätter rundlich, 4–10 cm groß

Schon gewusst?

Der Blumenhandel bietet unter der Bezeichnung „Kalla" oder „Zimmerkalla" Züchtungen an, die von afrikanischen Verwandten der Schlangenwurz abstammen. In Südeuropa, auf den Kanarischen Inseln und auf Madeira wachsen diese auch im Freien.

Gewöhnliches Pfeilkraut

Sagittaria sagittifolia (Froschlöffelgewächse)
H 30–100 cm   Juni–Aug.   Staude

Die Pflanze überwintert mit den Knollen, die im Herbst entstehen. Sie sind sehr nahrhaft und schmecken gekocht etwas nussartig. In China baut man Pfeilkraut deshalb als Nahrungspflanze an. Auch bei uns hat man es früher gegessen. In der Volksmedizin galten die Knollen als wundheilend, außerdem sollten sie gegen Wasserscheu wirken.

Blüten in 3er Quirlen übereinander

Blätter auffallend pfeilförmig

walnussgroße Knollen im Schlamm

Vorkommen In meist langsam fließenden, nährstoffreichen Flüssen und Gräben, an Teichufern. Fast ganz Europa.

> *Sumpf- und Wasserpflanze*
> *kann auch ganz untergetaucht leben*
> *nach der Blattform benannt*

Blüten 1,5–2,5 cm groß

3 weiße, am Grund rote Kronblätter

103

Zweiblättriges Schattenblümchen

Maianthemum bifolium (Spargelgewächse)
H 5–20 cm   Mai–Juni   Staude

Die süßlich schmeckenden Beeren sind für den Menschen giftig. Vögel können sie jedoch ohne Probleme fressen und so die Samen verbreiten. Die Pflanze steht nur in Tieflagen im Schatten, im Gebirge erträgt das Schattenblümchen mehr Licht und wächst auch auf Wiesen. „Zweiblättrig" ist erst die blühende Pflanze. Nicht blühende Stängel bilden nur 1 Blatt.

Vorkommen Artenarme Laub- und Nadelwälder, Moore, Bergwiesen. An schattigen Standorten. Besonders Mittel- und Nordeuropa.

> *winzige, aber wohlriechende Blüten*
> *typische Blattform*
> *nicht blühende Pflanzen nur mit 1 Blatt*

Glänzende gelbe bis rote, oft gesprenkelte Beerenfrüchte

Blätter herzförmig

Nerven verlaufen bogenförmig

blühende Pflanzen meist mit 2 Blättern

Blütentraube 1–5 cm lang

4 weiße 2–3 mm lange, zurückgebogene Blütenblätter

Eisenhutblättriger Hahnenfuß

Ranunculus aconitifolius (Hahnenfußgewächse)

H 20–50 cm   Mai–Juli   Staude

Vorkommen *Bachufer, Quellen, gedüngte Feuchtwiesen, lichte feuchte Wälder. Im Bergland, bis in Höhen über 2000 m. Gebirge in Mittel- und Südeuropa.*

> **meist auf Silikatböden (Sand, verwitterter Granit)**
> **der ähnliche Platanenblättrige Hahnenfuß wächst auf Kalkböden**

Der Eisenhutblättrige Hahnenfuß wird vom Weidevieh gemieden. Da er gleichzeitig mit dessen Kot besonders gut wächst, kann er sich an so gedüngten Standorten stark ausbreiten und bildet in der Nähe von Almhütten oft große Bestände. Fliegen, für die das Weiß der Blüten besonders attraktiv ist, finden süßen Nektar an der Basis der Blütenblätter.

zahlreiche Blüten ragen über die Blätter empor

Blätter fast bis zum Grund 3–7-teilig

Rand gezähnt

Blätter dunkelgrün

Blüten 1–2,5 cm groß

5 weiße Kronblätter

Flutender Wasserhahnenfuß

Ranunculus fluitans (Hahnenfußgewächse)

H 50–600 cm   Juni–Aug.   Staude

Vorkommen *In strömenden bis schnell fließenden Bächen und Flüssen mit sauerstoffreichem Wasser. Besonders Mitteleuropa.*

> **zaubert weiße Blütenteppiche auf Flüsse**
> **braucht kühles Wasser**
> **nur untergetauchte Blätter vorhanden**

Die ausgedehnten Bestände des Flutenden Wasserhahnenfuß werden von Fischen gerne als Laichplätze genutzt. Die Pflanze ist mit ihren fein zerteilten, schlaffen Blättern ideal an fließendes Wasser angepasst. Die Blätter setzen der Strömung nur wenig Widerstand entgegen und werden so kaum zerstört, sondern umspült. Gleichzeitig nimmt die Pflanze so über die Oberfläche Nährsalze und Gase auf.

Blüten ragen einzeln aus dem Wasser

Stängel und Blätter treiben im Wasser

Blätter 10–30 cm lang

Kronblätter weiß, am Grund gelb

Blüten bis 3 cm groß

Zipfel lang, schlaff, fadenförmig

Christrose

Helleborus niger (Hahnenfußgewächse)
H 5–25 cm   Dez.–März   Staude

Früher trocknete man die schwarzbraunen Wurzelstöcke, pulverisierte sie und stellte daraus Niespulver her. Auch gegen Geisteskrankheiten und Schwermut sowie als Abführmittel sollten sie helfen. Allerdings wussten die Kräuterkundigen des 16. und 17. Jahrhunderts von der Giftigkeit der Pflanze und rieten, sie nur sehr vorsichtig zu verwenden. Später nahm man die Pflanze als Herzmittel und zur Förderung des Harns. Heute wird sie wegen des Vergiftungsrisikos kaum mehr verwendet.

Schon gewusst?

Im Jahre 600 v. Chr. spielte eine Helleborus-Art die entscheidende Rolle im Belagerungskrieg der griechischen Stadt Kirrha: Der Belagerer Solon ließ die Wurzeln in den Fluss werfen, der die Stadt mit Trinkwasser versorgte. Die Bewohner wurden durch starke Durchfälle kampfunfähig.

Vorkommen Laubwälder, Kiefernwälder, Gebüsche. Auf kalkhaltigen Böden. Oft auch Zierpflanze in Gärten. Alpen, Gebirge in Südosteuropa.

> heißt auch „Schwarze Nieswurz"
> in Gärten auch ähnliche Arten und Kreuzungen
> Blütenblätter bleiben nach der Blüte erhalten

Blüten 5–10 cm groß
zahlreiche Staubblätter

Blütenblätter überlappen sich

1–2 Blüten pro Stängel

ledrig, über den Winter grün

Blätter fußförmig geteilt

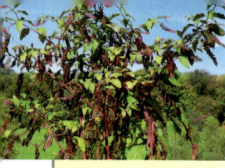

Amerikanische Kermesbeere

Phytolacca americana (Kermesbeerengewächse)

H 100–350 cm   Juli–Okt.   Staude oder Strauch ☠

Vorkommen – *Ödflächen, ehemalige Kulturflächen. An nährstoffreichen, warmen, hellen Standorten. Mittelmeerraum.*

- ***stammt aus Amerika***
- ***in Mitteleuropa gelegentlich Gartenpflanze***
- ***frische Beeren wirken abführend***

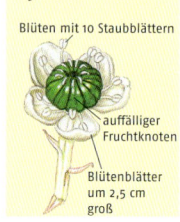

Blüten mit 10 Staubblättern
auffälliger Fruchtknoten
Blütenblätter um 2,5 cm groß

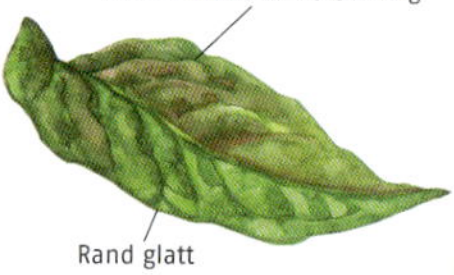
Blätter meist 10–20 cm lang
Rand glatt

Die schwarzroten Früchte enthalten einen intensiv roten, unschädlichen Farbstoff, der allerdings im Licht bald ausbleicht. Man verwendete ihn insbesondere zum Färben von zu hellen Rotweinen, weshalb man die Pflanze besonders in Weinbaugebieten kultivierte. Diese Verfälschung war allerdings schon früher nicht gerne gesehen. Der französische Sonnenkönig Ludwig XIV soll sie sogar mit dem Tode bestraft haben.

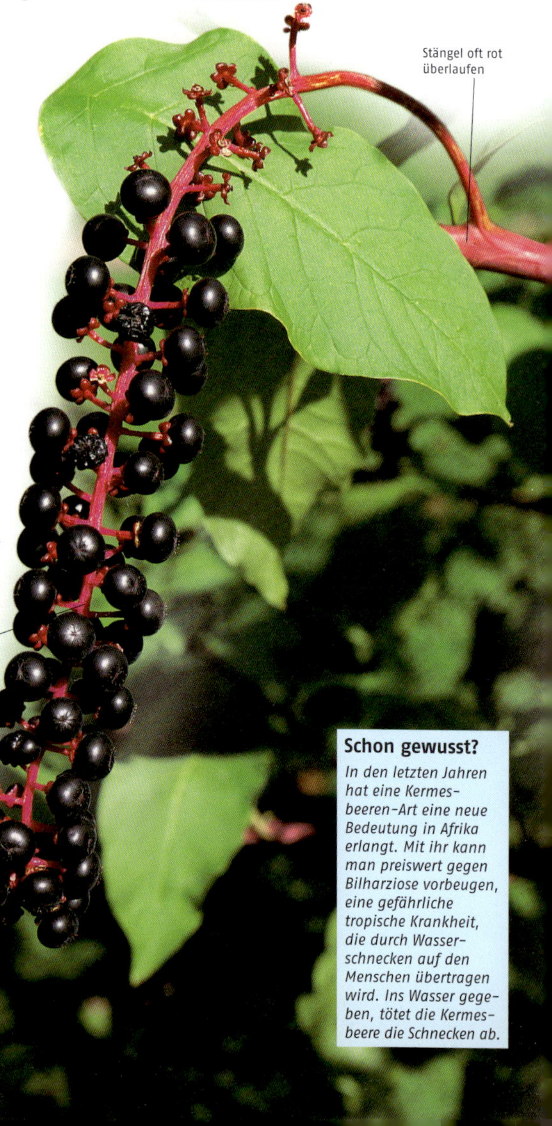
Stängel oft rot überlaufen
Früchte in hängenden Trauben
reife Früchte glänzend schwarz

Schon gewusst?

In den letzten Jahren hat eine Kermesbeeren-Art eine neue Bedeutung in Afrika erlangt. Mit ihr kann man preiswert gegen Bilharziose vorbeugen, eine gefährliche tropische Krankheit, die durch Wasserschnecken auf den Menschen übertragen wird. Ins Wasser gegeben, tötet die Kermesbeere die Schnecken ab.

Einblütiges Hornkraut
Cerastium uniflorum (Nelkengewächse)
H 2–6 cm   Juli–Aug.   Staude

Hornkräuter erhielten ihren Namen wegen der oft hornförmig gebogenen Fruchtkapsel. Von den in Europa vorkommenden Arten
steigt das Einblütige Hornkraut im Gebirge am höchsten hinauf:
Es wächst bis in Höhen um 3500 m.

bildet dichte Rasen

Blätter
oval

pro Stängel
1 Blüte

dicht behaart

*Vorkommen Fels-
schutt, Silikatgestein.
Meist oberhalb der
Waldgrenze. Gebirge
von den Alpen bis zu
den Karpaten.*

> **wächst über Schutt und
> festigt ihn**
> **lockt Insekten an**
> **Polster fallen von weitem
> auf**

Kronblätter
10–16 mm lang

Kronblätter fast bis zur
Mitte 2-spaltig

107

Große Sternmiere
Stellaria holostea (Nelkengewächse)
H 15–30 cm   April–Mai   Staude

Die steifen, oft nach rückwärts gebogenen Blätter finden un-
tereinander oder an anderen Pflanzen Halt, so dass die Große
Sternmiere trotz den recht dünnen Stängeln in die Höhe wachsen
kann. Der schöne Frühjahrsblüher mit den
vielen weißen Blüten eignet sich auch für
Gebüschränder in Wildstaudengärten.

gabelig verzweigt

Spitze lang
ausgezogen

schmal-
lanzettlich

Blätter
gegen-
ständig

*Vorkommen   Lichte
Wälder mit reichlich
krautigen Pflanzen
auf dem Waldboden,
Hecken, Waldränder,
Waldwege. Fast ganz
Europa.*

> **wächst oft in größeren
> Gruppen**
> **benötigt ausreichend
> Licht**
> **Stängel zerbrechlich**

bis etwa zur
Mitte 2-teilig

Kronblätter verdecken
die Kelchblätter

lockere
Blütenstände

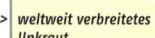

Gewöhnliche Vogelmiere
Stellaria media (Nelkengewächse)
H 3–40 cm   Jan.–Dez.   einjährig

Vorkommen Unkraut-
bestände in Gärten,
auf Äckern, Ödflächen,
an Wegen, Ufern, in
Blumentöpfen. Ganz
Europa.

> **weltweit verbreitetes Unkraut**
> **zeigt Stickstoffreich-tum an**
> **gutes Grünfutter für Stubenvögel**

Aus jeder Blüte entsteht auch dann eine Frucht, wenn sie nicht von Insekten besucht wurde. Eine Pflanze kann so im Idealfall bis zu 15 000 Samen bilden. An ausgerissenen Pflanzen reifen die Samen auch noch auf dem Kompost nach. Die Vogelmiere ist jedoch nicht nur ein Unkraut, sie eignet sich auch für Gemüse oder Salat und wird gerne von Vögeln gefressen.

Blüten in den Blattachseln

Blätter eiförmig

Stängel nieder-liegend oder aufsteigend

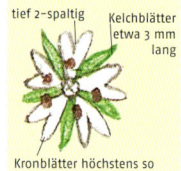

tief 2-spaltig

Kelchblätter etwa 3 mm lang

Kronblätter höchstens so lang wie der Kelch

Stängel auf einer Längslinie behaart

108

Taubenkropf–Leimkraut
Silene vulgaris (Nelkengewächse)
H 15–50 cm   Mai–Sept.   Staude

Vorkommen Stein-
schutthalden, Stein-
brüche, Wegränder,
Böschungen, Bahn-
schotter, trockene
Wiesen. Ganz Europa.

> **heißt auch „Aufgeblasenes Leimkraut"**
> **Pionierpflanze**
> **Blüten meist in eine Richtung ausgerichtet**

Namensgebend für diese Art ist der auffällige Kelch. Dieser bleibt auch noch nach der Blüte erhalten. Der Wind kann sich dann in ihm verfangen und die Samen aus den Kapseln schütteln. Aus den Blättern und jungen Sprossen kann man Wildgemüse kochen.

gestielte Blüten bilden lockeren Blütenstand

länglich, zugespitzt

Blätter gegen-ständig

Kelch stark aufgeblasen

gut sichtbares Nerven-netz

Kronblätter 2-spaltig

Japanischer Flügelknöterich

Fallopia japonica (Knöterichgewächse)
H 100–200 cm   Juli–Sept.   Staude

Der Japanische Flügelknöterich kam um 1825 erstmals als dekorative Blattpflanze in europäische Parks. 1847 erhielt er in den Niederlanden sogar eine Goldmedaille als „interessante neue Pflanze". Auch als Viehfutter und zur Festigung von Abhängen wurde er kultiviert. Die Art verwilderte jedoch bald und wurde zu einem lästigen Unkraut. Sie wächst sehr rasch und duldet kaum andere Pflanzen in ihrer Nähe. So kann sie einheimische Pflanzen großflächig von Fluss- und Bachufern verdrängen.

Vorkommen –
Gepflanzt, verwildert oder eingebürgert an Ufern und in Ufer-wäldern. Auf nassen, nährstoffreichen Böden. Fast ganz Europa.

> stammt aus Ostasien
> kann ausgedehnte, dichte Gruppen bilden
> verdrängt heimische Pflanzen

Schon gewusst?

Bruchstücke des Wurzelstocks können im Winter leicht wegge-spült und so verbreitet werden. Da bei der Staude im Winter nur die Wurzelstöcke vorhanden sind, sind die vom Japanischen Flügelknöterich bewachsenen Ufer sehr erosionsgefährdet.

5 grünlich weiße Blüten-blätter

Blüte gestielt

oft in 2 Zeilen angeordnet

5–13 cm lang

breit eiförmig

Blätter wechselständig

Blüten in 3–10 cm langen Rispen

auffällige Rispen mit geflügelten Früchten

109

Rundblättriger Sonnentau

Drosera rotundifolia (Sonnentaugewächse)
H 5–20 cm   Juli–Aug.   Staude

Vorkommen Hoch-
moore, saure Nieder-
moore, feuchte Heiden.
Auf nassen, sehr nähr-
stoffarmen, kalkfreien,
sauren Torfböden. Fast
ganz Europa.

> durch Zerstörung der
  Moore bedroht
> insektenfangende
  Pflanze
> Blätter klebrig

Die zahlreichen Tröpfchen auf den Tentakeln glitzern wie Morgen-
tau und inspirierten zu dem schönen Namen. Es handelt sich um
einen klebrigen Schleim mit Verdauungsenzymen. Landet ein
kleines Insekt auf den Blättern, bleibt es kleben. Die Bewegung
des Tieres reizen die Tentakeln, die sich nach ein bis zwei Minuten
über dem Insekt zusammenbiegen.

Die Beute wird durch abge-
gebene Enzyme verdaut
und von den Tentakeln
aufgenommen. So erhält
die Pflanze lebensnotwen-
digen Stickstoff.

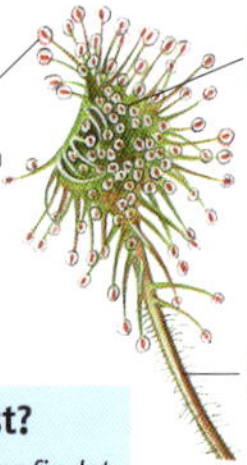

Oberseite
mit langen,
rötlichen, an
der Spitze
drüsigen
Haaren
(Tentakeln)

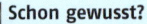

Blattspreite
rundlich

Blattstiel
1–3 cm lang

5 freie Blüten-
blätter

5 Kelchblätter

Schon gewusst?

*Wesentlich seltener findet
man den Langblättrigen
Sonnentau mit aufrecht
stehenden, längeren
Blättern. Die auffäl-
ligeren Arten, die der
Blumenhandel anbietet,
stammen z. B. aus Afrika
oder Asien.*

Blätter bilden
eine Rosette

liegen dem
Boden an

Moosauge

Moneses uniflora (Heidekrautgewächse)
H 5–10 cm   Mai–Juli   Staude   (☒)

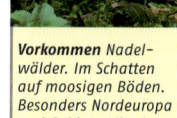

In Tirol nennt man das Moosauge wegen seiner einzelnen, in Richtung Boden geneigten Blüte auch „Gschamigs Maderle". Wenn die Art bei uns gelegentlich auch außerhalb der Gebirge wächst, so verdankt sie dies der verbreiteten Aufforstung mit Fichten.

Blüte nickend

immer nur
1 endständige
Blüte

Rand fein gesägt

Spreite rund,
bis 2 cm groß

Vorkommen *Nadelwälder. Im Schatten auf moosigen Böden. Besonders Nordeuropa und Gebirge Mitteleuropas.*

> *ist auf Nadelholzvorkommen angewiesen*
> *wächst meist in lockeren Gruppen*
> *Blätter immergrün*

Kronblätter eiförmig,
8–12 mm lang

Griffel
gerade
vorgestreckt

flach ausgebreitet

111

Weiße Fetthenne

Sedum album (Dickblattgewächse)
H 8–20 cm   Juni–Sept.   Staude

Die Weiße Fetthenne ist an ihre Standorte gut angepasst. Ihre fleischigen Blätter speichern Wasser und tragen als Schutz vor Verdunstung eine dicke Wachsschicht. Brechen sie ab oder werden Sprossstücke losgetreten, so können sie sich leicht bewurzeln und zu neuen Pflanzen auswachsen.

Vorkommen *Pionier auf Felsen, Mauern, Kiesdächern, Trockenrasen, steinigen Ödflächen. Fast ganz Europa.*

> *benötigt viel Sonne*
> *anspruchslose Pflanze*
> *heißt auch „Weißer Mauerpfeffer", schmeckt aber nicht scharf*

Blätter linealisch bis walzlich, stumpf

Blütenrispen mit vielen Blüten

Pflanze kahl

wechselständig angeordnet

Immergrün, saftig-fleischig

wächst in lockeren Rasen

rötliche
Staubbeutel

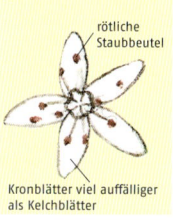

Kronblätter viel auffälliger als Kelchblätter

Knöllchen-Steinbrech

Saxifraga granulata (Steinbrechgewächse)
H 15–30 cm   Mai–Juni   Staude

Blätter lappig gezähnt

Vorkommen *Wiesen, Magerrasen, grasige Böschungen, Kiesdächer. Auf kalkarmen Böden. Fast ganz Europa.*

> ein Steinbrech, der meist nicht auf Steinen wächst
> Blätter auch im Winter grün
> heißt auch „Körner-Steinbrech"

Im Mittelalter dachte man, die braunen, steinchenähnlich aussehenden Zwiebelchen seien ein Zeichen, dass die Pflanze bei Blasen- und Nierensteinen den „Stein brechen" könne. Nach einer anderen Deutung geht der Name „Steinbrech" auf den Standort der meisten Arten (z. B. auch der unten stehenden) in Felsspalten zurück.

Blüten in Rispen

rundliche Brutzwiebeln an der Basis der Pflanze

lange Stängel

Kronblätter 10–17 mm lang

schmal verkehrt eiförmig

Rispen-Steinbrech

Saxifraga paniculata (Steinbrechgewächse)
H 10–40 cm   Mai–Juli   Staude

Vorkommen *Felsspalten, Felsköpfe und Felsrasen der Gebirge Europas. Auf trockenen, meist kalkreichen Steinböden.*

> bildet oft große Gruppen
> wächst in der Sonne oder im Halbschatten
> Blattrosetten immergrün

Zwischen den Blattzähnen sitzen kleine Grübchen, die aktiv Wasser abscheiden. Da der Rispen-Steinbrech auf Kalkböden wächst, enthält dieses Wasser reichlich Kalk, den er ausscheiden möchte. Ähnlich wie auf Wasserhähnen im Haushalt bleibt auch auf der Pflanze nach Verdunstung des Wassers der Kalk zurück. Dieser bildet kleine Schüppchen, die der nächste Regen wieder abwaschen kann.

lockere Blütenrispe

Blätter 1–3 cm lang, blaugrün, ledrig

Grundblätter stehen in einer Rosette

Blüten 0,8–1,5 cm groß

Rand fein gezähnt

Kronblätter weiß, oft rot punktiert

mehrere Rosetten bilden gemeinsam flache Polster

Sumpf-Herzblatt

Parnassia palustris (Spindelbaumgewächse)

H 10–25 cm   Juli–Sept.   Staude

Die gelblichen Köpfchen in den Blüten glänzen, als ob sie von Nektar feucht wären und damit Insekten einen zuckerreichen Saft bieten könnten. In Wirklichkeit sind sie jedoch trocken. Die schalenförmigen Blüten wirken aber nicht nur wegen des vermeintlichen Nahrungsangebots attraktiv auf Fliegen: Wie in einem Parabolspiegel werden die Sonnenstrahlen in der Blüte gebündelt. So entsteht ein geheizter Rastplatz.

Blüten einzeln auf langem Stiel

Vorkommen *Niedermoore, Quellmoore, Moorwiesen, nasse Magerrasen und Schutthänge. Bis auf über 2500 m. Fast ganz Europa, im Süden nur im Gebirge.*

> **Blüten überragen oft die umgebenden Pflanzen**
> **wächst meist in Gruppen**
> **braucht Feuchtigkeit**

Blüte 1–3,5 cm groß

5 Staubblätter

Kronblätter weiß mit dunkleren, eingesenkten Adern

113

vor jedem Kronblatt ein verzweigtes Gebilde mit glänzenden Köpfchen

Blätter herzförmig

langer Blattstiel

Schon gewusst?

In manchen Gegenden heißt die Pflanze auch „Studentenrös-chen", wohl weil sie dann blüht, wenn die Sommersemesterferien der Studenten zu Ende gehen.

Rotfrüchtige Zaunrübe

Bryonia dioica (Kürbisgewächse)
H 200–400 cm   Juni–Sept.   Staude, Kletterpflanze 🦌

Zaunrüben enthalten Stoffe, die Haut und Schleimhäute stark rei-
zen. Bei Vergiftungen kommt es zu Schwindel, Erbrechen, Koliken,
Durchfall, Nierenschäden und Krämpfen. Früher verwendete man
die Wurzeln als nicht ungefährliches Abführmittel. Auch gegen
Fieber, Gicht und Schlaganfall sollten die „Gichtrüben" helfen.
Eine geschnittene Wurzel, anstelle eines Pflasters aufgelegt, sollte
Splitter und Dornen aus Wunden ziehen.

Schon gewusst?

*Im Mittelalter schnitzten Quack-
salber die oft seltsam geformten
Wurzeln zu menschenähnlichen
Figuren und verkauften sie als
wertvolle, glücksbringende
Alraunenwurzeln (S. 165). Dieser
Betrug konnte jedoch mit dem
Tod bestraft werden.*

5 gelblich weiße Kronzipfel
mit grünen Adern

männliche Blüten
bis 1,8 cm groß

114

rote, 5–8 mm
große Beeren

weibliche Blüten
kleiner als 1,8 cm,
grünlich

verdickter
Fruchtknoten

borstig behaart

Stängel
klettern mit
Ranken

Blätter 5-zipfelig
gelappt

Geißbart

Aruncus dioicus (Rosengewächse)
H 80–150 cm   Juni–Juli   Staude

Aus den jungen Trieben kann man Gemüse kochen. Die Samen des Geißbarts sind extrem leicht. So können sie an dem oft windarmen Standort der Pflanze bereits von kleinsten Luftbewegungen verweht werden. Als Zierpflanze eignet sich die Art für eher schattige Rabatten und Gehölzgärten und als Schnittblume.

bis 50 cm lange Blütenrispen

Vorkommen *Schluchtwälder, schattige, feuchte Gebirgswälder, vor allem Bachtäler. Von der Ebene bis ins Gebirge. Gebirge Mitteleuropas.*

> **es gibt männliche und weibliche Pflanzen**
> **Zierpflanze in Gärten und Parks**
> **Wildpflanzen in Deutschland geschützt**

männliche Blüten mit 20–30 Staubblättern

Blüten 2–4 mm groß

Teilblättchen eiförmig

Blätter bis 1 m lang, 2–3fach gefiedert

115

Wald-Erdbeere

Fragaria vesca (Rosengewächse)
H 5–20 cm   Mai–Juni   Staude

Wald-Erdbeeren schmecken wesentlich intensiver als die meisten der großfrüchtigen Kultur-Erdbeeren. Bereits wenige davon schmeckt man aus einer Mischmarmelade heraus. Die für Gärten angebotenen, über einen längeren Zeitraum fruchtenden Monatserdbeeren stammen von dieser Wildart ab.

Blüten auf langen Stielen

fleischige, rote Frucht

Vorkommen *Waldschläge, lichte Wälder, Waldwege, Waldränder, Böschungen bis ins Hochgebirge. Ganz Europa.*

> **bedeckt oft große Flächen**
> **zeigt stickstoffreiche Böden an**
> **Früchte enthalten bis 10 Prozent Zucker**

5 weiße, rundliche oder eiförmige Kronblätter

Blätter 3-zählig

Stiel behaart

Rand grob gesägt

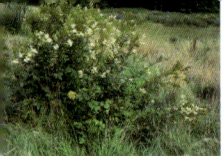

Echtes Mädesüß

Filipendula ulmaria (Rosengewächse)

H 50–150 cm   Juni–Aug.   Staude   (☠)

Vorkommen *Grabenränder, nasse Wiesen, Gräben, Bäche, Quellen, Ufergebüsche, Auen und Auenwälder. Ganz Europa.*

> ***Blüten duften stark mandelartig***
> ***eignet sich für Duftsträuße***
> ***wächst oft in großen Gruppen***

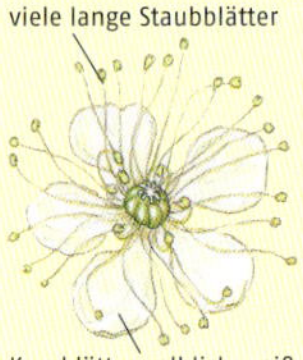
viele lange Staubblätter
Kronblätter gelblich weiß, 2–5 mm lang

Früher verwendete man Mädesüß zum Süßen von Met (Honigwein). Die Blüten lindern Fieber bei Erkältungskrankheiten. In der ersten Hälfte des 19. Jahrhunderts gewann man zum ersten Mal die dafür verantwortliche Substanz Salicin aus der Pflanze. Diese hatte man kurz vorher auch aus Weiden isoliert. Noch heute gehören die davon abgeleitete Salicylsäure und ähnliche, künstlich im Labor hergestellte Wirkstoffe zu den wichtigsten schmerz-, entzündungs- und fieberlindernden Arzneimitteln.

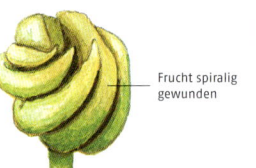

Frucht spiralig gewunden

Schon gewusst?

Der Handelsname des Schmerzmedikaments „Aspirin" leitet sich von Spiraea ulmaria, dem alten wissenschaftlichen Namen des Mädesüß ab.

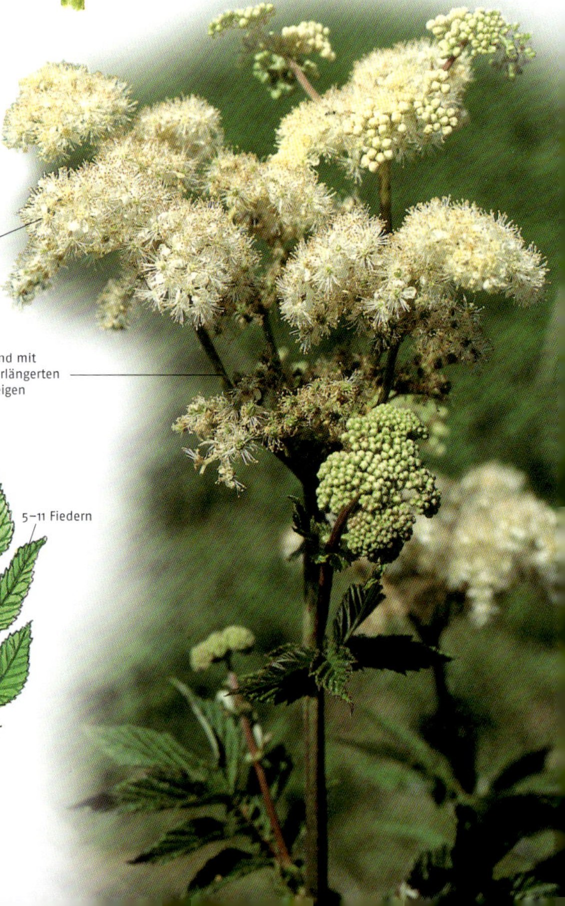
Blüten sehr zahlreich
Blütenstand mit typisch verlängerten Seitenzweigen

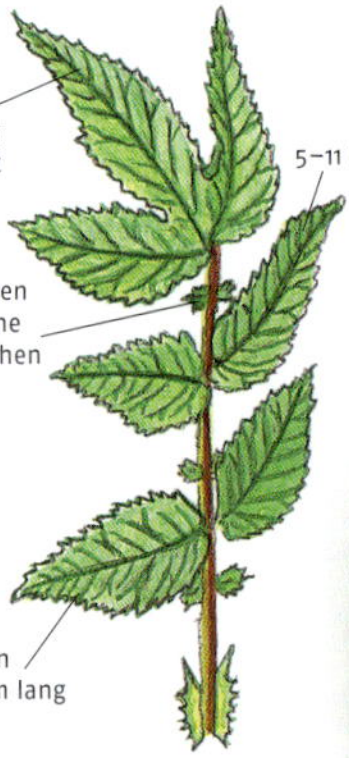
Blätter unpaarig gefiedert
5–11 Fiedern
dazwischen sehr kleine Teilblättchen
Fiedern 2–8 cm lang

Wald-Sauerklee

Oxalis acetosella (Sauerkleegewächse)
H 5–12 cm   April–Mai   Staude   (☠)

Der saure Geschmack der Sauerklee-Arten entsteht durch Oxalsäure (alte Bezeichnung Kleesäure) und deren Kaliumsalze
(Kleesalz). Größere Mengen dieser Stoffe reizen den Magen und
können zu Nierensteinen führen. Kleesalz wurde früher zum Bleichen und als Fleckensalz gegen Blut- und Rostflecken verwendet.
Der Wald-Sauerklee kann noch an Standorten mit nur 1 Prozent
des Tageslichts wachsen. So findet man ihn öfters im dunklen
Wald und in Höhleneingängen.

Vorkommen *Wälder.
Auf frischen bis
feuchten, modrigen
Böden. Im Gebirge bis
in Höhen über 2000 m.
Ganz Europa, im Süden
nur in den Gebirgen.*

> unsere schattenver-
> träglichste Blütenpflanze
> bildet oft große Gruppen
> schmeckt sauer

Schon gewusst?
*Die 3 Teilblätter sind mit
dem Blattstiel über Gelenke
verbunden und führen
Bewegungen aus: Nachts
sowie bei Besonnung nei-
gen sie sich nach unten in
eine „Schlafstellung", in
diffusem Licht stehen sie
waagerecht.*

5 Kronblätter, meist
violett geadert

5 grüne
Kelchblätter

kriechender
Wurzelstock

117

Teilblätter
herzförmig

mit Schuppen besetzt

Blüten
einzeln
auf langen
Stielen

Blätter
3-zählig

Große Sterndolde

Astrantia major (Doldengewächse)
H 30–90 cm Juni–Aug. Staude

Vorkommen Gebüsche, Bergwiesen, Auen- und Schluchtwälder, Waldränder. Gebirge in Mittel- und Südeuropa, in den Alpen bis auf über 2000 m.

> braucht kühles, feuchtes Klima
> wächst einzeln oder in lockeren Gruppen
> auch aparte Zierpflanze

Typisch für die Sterndolde ist der sternförmige Blütenstand. Sowohl der deutsche wie auch der wissenschaftliche Name leiten sich davon ab (aster = Stern). Für schattige, feuchte Gärten gibt es auch Sorten mit noch attraktiveren Dolden und auffälligeren Blättern.

männliche Blüten winzig, weiß oder rötlich

weibliche Blüten mit Fruchtknoten

Blütendolden mit sternförmiger Hülle

rötliche bis weißliche, bis 12 mm lange Blätter

Blätter handförmig

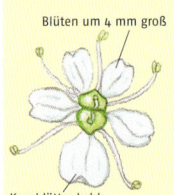

Wiesen-Kerbel

Anthriscus sylvestris (Doldengewächse)
H 60–150 cm Mai–Aug. Staude

Vorkommen Gedüngte Wiesen, Wegränder, grasige Haine. Von der Ebene bis ins Gebirge. Ganz Europa.

> zeigt gedüngten Boden an
> blüht früher als ähnliche Arten mit weißen Dolden
> lockt viele Insekten an

Stark gedüngte Wiesen verwandelt der Wiesen-Kerbel oft gemeinsam mit dem Scharfen Hahnenfuß (S. 218) im Frühjahr in weiß-gelbe Blütenmeere. Im Gegensatz zum Garten-Kerbel riecht die Pflanze zerrieben nicht besonders gut und eignet sich nicht als Gewürz. In Verbindung mit Sonnenlicht kann der Saft sonnenbrandähnliche Hautreaktionen auslösen.

8–16 Döldchen

Blüten in lockeren, 6–12 cm großen Dolden

Blüten um 4 mm groß

Kronblätter kahl

kahl, glänzend, schwarzbraun

Spaltfrucht 6–10 mm lang

Blätter dunkelgrün, glänzend

2–3fach gefiedert

Stängel scharfkantig gefurcht

ohne Flecken

Gefleckter Schierling

Conium maculatum (Doldengewächse)
H 80–180 cm Juni–Sept. zweijährig

Vergiftungen mit der etwas nach Mäuseharn riechenden Pflanze führen zu Brennen im Mund, Sehstörungen und Lähmungen. Der Tod tritt durch Atemlähmung, meist bei vollem Bewusstsein, ein. Im Altertum verabreichte man zum Tode Verurteilten einen Schierlingsbecher. Berühmtestes Opfer einer solchen Hinrichtung war der griechische Philosoph Sokrates.

Blüten in 2–5 cm großen Dolden

Blätter 2–4fach gefiedert oder fiederspaltig

bläulich bereift, rot oder violett gefleckt oder gestreift

Stängel rund

Pflanze kahl

> wächst oft in Gruppen
> zeigt stickstoffreiche Böden an
> typischer gefleckter Stängel

Blüten etwa 3 mm groß

5 weiße Kronblätter

Wiesen-Kümmel

Carum carvi (Doldengewächse)
H 30–80 cm Mai–Juli zweijährig

Bereits in vorgeschichtlichen Pfahlbausiedlungen fand man Kümmelkörner und schloss daraus, dass sie schon damals als Gewürz verwendet wurden. Außer dem aromatischen Geschmack schätzt man jedoch auch ihre verdauungsfördernde Wirkung. Kümmel wirkt krampflösend und lindert Blähungen, Magen-Darm-Krämpfe und Völlegefühl.

Vorkommen Wiesen und Weiden besonders der Mittelgebirge und Gebirge, Wegränder. Auf mäßig nährstoffreichen Böden. Fast ganz Europa.

> bevorzugt kühleres Klima
> auch unreife zerriebene Früchte riechen typisch
> blüht oft nochmals im August/September

Dolden mit 8–16 unterschiedlich lang gestielten Döldchen

Spaltfrucht 3–3,5 mm lang

Blätter 1–2fach gefiedert

Teilfrüchte gebogen, gerippt

Abschnitte schmal

unterste Seitenfiedern der Blätter bilden ein Kreuz

kahl

Blüten um 3 mm groß

Kronblätter weiß oder rötlich, breit herzförmig

Giftiger Wasserschierling

Cicuta virosa (Doldengewächse)
H 60–120 cm   Juli–Sept.   Staude

Der Geruch der Pflanze führte früher immer wieder zu Vergiftungen, da man sie mit Sellerie, Pastinak oder Petersilie verwechselte. In Preußen erließ man deshalb ein Gesetz, nach dem die Pflanze ausgerottet werden sollte. Das Gift des Wasserschierlings führt zu Krämpfen, Bewusstlosigkeit und Tod.

Vorkommen *Ufer von Tümpeln, verlandende Seen, Gräben. Steht im flachen Wasser oder auf nassen Böden. Besonders Nord- und Mitteleuropa.*

> steht oft im flachen Wasser
> typischer Wurzelstock
> duftet zerrieben angenehm würzig

Blüten etwa 2 mm groß

Rand mit nach vorn gerichteten Zähnen

Dolden mit 8–20 reichblütigen, etwas gewölbten Döldchen

Blattfiedern lineal-lanzettlich

Pflanze kahl

gelbbraunes Sekret

innen hohl, meist gekammert

Wurzelstock knollenartig verdickt

Blätter 2–3fach gefiedert

Gewöhnlicher Giersch

Aegopodium podagraria (Doldengewächse)
H 50–90 cm   Juni–Juli   Staude

Die deutsche Bezeichnung „Geißfuß" soll sich auf die Form der Teilblättchen beziehen, die oft dem Tritt einer Ziege ähneln. Volksmedizinisch trinkt man den „Zipperleintee" gegen Rheuma und Gicht. Äußerlich bereitet man aus dem zerquetschten Kraut Umschläge gegen Hämorrhoiden. Junge Stängel und Blätter eignen sich auch für Suppen und Gemüse.

Vorkommen *Feuchte Wälder, Waldränder, Ufer, Gärten, Parks. Im Halbschatten. Von der Ebene bis ins Gebirge. Fast ganz Europa.*

> heißt auch „Geißfuß"
> bildet oft Massenbestände
> zeigt nährstoffreiche Böden an

Blüten etwa 3 mm groß

4–7 cm breite Blütendolden

Blätter doppelt 3-zählig oder doppelt gefiedert

Pflanze kahl

lange, tief im Boden wachsende Ausläufer

dicht stehende, frischgrüne Blätter

Wilde Möhre

Daucus carota (Doldengewächse)
H 30–100 cm   Juni–Sept.   zweijährig

Bereits die alten Germanen kannten die Möhre als Kulturpflanze. Während die Wurzel der Wildform dünn und wenig ergiebig ist, bilden die daraus gezüchteten Kulturformen kräftige Wurzeln. Doch auch Gartenmöhren muss man im ersten Jahr ernten, denn im zweiten Jahr werden die Wurzeln hart und holzig. Sie enthalten reichlich Karotin, aus dem im Körper Vitamin A entsteht, außerdem die Vitamine B und C sowie Zucker.

Schon gewusst?

Die schwarzen „Mohrenblüten" im Zentrum der Dolde helfen bei der Bestäubung: Die Dolden werden von Fliegen besucht. Diese landen am liebsten dort, wo schon andere Fliegen sitzen. Die dunklen Blüten wirken deshalb als Fliegenattrappen.

Vorkommen *Wiesen, Ödflächen, Wegränder, Steinbrüche, Bahnhofsareale. Auf eher trockenen, meist kalkreichen Böden. Fast ganz Europa.*

> benötigt helle, sonnige Standorte
> vertrocknete Fruchtstände bleiben über den Winter stehen
> schön auch in Wildpflanzengärten

Blüten etwa 3 mm groß

Kronblätter weiß oder cremefarben

   121

5–10 cm breite, dichte Blütendolden

von auffälligen Blättern umgeben

Blätter mit schmalen Zipfeln

in der Mitte eingesenkt

Dolde zur Fruchtzeit zusammengeneigt

Wald-Engelwurz

Angelica sylvestris (Doldengewächse)
H 80–150 cm   Juli–Sept.   mehrjährig

Der Namensbezug zu „Engeln" leitet sich von den hochgelobten Heilkräften der verwandten Echten Engelwurz ab. Früher verwendete man die Wald-Engelwurz als Gemüse und stellte gelegentlich auch kandierte Stängel her. Als Heilpflanze diente sie gegen Husten und Magenleiden. Heute wird die Art nicht mehr verwendet.

8–20 cm breite, stark gewölbte Dolden

verzweigt

Kronblätter weiß bis rötlich

Blüten etwa 2,5 mm groß

Blatt 2–3fach gefiedert

Spaltfrucht 4–6 mm lang, stark abgeflacht

randliche Rippen geflügelt

Grund bauchig aufgetrieben

Blätter bis 60 cm lang

Wiesen-Bärenklau

Heracleum sphondylium (Doldengewächse)
H 50–150 cm   Juni–Sept.   Staude

Die vergrößerten Kronblätter der Randblüten erhöhen den Schaueffekt der Dolden, so dass sie besonders attraktiv auf Insekten wirken. Nach Kontakt mit dem Wiesen-Bärenklau können ähnliche Hautreaktionen wie beim Riesen-Bärenklau auftreten (S. 123). Diese sind jedoch in der Regel nicht so heftig.

äußere Kronblätter der Randblüten vergrößert

10–20 cm breite Dolden

Stängel gefurcht, borstig behaart

Spaltfrucht kahl, 6–10 mm lang

scheibenförmig mit breiten Flügeln

Kronblätter tief eingebuchtet

Blätter auffallend groß, fiederspaltig oder einfach gefiedert

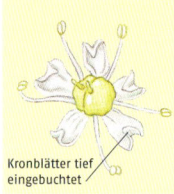

Riesen-Bärenklau

Heracleum mantegazzianum (Doldengewächse)

H 200–350 cm   Juli–Sept.   Staude ☠

Ursprünglich stammt der Riesen-Bärenklau aus dem Kaukasus, von wo er um 1900 als Gartenpflanze nach Mitteleuropa kam. Man säte die beeindrucktende Art gerne als Schmuck in Anlagen und Parks. Imker schätzten ihn auch als Futterpflanze für Bienen. Heute ist der Riesen-Bärenklau vielerorts zu einem lästigen Unkraut geworden. Durch seine Größe verdrängt er heimische Pflanzen, seine Giftigkeit macht den Umgang mit ihm zum Problem.

Vorkommen *An Ufern, Straßen, Waldschlägen. Oft als Einzelpflanze. Eingebürgert in fast ganz Europa.*

> **heißt auch „Herkules-staude"**
> **stattlichstes Dolden-gewächs Mitteleuropas**

Kronblätter tief eingebuchtet

123

bis 50 cm große Dolden

Stängel bis 10 cm dick

Blätter tief 3–5-teilig

abgestorbene Stängel und Dolden oft noch lange erhalten

Schon gewusst?

Kommt bei Sonnenschein Pflanzensaft auf die Haut, entzündet sie sich, wird rot und bildet Blasen wie bei Verbrennungen. Diese heilen nur langsam ab. Zurück bleibt dann oft eine langanhaltende braune Pigmentierung.

Blätter bis 1 m lang

Weiße Schwalbenwurz

Vincetoxicum hirundinaria (Hundsgiftgewächse)

H 30–120 cm   Mai–Aug.   Staude 🕱

Vorkommen *Waldränder, lichte Kiefernwälder, Steinschutthalden, Felsrasen. Meist auf kalkhaltigen Böden. Fast ganz Europa.*

> **bildet dunkelgrüne Büschel**
> **benötigt im Sommer viel Wärme und Sonne**
> **kann Wasser noch tief im Boden erreichen**

fast bis zum Grund in 5 Zipfel geteilt

Krone 3–8 mm groß

Staubblätter und Narbe in zentralem Komplex

Auf lockeren Schutthalden wirkt die Weiße Schwalbenwurz als Bodenfestiger, da sie sehr tief und stark wurzelt. Früher gewann man aus den Stängeln ziemlich lange, feste Fasern. Die Pflanze enthält Giftstoffe, die zu Krämpfen und Lähmungen führen können.

Stängel unverzweigt

Blätter gegenständig

Blüten in Knäueln in den Blattachseln

3–5 cm lange Balgfrüchte

Blatt eilanzettlich, lang zugespitzt

Samen mit seidenglänzenden Haaren

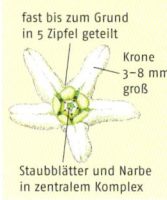

Gewöhnliche Thymian-Seide

Cuscuta epithymum (Windengewächse)

H 20–60 cm   Juli–Sept.   einjährig

Vorkommen *Überzieht mit ihren Stängeln andere Pflanzen, vor allem Thymian, Besenheide und Ginsterarten. Fast ganz Europa.*

> **Schmarotzerpflanze ohne Blattgrün**
> **hat keine Laubblätter und keine Wurzeln**
> **mehrere ähnliche Arten**

Kelch mit 5 dreieckigen Zipfeln

Krone glockenförmig, bis 5 mm lang

Die fast gespinstartig wachsenden, sich an anderen Pflanzen festklammernden Seiden brachte man früher mit Hexen- und Teufelszauber in Verbindung und nannte sie deshalb auch Teufelszwirn oder Hexengarn. Die Thymian-Seide zapft andere Pflanzen an und entzieht diesen Wasser und Kohlenhydrate.

umwinden die Wirtpflanze

Stängel fadenförmig

Blüten in kleinen Knäueln

Pflanze bleich, meist rötlich überlaufen

Blüten in dichten Knäueln

Gewöhnlicher Stechapfel

Datura stramonium (Nachtschattengewächse)

H 30–120 cm   Juni–Okt.   einjährig 🌸

Bereits die Indianer kannten die Wirkung des Stechapfel-Giftes: Je nach Dosis führt es zu Sinnestäuschung, starkem Rausch, Benommenheit oder Tod durch Atemlähmung. So verwendeten sie die Pflanze zu Ritualen, aber auch für Racheakte. Öfters angewandt, kann Stechapfel zu Langzeitschäden führen.

Rand buchtig gezähnt

Blüten einzeln

Blätter bis 20 cm lang

springt mit 4 Klappen auf

Kapselfrucht dicht bestachelt

Vorkommen *Unkrautbestände auf Schutt, Müllplätzen, an Wegen. Zeigt Stickstoff an und erträgt Salz. Besonders in Südeuropa.*

> **stammt ursprünglich aus Mittelamerika**
> **Blüten öffnen sich abends, blühen etwa 1 Tag**
> **Blüten riechen unangenehm**

5 zugespitzte Zipfel

Krone 6–10 cm lang, trichterförmig, gefaltet

Kelch mit 5-kantiger Röhre

Gewöhnliche Zaunwinde

Calystegia sepium (Windengewächse)

H 100–300 cm   Juni–Sept.   Staude 🌸

Die Triebspitzen führen gegen den Uhrzeigersinn kreisende Bewegungen aus, um Pflanzen, Zaunlatten u. Ä. zu umwinden. In etwa 2 Stunden findet eine Umdrehung statt. Mit der Pflanze lassen sich Gartenzäune oder Gitter begrünen. Sie kann sich jedoch stark ausbreiten, so dass sich für Gärten die als Zierpflanzen angebotenen bunten Prunkwinden meist besser eignen.

Vorkommen *Ufer, Auenwälder, Hecken, Zäune, Wegränder. Auf feuchten, nährstoffreichen Böden. Ganz Europa.*

> **Blüten auch nachts geöffnet, nur bei schlechtem Wetter geschlossen**
> **lockt besonders Nachtfalter an**

Blätter herz- oder pfeilförmig

Blüten einzeln

Blätter wechselständig

Krone weit trichterförmig, bis 5 cm lang

Kelch etwa 1 cm lang

Rand zurückgebogen

Acker-Winde
Convolvulus arvensis (Windengewächse)
H 20–80 cm   Juni–Sept.   Staude

Vorkommen Äcker,
Weinberge, Gärten,
Schuttplätze, Weg-
ränder, Ödflächen.
Ganz Europa.

> Blüten nur 1 Tag von
etwa 7–14 Uhr geöffnet
> Wurzeln und Ausläufer
reichen bis über 2 m tief
> braucht viel Licht

Die Acker-Winde gilt als lästiges Unkraut. Sie umschlingt andere Pflanzen und kann diese ersticken. Selbst Unkrautvertilgungsmittel können sie nicht vollständig vernichten. Nach Unkrautjäten wächst sie fast immer wieder nach, da man ihre unterirdischen Teile praktisch nie vollständig entfernt. Kleinste Bruchstücke entwickeln sich wieder zu neuen Pflanzen.

Blüten zu 1–2 in den Blattachseln

Stängel dünn, kriechend oder windend

Blätter spießförmig, 3–6-mal so lang wie breit

weiß bis rosa oder gestreift

Kelch mit 5 ungleich langen Zipfeln

Krone weit trichterförmig, 1,5–2,5 cm lang

Fieberklee
Menyanthes trifoliata (Fieberkleegewächse)
H 15–30 cm   Mai–Juli   Staude

Vorkommen Verlan-
dende Teiche, kleine
Seen, Flachmoore,
Torfstiche, nasse
Wiesen. Nord- und
Mitteleuropa, in Süd-
europa im Gebirge.

> schmeckt sehr bitter
> kleeartige Blätter, aber
nicht mit Klee verwandt
> meist auf kalkarmen
Standorten

Wie viele andere bitter schmeckende Pflanzen verordnete man früher Fieberklee bei Fieber. Er enthält jedoch keine fiebersenkenden Wirkstoffe. Ein Tee aus der Pflanze regt den Appetit an und fördert die Verdauung. Wildvorkommen der Pflanze sind geschützt. Besonders durch Entwässerungsmaßnahmen sind viele Standorte gefährdet.

dichte Blüten-trauben

Blättchen verkehrt ei-förmig, bis 10 cm lang

Blütenstängel ohne Blätter

Zipfel dicht mit Haaren besetzt

Kelch mit 5 Zipfeln

Krone trichterförmig, etwa 15 mm breit

Blätter kahl, 3-zählig

Ährige Teufelskralle

Phyteuma spicatum (Glockenblumengewächse)
H 30–80 cm   Mai–Juli   Staude

Knospen gekrümmt

Blüten in dichter Ähre

Blätter und Wurzeln nutzte man früher für Salat und Gemüse. In der Volksmedizin empfiehlt man einen Tee gegen Gallensteine. Bei der in vielen medizinischen Präparaten gegen Rheuma verwendeten Teufelskralle handelt es sich dagegen nicht um ein heimisches Glockenblumengewächs, sondern um eine mit dem Sesam verwandte Pflanze aus dem südlichen Afrika.

Stängel unverzweigt

oft mit typischem schwarzem Fleck

herzförmig

untere Blätter gestielt

Vorkommen *Wälder mit krautreichem Unterwuchs, Bergwiesen. Auf nährstoffreichen Böden von der Ebene bis auf über 2000 m. Fast ganz Europa.*

> *blüht öfters auch blau*
> *in schattigeren Wäldern oft ohne Blüten*
> *Blätter am schwarzen Fleck zu erkennen*

Kronzipfel anfangs an der Spitze verbunden

Krone 1–1,5 cm lang

klafft in der Mitte auseinander

127

Zwerg-Holunder

Sambucus ebulus (Moschuskrautgewächse)
H 60–150 cm   Juni–Juli   Staude ☠

Wer Wildbeeren sammelt, darf den Zwerg-Holunder nicht mit dem essbaren Schwarzen Holunder verwechseln. Die Früchte des Zwerg-Holunders sind auch gekocht giftig und können zu Übelkeit, Erbrechen, Durchfall, Schwindel, und Herz-Beschwerden führen. Der Schwarze Holunder hat verholzte Stämme und Zweige, die des Zwerg-Holunders sind dagegen nie verholzt.

schwach gewölbte Doldenrispen

unpaarig gefiedert

Rand gezähnt

Blätter bis 30 cm lang

schwarze, 5–7 mm große Steinfrüchte

Fruchtstand mit roten Ästen

Stängel nicht holzig

Vorkommen *Zwischen anderen Stauden auf Waldschlägen, an Waldwegen, Bahndämmen und Böschungen, in Auen. Fast ganz Europa.*

> *riecht unangenehm*
> *zeigt stickstoffreiche Böden an*
> *bildet oft große Gruppen*
> *heißt auch Attich*

Staubbeutel purpurrot

Kronzipfel flach ausgebreitet

Echter Arznei-Baldrian

Valeriana officinalis (Geißblattgewächse)
H 40–100 cm   Mai–Aug.   Staude

Vorkommen *Feuchte Wiesen, Ufer, Gräben, feuchte Wälder. Auf feuchten bis nassen Böden. Fast ganz Europa.*

> **sehr vielgestaltige Art**
> **Blüten duften anders als getrocknete Wurzel**
> **frische Pflanzen locken keine Katzen an**

Im Mittelalter galt Baldrian als Mittel gegen die Pest. Die Wurzeln sollten mit ihrem Geruch böse Geister und Hexen vertreiben und dienten außerdem auch als Mottenmittel. Erst Mitte des 18. Jahrhunderts führte sie ein englischer Arzt als Beruhigungsmittel in die Medizin ein. Seither haben sie sich bei Nervosität und Einschlafstörungen bewährt. Pflegeprodukte wie Speik-Seife enthalten Auszüge aus den aromatischen Wurzeln des verwandten, in den Alpen wachsenden Echten Speik (Keltischer Baldrian, *Valeriana celtica*).

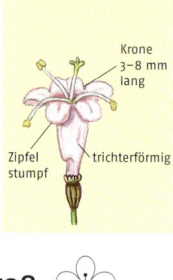

Krone 3–8 mm lang

Zipfel stumpf

trichterförmig

sehr viele Blüten dicht doldenartig beieinander

Blütenstand gabelig

Blätter unpaarig gefiedert mit 7–29 Fiederpaaren und Endfieder oder fiederspaltig

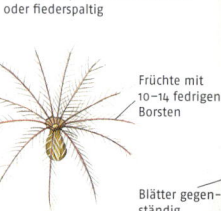

Früchte mit 10–14 fedrigen Borsten

Blätter gegenständig

Schon gewusst?

Die Wurzel enthält mehrere heilkräftige Substanzen. Der penetrante, schweißfußähnliche Geruch entsteht jedoch erst beim Trocknen. Kater werden durch diesen Duft erregt, er erinnert sie an rollige Katzen.

Weiße Seerose

Nymphaea alba (Seerosengewächse)
H 50–250 cm   Juni–Aug.   Staude

Die Weiße Seerose gehört in der heimischen Flora zu den Rekordhaltern für die längsten Blatt- und Blütenstiele (bis 3 m) und die größten Blüten. Lufthaltiges Gewebe in den Stielen sorgt für ausreichend Auftrieb der Blätter und Blüten im Wasser. Die Seerose trägt ihren Namen *Nymphaea* nach den Wassernymphen, Naturgöttinnen der griechischen Mythologie.

7–12 cm große Blüten auf der Wasseroberfläche

Blatt an der Basis eingeschnitten

derbe Schwimmblätter

Vorkommen *Teiche, Altwässer, ruhige Seen. In stehendem oder sehr langsam fließendem Wasser mit 1–3 m Wassertiefe. Fast ganz Europa.*

> auch in Gärten
> Blüten nur tags offen
> wasserabstoßende Wachsschicht auf der Blattoberseite

zahlreiche spiralig angeordnete Blütenblätter

zahlreiche Staubblätter

129

Europäischer Siebenstern

Trientalis europaea (Primelgewächse)
H 5–20 cm   Mai–Juli   Staude

Blätter bis 5 cm lang

Der Siebenstern war in kälteren Klimazeiten weiter verbreitet. Seine heutigen Vorkommen sind Relikte der Eiszeit. Der Name nimmt auf die Siebenzahl der Blütenblätter Bezug, eine Anzahl, die bei den Blütenpflanzen selten vorkommt. In manchen Gegenden nennt man die Pflanze auch „Sternblümchen" oder „Sternkraut".

Vorkommen *Moosige Fichtenwälder, Birkenmoore, nasse Weiden. Auf nährstoffarmen, sauren Böden. Nord- und Mitteleuropa.*

> braucht Halbschatten
> nicht blühende Pflanzen ähneln dem Wald-Bingelkraut (S. 294)
> bildet lockere Gruppen

Blüten einzeln   ganzrandig

die meisten Blätter quirlartig gehäuft

Blütenkrone sternförmig, 1,2–1,5 cm groß

7 spitze Zipfel

Busch-Windröschen

Anemone nemorosa (Hahnenfußgewächse)
H 10–25 cm   März–Mai   Staude

Vorkommen *Laub- und Nadelwälder, Gebüsche, Bergwiesen. Auf frischen bis feuchten Böden. Fast ganz Europa.*

> **zeigt Nährstoffreichtum an**
> **kann im Frühjahr große Flächen bedecken**
> **abgepflückte Pflanzen welken rasch**

6–8 weiße oder außen rosafarbene Blütenblätter

viele Staubblätter

kein Kelch

Das Busch-Windröschen nützt als Frühlingspflanze die guten Lichtverhältnisse im Wald, bevor das Laub der Bäume austreibt und einen Schatten wirft. Bereits im Mai oder Juni, nach der Fruchtreife, zieht es seine oberirdischen Teile zurück und überdauert unterirdisch bis zum nächsten Jahr. Außer über Samen vermehrt es sich auch über unterirdische Verzweigungen. So kann es sein, dass eine Gruppe mit 100 blühenden Stängeln zu einer einzigen Pflanze gehört.

Frucht aus zahlreichen, 1-samigen Nüsschen

Blatt 3-teilig, kahl

Blüten einzeln, 1,5–4 cm groß

3 Blätter am Stängel

Schon gewusst?

Nachts und bei trüber Witterung schließen sich die Blüten und neigen sich nach unten. Sobald es hell wird, öffnen sie sich wieder. Dabei wachsen die Blütenblätter, so dass die Blüten immer größer werden.

Großes Windröschen

Anemone sylvestris (Hahnenfußgewächse)
H 15–35 cm   April–Juni   Staude

Das Weiß der Blüten entsteht nicht durch einen Farbstoff, sondern durch luftgefüllte Zwischenräume, die das Licht reflektieren. Drückt man die Blüten kräftig, wird die Luft verdrängt und das Gewebe wirkt glasig. Der Blütenstaub der Windröschen ist für Insekten einfach zu erreichen und wird von Bienen, Fliegen und Käfern gesammelt. Die langhaarigen Früchtchen stehen auf aufrechten Stängeln, so dass sie gut vom Wind erreicht und von diesem verblasen werden können.

Vorkommen *Lichte Kiefern- und Laubwälder, Waldränder, Böschungen, Halbtrockenrasen. Meist auf kalkhaltigem Boden. Mitteleuropa.*

> **benötigt viel Wärme und Licht**
> **ganze Pflanze behaart**
> **sollte nicht abgepflückt werden**

Blätter handförmig geteilt

meist eine 3–7 cm große Blüte

6 oder auch nur 5 Blütenblätter

keine Kelchblätter

außen lang behaart

131

Früchtchen lang und weiß behaart

3 Blätter am Stängel

Schon gewusst?

In den Gebirgen Mittel- und Südeuropas wächst eine weitere weiße Anemonen-Art, das Berghähnlein. Es hat etwas kleinere Blüten, die immer zu 3–8 beieinander stehen.

Oberseite
dunkelgrün

Blattrand
gekerbt

Weiße Silberwurz

Dryas octopetala (Rosengewächse)

H 5–15 cm   Mai–Aug.   Strauch

Am Ende der letzten Eiszeit war die Pflanze in ganz Deutschland verbreitet. Ihre Reste blieben massenhaft in den Ablagerungen dieser Zeit – der Dryas-Zeit – erhalten. Die Blüten richten sich zur Sonne aus und wirken wie Parabolspiegel: Ihr Zentrum erwärmt sich um einige Grad über die Außentemperatur. Insekten finden so einen Platz zum Wärmen.

Vorkommen *Fels-schutt, steinige Flächen, lichte Kiefern-wälder. Nordeuropa, Gebirge in Mittel- und Südeuropa bis in Höhen um 2500 m.*

> *am Boden liegender Zwergstrauch*
> *kann bis 100 Jahre alt werden*
> *auch in Steingärten*

Blüten einzeln,
2–4 cm groß

meist 8 Blüten-
blätter

zahlreiche
Staub-
blätter

Blüte
schalenförmig

Blattunterseite
weißwollig

Eiskraut

Mesembryanthemum crystallinum (Mittagsblumengewächse)

H 20–80 cm   Febr.–Juli   ein- bis zweijährig

Früher kultivierte man die Pflanze zur Gewinnung von Soda-salz. Sie eignete sich hierfür, da sie aus salzigen Böden nicht nur Wasser, sondern auch Salze aufnimmt und in ihrem schleim-reichen Gewebe einlagert. Feinkostläden bieten Eiskraut manch-mal für Salat oder Gemüse an. Neuerdings enthalten auch manche Hautpflegeprodukte Auszüge aus der Pflanze.

Vorkommen *Salzige Ödflächen in Küsten-nähe, Salzsümpfe. An sonnigen Standorten. Aus Südafrika im 18. Jahrhundert eingeführt. Mittelmeerraum.*

> *Blüten öffnen sich nur in der starken Mittagssonne*
> *heißt auch „Kristall-Mittagsblume"*
> *kann gut Wasser speichern*

Pflanze mit glitzernden,
durchsichtigen Blasen-
zellen bedeckt

Blüte
2–3 cm
breit

zahlreiche
Blüten-
blätter

zahlreiche
Staub-
blätter

Sprosse nieder-
liegend, flach
ausgebreitet

Blätter
fleischig

Gänseblümchen 003

Bellis perennis (Korbblütengewächse)

H 5–15 cm   Jan.–Nov.   Staude

Nachts und bei kühlem Wetter sind die Blütenkörbchen geschlossen. Hierzu wachsen die Hüllblätter an der Außenseite und drücken so die Zungenblüten zusammen. Die kleinen Früchte werden vom Wind verblasen, vom Regen aus dem Körbchen gespült oder können bei Nässe an Tieren haften bleiben. Außerdem werden sie von Regenwürmern gefressen und unversehrt wieder abgegeben. Die Blütenköpfchen verschönern Salat und liefern, in Essig eingelegt, einen heimischen Ersatz für Kapern (S. 95).

Vorkommen *Rasen in Hausgärten und Parks, Wiesen, Weiden. Auf nährstoffreichen Böden an hellen Standorten. Fast ganz Europa.*

> **bildet oft große Gruppen**
> **blüht auch im Winter**
> **eine der bekanntesten Wildpflanzen**

Schon gewusst?

Gärtnereien verkaufen besonders im Frühjahr verschiedene Kulturformen des Gänseblümchens mit größeren, gefüllten Blütenkörbchen. Bei diesen ist die Zahl der Zungenblüten vermehrt und von weiß bis rot gefärbt.

gelbe Röhrenblüten

weiße oder an der Spitze rosa Zungenblüten

Blütenkörbchen einzeln, 1,5–3 cm groß

133

kleine Früchte

aufgewölbter Boden

Stängel blattlos

am Boden liegende Blattrosette

Hüllblätter

geschlossene Blütenkörbchen

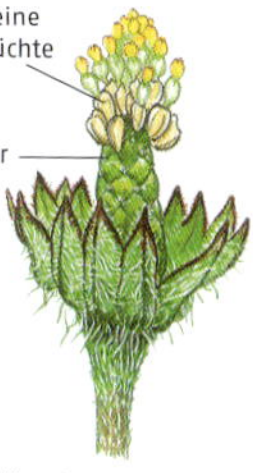

Wiesen-Margerite

Leucanthemum vulgare (Korbblütengewächse)
H 20–70 cm   Juni–Okt.   Staude

Vorkommen Wiesen, Weiden, Halbtrocken-rasen, Äcker, Ödflächen, Felsen. Von der Ebene bis ins Hochgebirge. Fast ganz Europa.

> heißt auch „Gewöhnliche Wucherblume"
> kann große Flächen bedecken
> gehört in Wiesenblumen-sträuße

Noch heute zupft man von der „Orakelblume" die weißen Zungen-blüten, um die Zukunft zu erfahren. Schon Gretchen in Goethes „Faust" befragte die Blume mit „Er liebt mich – er liebt mich nicht …". Margerite stammt vom französischen marguerite und bedeutet „Perle". Auf den Kleidern der Gemahlin von Heinrich VI, die sich als „Perle unter Perlen" fühlte, prangten deshalb drei gestickte Margeriten.

1 Blütenkörbchen am Stängelende, 2–7 cm breit

Hülle dach-ziegelartig

Stängel meist un-verzweigt

wenige Blätter am Stängel

gelbe Röhren-blüten

bis 43 weiße Zungenblüten

134

Geruchlose Kamille

Tripleurospermum perforatum (Korbblütengewächse)
H 10–45 cm   Juni–Okt.   ein- bis zweijährig

Vorkommen Unkraut-bestände auf Schutt-plätzen, an Weg- und Straßenrändern, Mittelstreifen von Auto-bahnen, Äcker. Ganz Europa.

> bildet oft große Bestände
> auch zerrieben ohne Duft
> heißt auch „Falsche Kamille"

Echte und Geruchlose Kamille wachsen oft am gleichen Standort. Die beiden Arten werden öfters miteinander verwechselt. Anhand des fehlenden Duftes und des gefüllten Blütenkörb-chens lässt sich die meist kräftigere Geruchlose jedoch gut von der Echten Kamille unterscheiden. Sie hat keine Heilwirkung, eignet sich aber für Wildblumensträuße.

gelbe Röhren-blüten

2,5–5 cm breite Blütenkörbchen

Blütenkörbchen einzeln

Blätter mit fast faden-förmigen Abschnitten

Stängel verzweigt, oft braunrot

Körbchen gefüllt, gewölbt

weiße Zungen-blüten

Echte Kamille
Matricaria recutita (Korbblütengewächse)
H 15–40 cm   Mai–Aug.   einjährig

Im 16. Jahrhundert galt die Echte Kamille bei uns als eine der wichtigsten Heilpflanzen. Sie wurde gegen vielerlei Krankheiten, besonders auch gegen Frauenleiden, eingesetzt. Noch heute gehören die Blütenköpfchen zu den bewährten Heilmitteln. Dank ihrer Inhaltsstoffe lindern sie Entzündungen und Krämpfe. Früher sammelte man die Pflanze zu Heilzwecken wild, heute wird sie auf großen Flächen kultiviert, besonders in Osteuropa und Ägypten.

Vorkommen *Getreidefelder, Wege, Schuttplätze, Straßenränder. Auf nährstoffreichen Böden. Ganz Europa.*

> **duftet stark aromatisch**
> **an den hohlen Blütenkörbchen gut zu erkennen**
> **oft zu vielen beieinander**

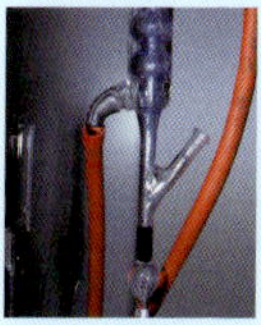

Schon gewusst?
Wenn man das duftende ätherische Öl aus den Blütenköpfchen gewinnt, ist man von dessen Färbung überrascht: Es ist intensiv blau.

Körbchen hohl, kegelförmig

Zungenblüten bald nach unten geschlagen

1,5–2,5 cm große Blütenkörbchen

gelbe Röhrenblüten

weiße Zungenblüten

135

Blütenkörbchen einzeln

Blätter mit schmalen Abschnitten

Stängel verzweigt

Mutterkraut

Tanacetum parthenium (Korbblütengewächse)

H 30–60 cm Juni–Aug. Staude (🐝)

Das Mutterkraut stammt aus Südosteuropa. Es wurde als Bauerngartenpflanze verbreitet und ist heute vielerorts eingebürgert. Früher verwendete man es gegen Frauenkrankheiten und missbräuchlich als Abtreibungsmittel (griechisch parthenos = Jungfrau). Heute spielt es als Migränemittel eine Rolle. Pulverisiertes Kraut eignet sich auch zur Bekämpfung von Insekten. Auf diese wirken die Inhaltsstoffe als Kontaktgift. Beim Menschen kann der Hautkontakt Allergien auslösen.

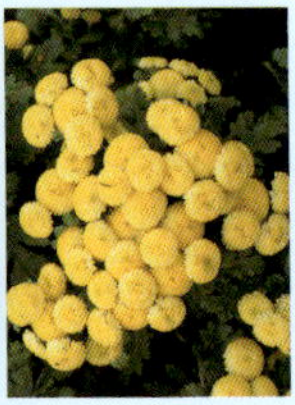

Schon gewusst?

Vom Mutterkraut gibt es zahlreiche Zuchtformen in den Gärten. Gefüllte Sorten haben mehr oder ausschließlich weiße Zungenblüten im Blütenkörbchen. Sorten, die keine Zungen haben, tragen meist die Bezeichnung „Knopfkamille".

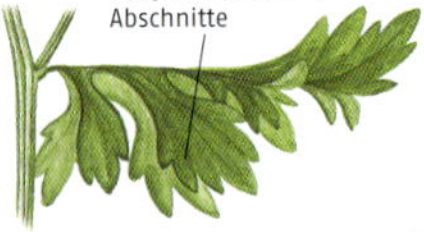

Körbchenboden flach

weiße Zungenblüten

gelbe Röhrenblüten

136

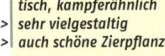

Blätter fiederspaltig, auf jeder Seite 3–6 Abschnitte

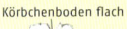

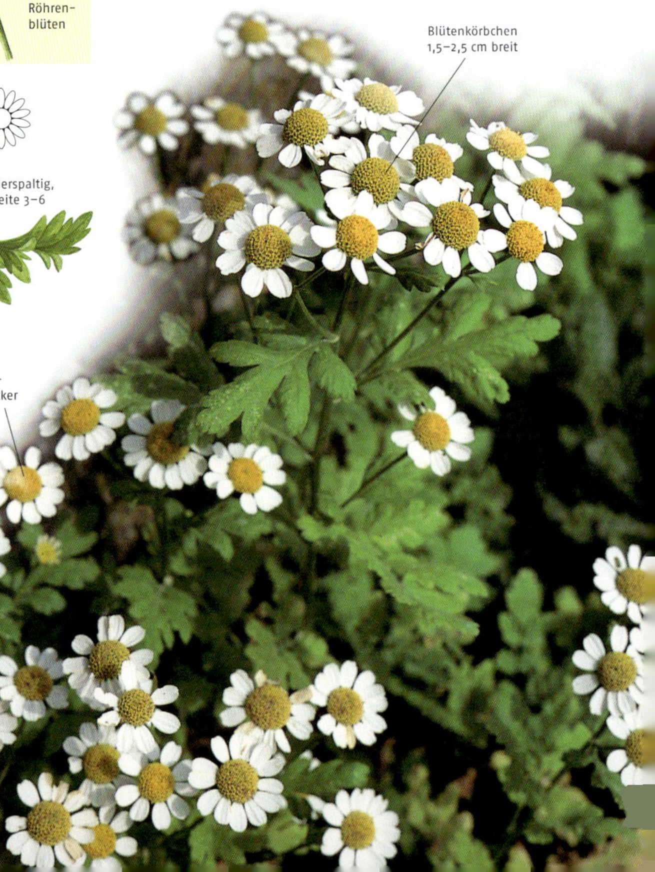

viele Blütenkörbchen locker beieinander

Blütenkörbchen 1,5–2,5 cm breit

Kleinblütiges Knopfkraut

Galinsoga parviflora (Korbblütengewächse)
H 10–60 cm   Mai–Okt.   einjährig

Die Pflanze kam ursprünglich aus Südamerika zu uns. Alle europäischen Pflanzen sollen von Exemplaren abstammen, die man 1794 im Botanischen Garten in Paris aussäte. Der Name „Franzosenkraut" bezieht sich darauf, dass sich die Pflanze Anfang des 19. Jahrhunderts, etwa zur gleichen Zeit wie der Vormarsch der französischen Armee, nach Osten ausbreitete.

Blätter gegenständig

untere Blätter eiförmig

Blütenkörbchen einzeln oder zu wenigen

Stängel stark verzweigt

Blütenkörbchen um 7 mm breit

zahlreiche gelbe Röhrenblüten

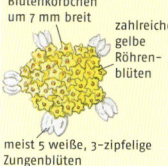

meist 5 weiße, 3-zipfelige Zungenblüten

 137

Schaf-Garbe

Achillea millefolium (Korbblütengewächse)
H 20–120 cm   Juni–Okt.   Staude

Blätter fiederspaltig

in sehr viele Zipfel geteilt

Schon Achilles, der Held von Troja in der griechischen Mythologie, soll die Heilkraft der Pflanze angewandt haben. Sie enthält ähnliche ätherische Öle wie die Echte Kamille (S. 135) und hilft Wunden zu heilen und Verdauungsbeschwerden zu lindern. Schafe fressen gerne die Blätter der Pflanze, lassen aber die Blütenstände stehen.

Stängel aufrecht

viele Blütenkörbchen beieinander

jedes Körbchen 4–10 mm groß

gelblich weiße Röhrenblüten

4–6 weiße oder rosa Zungenblüten

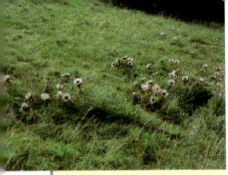

Silberdistel

Carlina acaulis (Korbblütengewächse)

H 2–60 cm   Juli–Sept.   Staude

***Vorkommen** Magere Wiesen und Weiden, steinige Hänge, Trockenrasen. Gebirge Mittel- und Südeuropas, bis ins Hochgebirge.*

- ***benötigt im Sommer viel Sonne***
- ***Blütenkörbchen nur bei trockenem Wetter offen***
- ***heißt auch „Wetterdistel"***

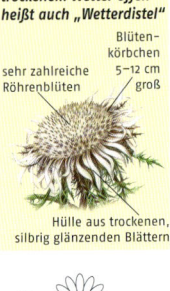

Blüten-körbchen 5–12 cm groß
sehr zahlreiche Röhrenblüten
Hülle aus trockenen, silbrig glänzenden Blättern

Die Pflanze ziert viele Wappen sowie Embleme von Wandervereinen. Sie ist auch für Trockengestecke beliebt und wird hierfür angebaut, da sie geschützt ist. Früher verwendete man die Pflanze gegen Schweinekrankheiten und nannte sie deshalb auch „Eberwurz". Nach einer Legende hat Karl der Große während einer Pestepidemie die Distel im Traum gesehen. Auch wenn sie nicht gegen Pest hilft, soll sie den wissenschaftlichen Namen *Carlina* ihm zu Ehren tragen.

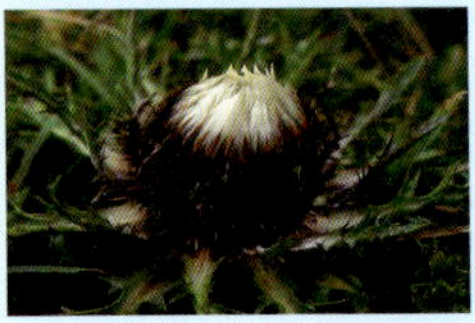

Schon gewusst?

Bei Feuchtigkeit neigen sich die glänzenden Hüllblätter zusammen und schließen die Blütenkörbchen. Auch getrocknete Pflanzen zeigen noch dieses Verhalten. Die Pflanze ist jedoch kein Wetterprophet, sondern zeigt die aktuelle Luftfeuchtigkeit an.

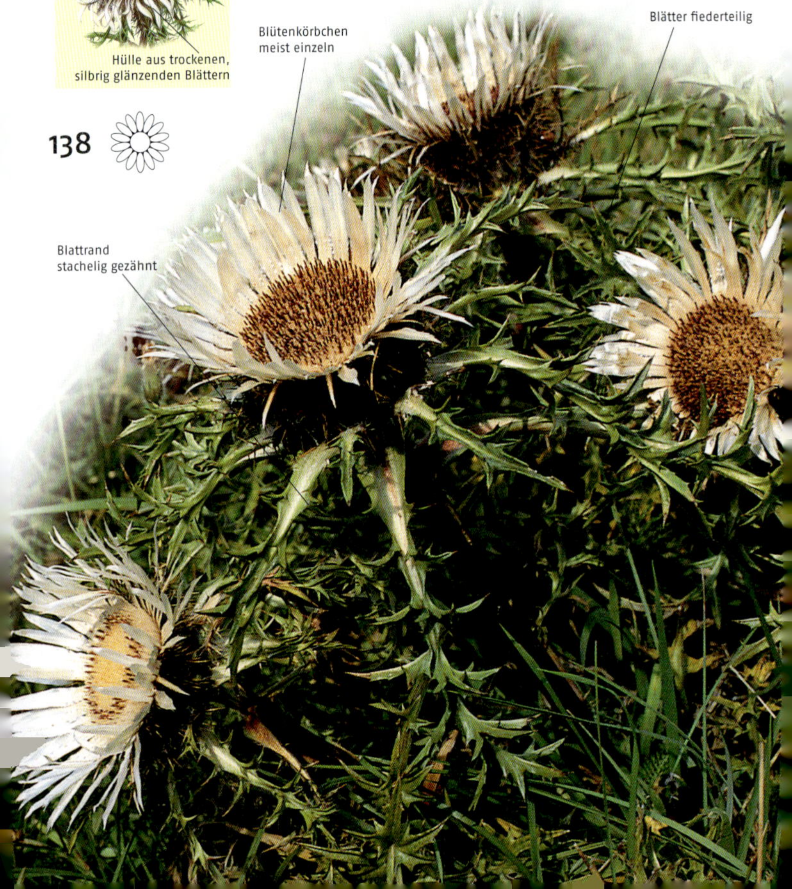
Blütenkörbchen meist einzeln
Blätter fiederteilig
Blattrand stachelig gezähnt

Alpen-Edelweiß

Leontopodium alpinum (Korbblütengewächse)

H 5–20 cm   Juli–Aug.   Staude

Der wissenschaftliche Name Leontopodium bedeutet „Löwenfüßchen", man verglich die wollig-filzigen Blütenstände mit kleinen Löwenpranken. Die Behaarung dient der Pflanze im Hochgebirge als Schutz vor zu hoher UV-Strahlung und vor Verdunstung. Im Tiefland kultiviert ist das Alpen-Edelweiß weniger dicht behaart und wirkt deshalb dreckig-grünlich.

Vorkommen Felsabsätze, Felsköpfe, steinige Rasen in Höhen von 1700 bis 3400 m. Gebirge Mittel- und Südeuropas.

> **bekannteste Hochgebirgspflanze**
> **nicht abpflücken**
> **im Steingarten ähnliche Arten aus dem Himalaja**

ganze Pflanze
wollig-filzig

Blätter lanzettlich

5–10 kleine Blütenkörbchen

Stern aus 5–15 weißfilzigen Hochblättern

Gewöhnliches Maiglöckchen

Convallaria majalis (Spargelgewächse)

H 10–20 cm   Mai–Juni   Staude

Maiglöckchen spielen sowohl in der Symbolik des Christentums wie auch in der Medizin eine Rolle. Die Pflanze enthält Substanzen, die bei genauer Dosierung bei altersbedingter Herzschwäche wirksam sind. Überdosierungen können jedoch tödlich sein. Die Blüten waren früher ein niesreizerregender Bestandteil des Schneeberger Schnupftabaks.

Vorkommen Laubwälder, Gebüsch, Bergwiesen, Felsschutt. Fast ganz Europa, im Süden nur im Gebirge bis in Höhen um 2200 m.

> **kann große Gruppen bilden**
> **starker, auch in Parfüms verwendeter Duft**
> **wächst auch im Garten**

Blüten in einseitswendiger Traube

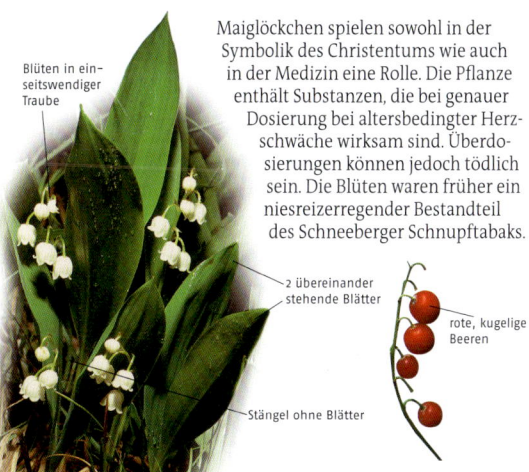

2 übereinander stehende Blätter

rote, kugelige Beeren

Stängel ohne Blätter

Blüte 5–9 mm lang, nickend

kugelige, 6-zipfelige Glocke

Wohlriechende Weißwurz

Polygonatum odoratum (Spargelgewächse)

H 15–45 cm   Mai–Juni   Staude

Vorkommen *Lichte Wälder, Felsen in Waldnähe, Waldränder. An hellen bis halbschattigen Standorten in ganz Europa.*

> **wächst oft in Gruppen**
> **Blüten duftend**
> **blauschwarze, giftige Beeren**

Die auffälligen Narben, die die Stängel nach dem Abwelken am Wurzelstock hinterlassen, ähneln kleinen Siegeln. So nannte man die Pflanze nach dem Siegelring des König Salomos, der im Morgenland ein Talisman für Weisheit und Zauberei war, auch Salomonsiegel. Man hielt die Pflanze auch für die sagenhafte Springwurz, mit der man verschlossene Türen öffnen kann. Aus der Form der Narben schloss man im Mittelalter außerdem, dass die Pflanze gegen Hühneraugen helfen müsse.

Blattnerven parallel

Blattunterseite blaugrün

12–30 mm lange, weiße Röhre

in der Mitte etwas bauchig

6 grünliche, spreizende Zipfel

Wurzelstock auf der Oberseite mit Narben

140

Stängel überhängend, scharfkantig

Blüten hängend, einzeln oder zu 2

Blätter in 2 Zeilen angeordnet

Schon gewusst?

Bei der ähnlichen Vielblütigen Weißwurz stehen jeweils 2–5 nicht duftende Blüten beieinander, die Stängel sind rund. Diese Art wächst in eher feuchten Wäldern.

Ästige Graslilie

Antericum ramosum (Spargelgewächse)
H 30–80 cm   Juni–Aug.   Staude

Ohne Blüten kann man die Pflanzen leicht mit Gräsern verwechseln. Oft stehen sie auch noch zwischen Gräsern und sind dann nur schwer zu erkennen. Die Blüten locken verschiedene Insekten an, die leicht an den an der Spitze des Fruchtknotens abgegebenen Nektar gelangen können. In einigen Gegenden heißen Graslilien „Sternblumen" oder „Himmelsstern".

Vorkommen Waldränder, lichte Wälder, Böschungen, Halbtrockenrasen. Auf trockenen Böden. Fast ganz Europa.

> braucht warme Standorte
> wächst oft in größeren Gruppen
> eignet sich auch als Gartenblume

Rispe mit über 30 Blüten

Blatt grasartig, bis 50 cm lang

6 lange Staubblätter

6 weiße, 10–14 mm lange Blütenblätter

141

Weißer Affodill

Asphodelus albus (Grasbaumgewächse)
H 50–120 cm   April–Juni   Staude

Nach der griechischen Mythologie bildet Affodill in der Unterwelt ausgedehnte Wiesen, auf denen das Gericht über die Toten tagt. Früher pflanzte man die Staude auf Gräber, damit die Toten die stärkereichen Wurzeln als Wegzehrung hatten. Auch den Lebenden dienten die Wurzeln, geröstet oder zu Mehl vermahlen, in Notzeiten als Nahrung.

Blütenstand aufrecht, ohne Blätter

Vorkommen Wiesen, übernutzte Weiden, lichte Wälder, Straßenränder. Mittelmeerraum, besonders in Küstennähe.

> rübenförmige Speicherwurzeln
> wächst oft in großen Gruppen
> wird vom Vieh verschmäht

6 Blütenblätter, 1,5–2 cm lang

Trichterlilie

Paradisea liliastrum (Spargelgewächse)
H 20–50 cm   Juni–Aug.   Staude

Vorkommen *Berg-wiesen, Weiden, lichte Kastanienhaine. Auf trockenen Böden von 800 bis 2000 m. Alpen, Gebirge Westeuropas.*

> *fällt durch die großen Blüten auf*
> *Blüten duften*
> *an den Wildstandorten geschützt*

6 weiße, spitze Blütenblätter

Blüte 6–8 cm breit

Der wissenschaftliche Name der Pflanze hat nichts mit dem Garten Eden zu tun. Er leitet sich vielmehr von Giovanni Paradisi, einem italienischen Gartenfreund des späten 18. Jahrhunderts ab. Trotzdem heißt die Pflanze im Deutschen manchmal „Paradieslilie". Sie fällt nicht nur an ihren Wildstandorten auf, sondern eignet sich auch für Gärten und als Schnittblume.

lockere Traube mit bis zu 20 Blüten

Stängel blattlos

grasartige Blätter gehen vom Grund ab

142

Allermannsharnisch

Allium victialis (Amaryllisgewächse)
H 30–70 cm   Juli–Aug.   Staude

Vorkommen *Bergwiesen, Felsfluren, Berg-weiden, Rasen oberhalb der Baumgrenze. Gebirge Mittel- und Südeuropas von 1000 bis über 3000 m.*

> *bildet oft Gruppen*
> *riecht zerrieben nach Zwiebeln*
> *heißt auch „Siegwurz"*

Blüten sternförmig, bis 1 cm groß

Staubblätter länger als die Blütenblätter

Wer die Zwiebel dieser alten Zauberpflanze als Amulett bei sich trägt, der soll im Kampf gegen Verletzungen geschützt sein und den Sieg davontragen. Diese Wirkung leitete man vom Aussehen der Zwiebel ab, die von fasrigen Hüllen wie von einem Kettenhemd umgeben ist. Auch vor Hexen und bösen Geistern soll die Pflanze schützen.

bis 5 cm breiter, kugeliger Blütenstand

Blätter 3–6 cm breit, 10–20 cm lang

Blatt mit parallelen Nerven

Zwiebel von fasrigen Hüllen umgeben

Bär-Lauch

Allium ursinum (Amaryllisgewächse)

H 20–50 cm   Mai–Juni   Staude

Bär-Lauch wirkt ähnlich wie Knoblauch gegen Appetitlosigkeit, Bluthochdruck und Arterienverkalkung. Die geschnittenen Blätter eignen sich auch für Frühlingsquark und Pesto. Die in der Pflanze vorhandenen Inhaltsstoffe gehen erst beim Zerkleinern und beim Abwelken der Pflanze in die stark riechenden Lauchöle über. So kann man einen bärlauchreichen Wald im späten Frühjahr besonders bei warmem Wetter weithin riechen.

Vorkommen *Feuchte Laubwälder mit krautigem Unterwuchs, Auwälder. Meist an schattigen Standorten. Fast ganz Europa.*

> *auch leicht im Garten zu kultivieren*
> *kann große Flächen bedecken*
> *riecht wie Knoblauch*

Blütendolde mit zahlreichen Blüten

6 weiße, etwa 1 cm lange Blütenblätter

Blüte sternförmig

143

Blütenstängel ohne Blätter

Blatt dünn, bis 20 cm lang

deutlicher Blattstiel

Blattnerven parallel

Schon gewusst?

Bär-Lauch sollte nur derjenige wild sammeln, der die Pflanze gut kennt. Verwechslung mit den Blättern des Maiglöckchens (rechts) oder der Herbstzeitlose (links) führen immer wieder zu Vergiftungen mit tödlichem Ausgang.

Kleines Schneeglöckchen

Galanthus nivalis (Amaryllisgewächse)

H 8–20 cm   Febr.–März   Staude   🐀

Vorkommen *Auen-wälder, Schluchtwälder, feuchte Wälder. Im Halbschatten auf feuchten, nährstoff-reichen Böden. Fast ganz Europa.*

> *oft aus Gärten verwildert*
> *Frühjahrspflanze mit unterirdischer Zwiebel*
> *blüht oft bereits im Schnee*

Die Blüten ertragen Frost. Insekten können die weißen Blüten auch im Schnee gut erkennen, da sie UV-Licht stark reflektieren. Ein aus Schneeglöckchen isolierter Inhaltsstoff wird seit einigen Jahren in Arzneimitteln zur Behandlung der Alzheimerschen Krankheit eingesetzt. Bei Vergiftungen mit der Pflanze kommt es zu Magen-Darmbeschwerden.

blaugrün bereift, fleischig

Blätter grasartig

jeder Stängel mit 1 nickenden Blüte

3 abstehende, 12–30 mm lange Blütenblätter

3 kürzere Blüten-blätter mit grünem Fleck

2 grundständige Blätter

Frühlings-Knotenblume

Leucojum vernum (Amaryllisgewächse)

H 10–30 cm   Febr.–März   Staude   🐀

Vorkommen *Feuchte Auenwälder, Schlucht-wälder, waldnahe Feuchtwiesen. Auf feuchten Böden. Be-sonders in Mitteleuropa, im Norden verwildert.*

> *wächst meist in großen Gruppen*
> *auch als „Märzenbecher" bekannt*
> *duftet veilchenartig*

Die frühblühende Zwiebelpflanze ist auch in Gärten sehr beliebt. Wer sie pflanzen will, darf sie jedoch nicht von den geschützten Wildvorkommen sammeln. „Knotenblume" bezieht sich auf den Fruchtknoten, der wie ein dicker Knoten am Stängel unterhalb der Blütenblätter sitzt. Vergiftungen mit der Pflanze können zu Herzrhythmusstörungen führen.

Blüte nickend

meist 1 Blüte pro Stängel

Blätter 10–25 cm lang, 5–25 mm breit

Blüte glockig, bis 2,5 cm lang

6 etwa gleich lange Blüten-blätter

grüner oder gelber Fleck unterhalb der Spitze

Blätter glänzend, fleischig

Dichter-Narzisse

Narcissus poeticus (Amaryllisgewächse)

H 20–60 cm   April–Juni   Staude   ☠

„Narzisse" leitet sich vom griechischen narkaein = betäubend ab und bezieht sich wohl auf den Duft der Blüten. Den Zusatz poeticus = dichterisch erhielt die Art, weil sie im Altertum von dem berühmten römischen Dichter Ovid genau beschrieben wurde. Am Grund der langen, recht engen Röhre scheidet die Blüte Nektar ab. Nur Schmetterlinge mit einem genügend langen Rüssel können diesen erreichen. Schwebfliegen, die die Blüten ebenfalls besuchen, ernten nahrhaften Blütenstaub.

Vorkommen *Berg-wiesen, lichte Berg-wälder mit im Winter blattlosen Bäumen. Mittelmeerraum, Zentralfrankreich.*

> **Ausgangsart für viele Gartenzüchtungen**
> **duftet nelkenähnlich**
> **Wildvorkommen schonen**

gelbes, rot gerändertes, bis 3–6 mm langes „Krönchen"

3–6 cm lange Blüten-zipfel

enge, 2–3 cm lange Röhre

Blüten einzeln

Stängel ohne grüne Blätter

145

Blätter flach, 5–15 mm breit

etwa so lang wie der Blütenstängel

Schon gewusst?

Für die Färbung des „Krönchens" sind ähnliche Carotinoide wie die der Möhren verantwortlich. Das Krönchen duftet auch anders und wesentlich stärker als die weißen Blütenteile. Insekten können so den Weg zur Blütenröhre leichter finden.

Weißer Germer

Veratrum album (Germergewächse)
H 50–150 cm   Juni–Aug.   Staude   🐛

Vorkommen *Berg-weiden und Viehlager-plätze, Moorwiesen, nasse Waldstellen. Gebirge in Mittel- und Südeuropa bis in Höhen um 2000 m.*

> **Weidevieh meidet die Pflanze**
> **fällt von Weitem auf**
> **wird ohne Blüten oft mit dem Gelben Enzian (S. 233) verwechselt**

Bereits in der Antike verwendete man den ge-trockneten Wurzelstock für – nicht ungefähr-liche – Niespulver. Früher glaubte man, dass Niesen das Gehirn reinigt und den Verstand schärft, oder dass es die Wahrheit bestätigt. So leitet sich *Veratrum* von lat. verus = wahr ab. Die tödlich giftigen Alkaloide der Pflanze kön-nen auch intakte Haut durchdringen.

zahlreiche Blüten in bis 50 cm langem Blütenstand

Blätter schraubig um den Stängel

Blüte stern-förmig, 1–2 cm breit

6 weiße, gelbliche oder grünliche Blütenblätter

Blatt mit vielen parallelen Nerven

mehrfach längs gefaltet

zahlreiche gleich dicke Wurzeln

Dolden-Milchstern

Ornithogalum umbellatum (Spargelgewächse)
H 10–30 cm   April–Mai   Staude   🐛

Vorkommen *Wein-berge, Parkrasen, Wiesen, Gebüsche, Baumplatten der Städte. Wächst meist in Gruppen. Mittel- und Südeuropa.*

> **Blüten öffnen sich nur bei Sonnenschein**
> **enthält herzwirksame Glykoside**
> **auch schöne Zierpflanze**

Der wissenschaftliche Pflanzenname heißt übersetzt „Vogelmilch". Hiermit meinte man wohl Eiweiß und verglich die Blütenfarbe mit dem Weiß von gekochten Eiern. Außerdem enthält die Pflanze einen schleimigen, etwas an rohes Eiweiß erin-nernden Saft. Die Bach-Blütentherapie kennt die Pflanze unter ihrem englischen Namen „Star of Bethlehem".

aufrechter Blütenstand mit bis 15 Blüten

außen mit grünem Streifen

Blüte stern-förmig

6 Blütenblätter, 1,5–2 cm lang

Zwiebel weißlich

innen milchig weiß

mit Neben-zwiebeln

Blätter fleischig, rinnig, 2–6 mm breit

Meerzwiebel

Urginea maritima (Spargelgewächse)
H 50–150 cm   Aug.–Okt.   Staude   ☠

Bereits im Altertum diente die
Meerzwiebel als nicht ungefähr-
liche Heilpflanze. Sie enthält stark
herzwirksame Substanzen. Außerdem lieferte die übel riechende
Zwiebel wirksames Mäuse- und
Rattengift und half gegen Schad-
insekten in Getreide. Nach einem
alten griechischen Brauch soll
eine über die Tür gehängte
Meerzwiebel vor bösen Geistern
schützen.

Traube
mit über
50 Blüten

Blätter
bandförmig,
bis 1 m lang

Zwiebel bis
20 cm groß

Vorkommen *Weiden,
steinige, trockene
Küstenhänge, Brach-
land, Ödflächen,
Buschland, sandige
Strände. Mittelmeer-
raum.*

> **Herbstblüher**
> **Zwiebel ragt aus dem
> Boden**
> **treibt erst nach der
> sommerlichen Dürre aus**

dunklerer
Mittelnerv

Blüte
stern-
förmig

6 Blütenblätter,
6–8 mm lang

Frühlings-Krokus

Crocus vernus (Schwertliliengewächse)
H 5–15 cm   Febr.–Mai   Staude   (☠)

Die Blätter besitzen verdickte Spitzen, um die Schneedecke zu
durchstoßen. Sobald die Sonne hinter Wolken verschwindet,
schließen sich die Blüten, die auch hellviolett oder weiß-violett
gestreift sein können. Die Pflanze bildet jedes Jahr eine neue
Knolle über der alten. Besondere Zugwurzeln sorgen dafür, dass
diese in die richtige Tiefe gelangt.

Blätter grasartig

Blüten aufrecht,
meist einzeln

weißer
Mittel-
streifen

Vorkommen *Berg-
wiesen, Bergweiden
bis auf 2800 m. Auf
feuchtem Boden, er-
trägt auch Düngung
mit Stallmist. Gebirge
Mittel- und Südeuropas.*

> **oft in Gruppen**
> **blüht unmittelbar nach
> der Schneeschmelze**
> **im Mittelmeerraum viele
> weitere Krokus-Arten**

6 Blüten-
blätter

Blüte
trichter-
förmig

Weiß-Klee

Trifolium repens (Hülsenfrüchtler)
H 15–45 cm Mai–Sept. Staude

Vorkommen Weiden, Parks, Wege, Gärten, Äcker, Ödflächen. Auf nährstoffreichen Böden in ganz Europa.

> **Pflanze kriechend**
> **erträgt Salz und Tritt-belastung**
> **Blätter bei Wildpflanzen nur selten mit 4 Blättchen**

Kleeblätter spielen eine Rolle in Wappen und als National-Symbol Irlands. Der Legende nach soll St. Patrick den Iren anhand eines Kleeblatts die Dreieinigkeit erklärt haben. Iren tragen deshalb am Tag dieses Heiligen (17. März) ein Kleesträußchen. Davor war Klee Symbol der drei keltischen Priestergrade (Druiden, Barden, Ovaten).

Blüten zu 30–70 in kugeligen Köpfchen

Köpfchen 1,5–2,5 cm groß

Blütenstängel ohne Blätter

verblühte Blüten her-abgebogen

Blätter 3-zählig

7–12 mm lang

weiße oder gelblich bis rötlich überlaufene Schmetterlingsblüte

Blättchen meist mit v-förmiger Zeichnung

148

Ufer-Wolfstrapp

Lycopus europaeus (Lippenblütengewächse)
H 20–130 cm Juli–Sept. Staude

Vorkommen Ufer, Gräben. Auf nassen, zeitweise über-schwemmten, nähr-stoffreichen Böden. Fast ganz Europa.

> **steht oft zwischen Schilf**
> **braucht Nässe**
> **auffällig geformte Blätter**

Die roten Punkte auf den Kron-zipfeln dienen als Signale für Insekten und locken beson-ders Schwebfliegen als Bestäuber an. Das Kraut wirkt auf die Schild-drüse, entsprechende Zubereitungen können leichte Schilddrüsen-überfunktionen lindern.

Stängel aufrecht

Blätter gegen-ständig

Blüten in dichten Blütenständen in den Blattachseln

Blätter länglich-eiförmig

Krone 4–6 mm lang

Kelch mit 5 langen, bespitzten Zähnen

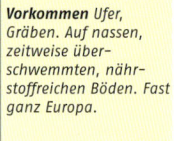

4 fast gleich lange Zipfel

rote Punkte auf den unteren Zipfeln

Rand grob gezähnt oder bis über die Mitte fiederteilig

Weiße Taubnessel

Lamium album (Lippenblütengewächse)
H 20–50 cm   April–Okt.   Staude

Der wissenschaftliche Name Lamium leitet sich vom griechischen lamos = Schlund, Rachen ab und bezieht sich auf die Blütenform. Er würde jedoch auch für die Verwendung der Pflanze passen, denn ein Tee aus den Blüten lindert Katarrhe der Atemwege und Schleimhautentzündungen in Mund und Rachen. Die Volksmedizin empfiehlt die Blüten auch bei Wechseljahrsbeschwerden.

Vorkommen *Unkrautbestände an Wegen, Hecken, Waldrändern, Zäunen, Gräben, Mauern, Misthaufen, Jauchegruben. Fast ganz Europa.*

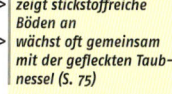

> *zeigt stickstoffreiche Böden an*
> *wächst oft gemeinsam mit der gefleckten Taubnessel (S. 75)*

Oberlippe helmförmig gewölbt, außen behaart

Krone 2–3 cm lang

Kelch mit 5 lanzettlichen Zähnen

149

Blätter gegenständig

Stängel 4-kantig

Blüten zu 6–16 in Quirlen in den Blattachseln

Spreite ei- bis herzförmig

Blätter gestielt

Rand gezähnt

Schon gewusst?

Die Röhren von abgezupften Blütenkronen enthalten – wenn sie nicht kurz zuvor von Insekten besucht wurden – reichlich zuckersüßen Nektar. Kein Wunder, dass nicht nur Hummeln, sondern auch Kinder die Blüten gerne aussaugen.

Großer Augentrost
Euphrasia officinalis (Sommerwurzgewächse)
H 2–45 cm   Mai–Okt.   einjährig

Vorkommen *Magere Weiden und Wiesen, Moorwiesen, Bergwiesen. Von der Ebene bis auf 2300 m. Fast ganz Europa.*

> zeigt magere Böden an
> sehr vielgestaltige Art
> mindert bei Massenvorkommen den Ertrag von Wiesen und Weiden

Bereits die Kräuterbücher des 16. Jahrhunderts empfahlen den Augentrost, wie sein Name bereits vermuten lässt, als Heilpflanze bei verschiedenen Augenkrankheiten. Man verglich die hübsch gezeichneten Blüten mit bewimperten Augen. Auch heute noch wird die Pflanze in der Volksmedizin bei Augenerkrankungen verwendet. Ihre Inhaltsstoffe wirken etwas entzündungshemmend.

Oberlippe helmförmig

Krone 7–14 mm lang

Unterlippe 3-zipfelig, länger als die Oberlippe, flach

Blüten in den obersten Blattachseln

Rand grob gezähnt

Blätter gegenständig

auf jeder Seite 3–6 spitze Zähne

Unterlippe mit violetten Adern

Stängel stark verzweigt

150

Schon gewusst?
Es gibt auch einen gelb blühenden Augentrost, den Zwerg-Augentrost, der in den Alpen auf hochgelegenen Weiden und Rasen wächst.

Moosglöckchen

Linnaea borealis (Geißblattgewächse)
H 5–15 cm   Juli–Aug.   Halbstrauch

Das zierliche Moosglöckchen war eine der Lieblingspflanzen von Carl von Linné, dem bekannten schwedischen Botaniker, der die noch heute übliche wissenschaftliche Namensgebung in der Biologie entwickelte. Es wurde deshalb nach ihm benannt. Linnea ist darüber hinaus in Schweden heute einer der häufigsten Mädchennamen.

Vorkommen Helle Nadelwälder, Bergsturzblöcke. Auf sauren Böden, meist über Moose kriechend oder zwischen Alpenrosen. Nordeuropa, Alpen.

> **duftet ganz schwach nach Vanille**
> **bis 4 m weit kriechende, fadenförmige Stängel**
> **Blätter auch im Winter grün**

Blüten nickend, meist zu 2

Rand gekerbt

Blätter gegenständig

Blätter 7–12 mm lang

weiß oder rosa

Blüte 7–10 mm lang

glockig mit 5 Zipfeln

151

Weißes Waldvögelein

Cephalanthera damasonium (Orchideengewächse)
H 30–60 cm   Mai–Juni   Staude

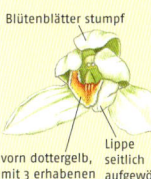

Die Blüten dieser Orchidee bleiben meist halb oder ganz geschlossen und öffnen sich erst bei hohen Temperaturen vorübergehend weiter. Sie bieten keinen Nektar, jedoch dienen möglicherweise die erhabenen Leisten der Lippe als Nahrung für die Bestäuber.

Vorkommen Nicht zu dichte Wälder. An schattigen, etwas wärmeren Standorten. Mittel- und Südeuropa.

> **blüht mit etwa 10 Jahren das erste Mal**
> **das ähnliche Schwertblättrige Waldvögelein hat schmale Blätter**

Blütenstand locker

Blätter dunkelgrün, meist etwas glänzend

Stängel aufrecht

halb geschlossene Blüte

etwa 3-mal so lang wie breit

kein Sporn

mit wenigen Blättern

Tragblatt länger als der Fruchtknoten

Blütenblätter stumpf

vorn dottergelb, mit 3 erhabenen Längsleisten

Lippe seitlich aufgewölbt

Ausdauerndes Silberblatt

Lunaria rediviva (Kreuzblütengewächse)
H 30–140 cm   Mai–Juli   Staude

Vorkommen *Schattige Schlucht- und Berg- wälder, Waldhänge. Auf feuchten, nähr- stoffreichen Böden und Steinschutt. Fast ganz Europa.*

> blüht selten auch weiß
> benötigt ausreichend
> Luftfeuchtigkeit
> heißt auch „Mondviole"

Die Pflanze trägt ihren wissenschaftlichen Namen *Lunaria* nach lat. luna = „Mond", da die silbrig schimmernden, durch- scheinenden Fruchtwände an Silbermonde erinnern. In diesen verfängt sich der Wind, so dass sich die Früchte bewegen und die Samen ausstreuen. Die abgestorbenen Stängel mit den pergamentartigen „Silbermonden" stehen oft noch den ganzen Winter im Wald. Die Blüten duften etwas nach Veilchen und locken Nachtfalter und Bienen an.

bei der Reife
abfallende
Klappe

5–8 cm lange,
flache Frucht

Blüten in kurzen
Trauben

Blüte 1–2 cm groß,
mit 4 hellvioletten
Kronblättern

durchscheinende
Fruchtwand

flache
Samen

Blätter herzförmig,
groß

Rand gezähnt

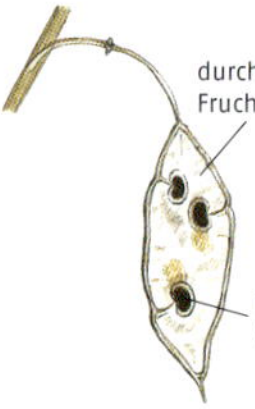

Schon gewusst?

Aus dem östlichen Mittelmeer- raum stammt das Einjährige Silberblatt mit fast kreisrunden Früchten. Es ist nicht nur eine schöne Zierpflanze für den Garten. Die abgeblühten Stängel mit den silbrig durchscheinenden Frucht- wänden eignen sich ideal für Trockensträuße.

Wiesen-Schaumkraut

Cardamine pratensis (Kreuzblütengewächse)

H 10–60 cm   April–Juni   Staude

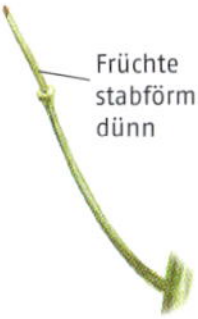

Früchte
stabförmig,
dünn

„Wiesen-Schaumkraut" leitet sich möglicherweise vom schaum-
artigen Eindruck ab, den die Pflanze den von ihr besiedelten
Wiesen verleihen kann. Jedoch könnten auch die recht häufig
an den Stängeln vorhandenen Schaumzikaden-Larven namensgebend für die Pflanze gewesen sein. Außer über Samen vermehrt
sich die Pflanze über Brutpflanzen an den unteren Blättern. Diese
entstehen, wenn die Blätter auf feuchtem Boden oder Moosen
liegen.

Vorkommen *Feuchte
Mähwiesen, Moor- und
Nasswiesen, Auen-
wälder, Ufer, feuchte
Wälder. Auf kühlen,
nährstoffreichen
Böden. Fast ganz
Europa.*

Schon gewusst?

*Im Volksmund heißen die
Schaumballen der Schaum-
zikaden „Kuckucksspeichel".
Man glaubte früher, dieser
Vogel habe sie ausgespuckt.
Die Larven blasen jedoch
Luft in eine selbst erzeugte
Flüssigkeit und schaffen sich
so eine Schutzhülle.*

> **schmeckt scharf**
> **Rosettenblätter oft über
> den Winter grün**
> **kann im Frühjahr violette
> Wiesen zaubern**

Blüte 1–2 cm groß mit
4 violetten, lila oder selten
weißen Kronblättern

untere Blätter
unpaarig
gefiedert

oft mit kleinen Pflanzen
an den Blättchen

Blüten bilden eine
endständige lockere Traube

Staubbeutel gelb

153

Blütenstand
anfangs
doldenähnlich

Stängelblätter
mit dünnen
Abschnitten

Gewöhnlicher Fransenenzian

Gentianella ciliata (Enziangewächse)
H 7–30 cm   Aug.–Okt.   zweijährig, Staude

Die Blüten aller Enzian-Arten öffnen sich nur tagsüber bei schönem Wetter. Nachts und auch bei Regen schließen sie sich. Diese Bewegungen der Blüte entstehen durch Wachstum der Krone. Junge Blüten des Gewöhnlichen Fransen-Enzians haben deshalb einen Durchmesser von 2–3 cm, ältere bis 5 cm. Die Blüten werden von langrüsseligen Hummeln und Tagfaltern bestäubt.

Stängelblätter gegenständig

schmal-lanzettlich, nur mit 1 Nerv

4 ausgebreitete Kronzipfel

lang gefranst

eng trichterförmige Kronröhre

Blüten 2,5–5 cm lang, am Ende der Stängel

Gamander-Ehrenpreis

Veronica chamaedrys (Wegerichgewächse)
H 15–40 cm   Mai–Juli   Staude

Der Gamander-Ehrenpreis ist auch unter dem Namen „Männertreu" bekannt. Dieser bezieht sich ironisch auf die wenig haltbaren Blüten. Pflückt man die Stängel für einen Blumenstrauß, so hat man oft nicht viel Freude daran: Schon nach wenigen Minuten fallen sehr viele der kleinen violetten Blütenkronen ab.

Rand grob gesägt

Blätter gegenständig

vielblütige Trauben in den Achseln der Blätter

Blütenstände gestielt

Krone 1–1,5 cm groß, schüsselförmig, mit 4 ungleichen Zipfeln

dunklere Adern

2 Staubblätter

Stängel besonders im unteren Teil auf 2 Seiten behaart

Faden-Ehrenpreis

Veronica filiformis (Wegerichgewächse)

H 5–30 cm   März–Juni   Staude

Der Faden-Ehrenpreis stammt aus dem Kaukasus und kam ursprünglich als Zierpflanze zu uns. Besonders auf Gräbern wurde er gerne gepflanzt. Er verwilderte von dort und ist seit etwa 1930 eingebürgert. Die Pflanze ist sehr konkurrenzkräftig und nimmt leicht große Flächen ein. In Wiesen wird sie als Platzräuber nicht gerne gesehen, in Rasenflächen und Parks kann sie jedoch hübsche bläuliche Blütenmeere bilden.

Schon gewusst?

Auf Zierrasen breitet sich der Faden-Ehrenpreis besonders dann stark aus, wenn diese regelmäßig gemäht werden: Der Rasenmäher hackt die Pflanzen klein und verstreut Teile, die wieder zu neuen Pflanzen wachsen können.

Vorkommen *Wiesen, Weiden, Gartenrasen, Parkrasen. An wärmeren, gerne jedoch etwas schattigen, luftfeuchten Standorten. Nord- und Mitteleuropa.*

> **Stängel und Blütenstiele auffallend dünn**
> **Wuchs niederliegend**
> **erträgt Beweidung und Trittbelastung**

Rand fein gezähnt

Blätter gegenständig, rundlich, meist unter 1 cm groß

Krone 0,8–1,3 cm groß, trichterig bis radförmig, mit 4 ungleichen Zipfeln

2 Staubblätter

155

Blüten einzeln auf 1–4 cm langen, sehr dünnen Stielen

Großer Ehrenpreis

Veronica teucrium (Wegerichgewächse)
H 20–80 cm   Mai–Juli   Staude

Vorkommen *Gebüsch-ränder, magere Rasen, Wegränder, lichte Eichen- und Kiefernwälder. Auf eher trockenen Böden. Mittel- und Südeuropa.*

> **Blüten meist leuchtend blau**
> **wächst meist als auffällige Einzelpflanze**
> **braucht viel Sonne und Wärme**

Der Große Ehrenpreis ist eine prächtige Pflanze für sonnige Wildpflanzengärten. Der Name „Ehrenpreis" leitet sich jedoch nicht von seinem Äußeren ab, sondern bezieht sich auf die hohe Wertschätzung, die dem verwandten Echten Ehrenpreis im Mittelalter als Heilpflanze entgegengebracht wurde.

viele Blüten in dichten, lang gestielten Trauben

Krone 1–1,5 cm groß, schüsselförmig, mit 4 ungleichen Zipfeln

Blätter gegenständig, breit sitzend

Rand grob gesägt

2 Staubblätter

Gewöhnlicher Teufelsabbiss

Succisa pratensis (Geißblattgewächse)
H 15–80 cm   Juli–Sept.   Staude

Vorkommen *Moorwiesen, magere Gebirgswiesen, magere Feuchtwiesen, Flachmoore bis in Höhen um 1500 m. Fast ganz Europa.*

> **zeigt magere Böden an**
> **braucht ausreichend Feuchtigkeit**
> **oft zu vielen locker beieinander**

Da der schwärzliche, am unteren Ende absterbende Wurzelstock wie abgeschnitten aussieht, glaubten die Leute früher, der Teufel hätte die Wurzel abgebissen – weil er deren Heilwirkung dem Menschen nicht gönnte. Heilkundige verwendeten die Pflanze früher unter anderem gegen Geschwüre, Lungenkrankheiten und als Blutreinigungsmittel.

Blüten in kugeligen, 1,5–2,5 cm großen Köpfchen

lange Staubblätter

untere Blätter oval bis lanzettlich

Krone lila bis blauviolett, mit 4 etwas ungleichen Zipfeln

Kelch mit 4–5 schwarzen, kurzen Borsten

Wurzelstock stirbt am Ende ab

zahlreiche Wurzeln

Wilde Karde

Dipsacus fullonum (Geißblattgewächse)

H 70–200 cm   Juli–Aug.   zweijährig

In den Blatttüten sammelt sich regelmäßig Regenwasser. Diese Wasserbecken halten am Stängel hinaufkriechende Insekten zurück. Möglicherweise können sie, wenn Insekten darin umkommen, die Pflanze auch mit zusätzlichem Stickstoff versorgen. Das Blütenköpfchen der Wilden Karde zeigt eine Besonderheit: Die mittleren Blüten des Köpfchens blühen zuerst auf, anschließend gibt es 2 Ringzonen mit offenen Blüten.

Vorkommen In Unkrautbeständen an Wegen, Dämmen, Ufern, auf Ödflächen. Auf nährstoffreichen Böden. Ziemlich häufig.

> **abgestorbene Pflanzen den ganzen Winter sichtbar**
> **bildet oft große Gruppen**
> **zeigt Lehmboden an**

Stängel mit zahlreichen 1–5 mm langen Stacheln

Blüten bilden eiförmige bis zylindrische, 3–8 cm hohe Köpfchen

stachelige Hüllblätter

Krone lila, 4-zipfelig, etwa 1 cm lang

gerade, spitze, biegsame Tragblätter

157

Mittelnerv gezähnt

Blätter gegenständig

am Grund tütenartig verwachsen

Blüten in der Köpfchenmitte öffnen sich zuerst

Schon gewusst?

Die Köpfe der ähnlichen Weber-Karde haben starre, zurückgekrümmte Tragblätter. Sie wurde bis ins 20. Jahrhundert kultiviert, heute wächst sie als Unkraut in Süd- und selten in Mitteleuropa. Ihre Fruchtstände dienten zum Kämmen und Aufrauen von Wollgewebe.

Jungfer im Grünen

Nigella damascena (Hahnenfußgewächse)
H 10–50 cm   Mai–Juni   einjährig

Blatt mit
vielen feinen
Zipfeln

Vorkommen *Auf Kulturland, Öd- und Brachflächen im Mittelmeerraum. In Mitteleuropa als Zierpflanze in Gärten.*

> **Früchte zieren Trockensträuße**
> **Samen duften zerrieben etwas nach Erdbeeren**
> **heißt auch „Gretel im Busch" und „Damaszener Schwarzkümmel"**

Bienen landen auf den Blütenblättern und wandern dann im Kreis um das Blütenzentrum herum. Dabei saugen sie Nektar aus kompliziert geformten Behältern. Der nah verwandte Echte Schwarzkümmel (*Nigella sativa*), dessen Samen sehr gesundes Öl enthalten und das Gewürz für Türkisches Fladenbrot liefern, hat keine grünen Blätter direkt unter der Blüte.

lange Narben   zahlreiche Staubblätter

Blütenblätter 1,5–2 cm lang, hellblau

lange Narben

fein zerteilte Blätter um die Blüte

Frucht kugelig, aufgeblasen

158 ✽

Gewöhnlicher Strandflieder

Limonium vulgare (Bleiwurzgewächse)
H 20–50 cm   Aug.–Sept.   Staude

Vorkommen *Strandrasen und Schlickwatt der Nord- und Ostseeküste und des Atlantiks. Auf salzhaltigen Böden.*

> **alle Blätter am Grund**
> **kann in Gruppen oder flächendeckend wachsen**
> **Trockensträuße bestehen aus angebauten Sorten**

In Anpassung an seinen salzigen Standort scheidet der Gewöhnliche Strandflieder über spezielle Drüsen eine Salzlösung aus. Trocknet die Lösung auf den Blättern, bleibt ein Überzug aus kleinen Kristallen zurück, der beim nächsten Regen wieder abgewaschen wird. Der deutsche Name bezieht sich auf die Farbe der Blüten, die an Flieder erinnert.

Blüten in dichten vielblütigen, einseitswendigen Rispen

Stängel ohne Blätter

Krone blauviolett

Blüte 3–8 mm lang

Kelch trichterig, trockenhäutig

an der Spitze mit kleinem Stachel

Rand glatt

Blatt bis 20 cm lang, immergrün, ledrig

Flachs

Linum usitatissimum (Leingewächse)

H 30–60 cm   Juni–Juli   einjährig

Früher war Flachs der wichtigste Lieferant für Fasern, die man zu „Leinwand" verwob. So gehörte Deutschland im 16. Jahrhundert wegen seines Leinens zu den wichtigsten Industrieländern. Heute verdrängt die geschmeidigere Baumwolle in den meisten Bereichen das Leinengewebe. Flachs wird hauptsächlich noch wegen der Samen und deren Öl angepflanzt. Leinöl eignet sich für Malerfarben, aber auch als gesundes Speiseöl.

Vorkommen *Äcker, Schuttplätze. Bevorzugt nährstoffreiche Böden. In Mittel- und Südeuropa kultiviert, selten verwildert.*

> **zaubert blaue Felder**
> **Blüten bereits mittags verblüht**
> **heißt auch „Lein"**

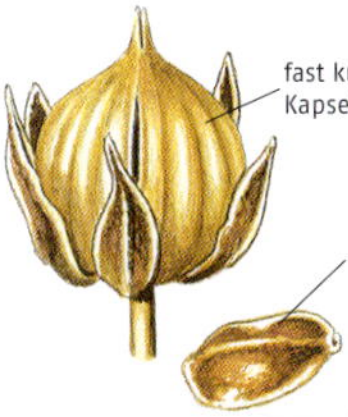

fast kugelige Kapselfrucht

Spreite graugrün, kahl

Samen flach, braun, glänzend

Blätter lineal bis schmal-lanzettlich

Staubbeutel blau

Blüte 2–3 cm groß

159

Knospen aufrecht

Blüten in lockeren Rispen

aus den Stängeln gewonnene Fasern

Schon gewusst?

Der ähnliche Ausdauernde Lein mit nickenden Knospen wächst wild besonders in Südeuropa. Bei uns ist er eine zarte Zierpflanze für Gärten. Jede Einzelblüte öffnet sich an mehreren Tagen morgens gegen 6 Uhr und schließt sich am Nachmittag.

Wiesen-Storchschnabel

Geranium pratense (Storchschnabelgewächse)
H 20–60 cm   Juni–Aug.   Staude

Vorkommen *Fettwiesen, Grabenränder, Straßenböschungen. Auf nährstoffreichen, meist kalkhaltigen Böden. Fast ganz Europa.*

> **Blätter handförmig 7-teilig**
> **tritt oft in Gruppen auf**
> **der ähnliche Wald-Storchschnabel blüht rotviolett**

Im unteren Teil der Frucht sitzen 5 Samen. Der obere, lang gestreckte, samenlose Abschnitt („Schnabel") hilft bei der Verbreitung: Beim Austrocknen spannen sich seine Abschnitte und rollen sich plötzlich von unten her wie eine Uhrfeder auf. Die Samen werden dabei katapultartig bis über 2 m weit weggeschleudert.

Stiel und Kelch behaart

Blüten überragen das daruntersitzende Blatt

Stiele der unreifen Früchte abwärts gerichtet

Frucht mit lang gestrecktem „Schnabel"

Knospen nickend

Kronblätter 1,5–2 cm lang, vorn abgerundet, blauviolett

Strand-Mannstreu

Eryngium maritimum (Doldengewächse)
H 20–60 cm   Juni–Aug.   zweijährig, Staude

Vorkommen *Lückig bewachsene Dünen und Sandböden der Küsten ganz Europas.*

> **sieht aus wie eine Distel, gehört aber zu den Doldengewächsen**
> **gefährdet und deshalb geschützt**

Die aparten Blütenstängel waren bei Strandtouristen für Trockensträuße beliebt. Der deutsche Name geht vermutlich auf die frühere Verwendung von Mannstreu als Liebesmittel zurück. Andere, ironische Erklärungen vergleichen die abgerissenen, vom Wind unstet umhergeblasenen Pflanzen mit der Treue der Männer.

Staubblätter ragen weit heraus

Blüte etwa 5 mm lang, stahlblau bis violett

Blüten in dichten, bis 2 cm großen Dolden

5–8 gräuliche bis bläulich überlaufene dornig gezähnte Hüllblätter

Blätter steif, derb, rundlich bis nierenförmig

Rand buchtig, gezähnt mit steifen Stacheln

Alpen-Mannstreu

Eryngium alpinum (Doldengewächse)
H 30–80 cm   Juli–Aug.   Staude

Nachts und bei Feuchtigkeit schließen sich die auffälligen Hüllblätter über das Köpfchen. Sie locken Bestäuber an und schützen
das Köpfchen vor Freßfeinden - nicht jedoch vor dem Menschen.
Da die Blütenstände auch in Trockengestecken schön bleiben,
sind die Pflanzen an den Wildstandorten durch Pflücken gefährdet und unter Schutz gestellt.

Schon gewusst?
*Das Gewürz „Culentro"
stammt von einem nah
verwandten Mannstreu
aus Mittelamerika. Seine
frischen, klein gehackten
Blätter schmecken herb,
etwas nach Koriander. Sie
würzen besonders Speisen
der Karibik und Vietnams.*

Vorkommen *Bergwie-
sen, steinige Rasen,
Staudenbestände. Auf
kalkhaltigen Böden
in Höhen von 1500 bis
2500 m in den Alpen
und dem nördlichen
Balkan.*

> heißt auch „Edeldistel"
> nicht mit den echten
> Disteln verwandt
> fällt von Weitem auf

5 schmale
Kronblätter

Blüte 2–3 mm groß,
weißlich blau bis blau

zahlreiche Blüten in
einem Köpfchen

stechende, blauvio-
lette Hüllblätter

Stängelblätter hand-
förmig geteilt

Rand stachelig
gezähnt

Köpfchen streckt
sich zu einer Walze

161

Stängelloser Kalk-Enzian

Gentiana clusii (Enziangewächse)
H 5–10 cm   Mai–Aug.   Staude

Vorkommen *Magere,
steinige Rasen, magere
Bergwiesen in den
Gebirgen Europas in
Höhen von 1200 bis
2800 m. Auf kalk-
reichen Böden.*

> **eine der bekanntesten
> Alpenblumen**
> **der ähnliche Stängellose
> Silikat-Enzian hat innen
> olivgrün gestreifte Blüten**

5 breite
Kronzipfel

Krone dunkel-
blau, eng
glockenförmig

Die Blüten sind nach unten hin lichtdurchlässig und am Grund
in fünf Kammern geteilt. Hummeln krabbeln der Helligkeit
folgend hinein und saugen Nektar aus den Kammern. Der Stängel-
lose Kalk-Enzian und andere blaue Enzianarten zieren häufig zu
Unrecht die Etiketten von Enzianschnaps:
Diesen gewinnt man aus Gelbem
Enzian (S. 233).

Blätter bilden
eine Rosette

untere Blätter 3–5 cm
lang, etwas ledrig

Blüten einzeln,
endständig,
5–6 cm lang

Schwalbenwurz-Enzian

Gentiana asclepiadea (Enziangewächse)
H 30–80 cm   Juli–Sept.   Staude

Vorkommen *Moor-
wiesen, Bergwälder,
Waldränder. Auf
feuchten Böden auch
im Schatten. In den
Gebirgen Mittel- und
Südeuropas bis in
Höhen um 2200 m.*

> **bildet meist mehrere
> blühende Stängel**
> **heißt auch „Dorant"**
> **galt früher als Mittel
> gegen Verzauberung und
> Hexen**

3-eckige Zipfel

Krone 3–5 cm
lang, eng
glockenförmig

Der Name „Schwalbenwurz-Enzian" deutet
auf die Ähnlichkeit nicht blühender
Pflanzen mit der Weißen Schwalbenwurz (S. 124) hin. Im schattigen Wald
stellen sich die Blätter in zwei
Zeilen waagerecht zum Licht,
um dieses optimal ausnut-
zen zu können, an hellen
Standorten stehen die Blätter nach allen Seiten ab.

Blätter gegenständig, lang zugespitzt

je 1–3 fast sitzende
Blüten in den oberen
Blattachseln

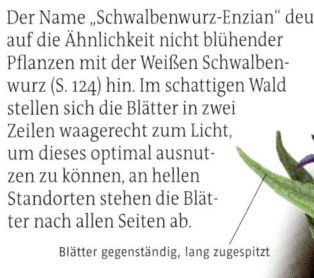

Blatt meist mit
5 parallelen
Nerven

Frühlings-Enzian

Gentiana verna (Enziangewächse)

H 5–20 cm   März–Aug.   Staude

Blüten mit reinem Blau gibt es im Pflanzenreich nicht so häufig, wohl aber bei Enzianen. Da Blau für Treue steht, wurden diese, also auch der Frühlings-Enzian, zu Treuesymbolen. Die Blüten reagieren sensibel auf Temperatur und Erschütterungen durch Regen oder Wind: Bei schlechtem Wetter oder Temperaturen unter 10 °C schließen sie sich.

lockere Rasen mit meist vielen Blüten

Blüte einzeln

untere Blätter bis 3 cm lang, steif

bilden eine Rosette

Vorkommen *Magere Rasen, Schafweiden, Flachmoore. Auf meist kalkreichen Böden. Gebirge in Mittel- und Südeuropa.*

> **wächst oft in Gruppen**
> **blüht gelegentlich im Herbst ein 2. Mal**
> **heißt auch „Schusternagel"**

2-spitzige Anhängsel zwischen den Zipfeln

5 ausgebreitete Zipfel

enge Röhre

Kleines Immergrün

Vinca minor (Hundsgiftgewächse)

H 15–20 cm   April–Mai   Staude ☠,

Das Kleine Immergrün kam im Mittelalter als Gartenpflanze zu uns und verwilderte vielerorts. Die Pflanze vermehrt sich fast ausschließlich über Ausläufer, Samen werden nur sehr selten ausgebildet. Daher erfolgt eine Fernausbreitung fast nur durch den Menschen und Standorte im Wald zeigen oft noch heute die Lage ehemaliger Siedlungen an.

Blüten einzeln, 2–3 cm groß

Blätter gegenständig, bis 5 cm lang

Blätter ledrig, immergrün

wächst ausgebreitet

Vorkommen *Artenreiche Laubwälder vor allem in der Nähe von ehemaligen Burgen und Siedlungen. Auf nährstoffreichen Böden. Mittel- und Südeuropa.*

> **Stängel können im Jahr bis 2 m wachsen**
> **bedeckt oft große Flächen**
> **erträgt schattige Standorte**

5 unsymmetrische, flach ausgebreitete Kronzipfel

Blüte mit bis 1 cm langer Röhre

Bittersüßer Nachtschatten

Solanum dulcamara (Nachtschattengewächse)

H 30–200 cm   Juni–Aug.   Strauch   ☠

Vorkommen *Feuchte Gebüsche, Graben-ränder, Flussufer, Erlen-wälder, Waldschläge. Meist auf nassen bis feuchten Böden. Fast ganz Europa.*

> **hat oft Blüten und Früchte gleichzeitig**
> **wächst etwas windend**
> **Blätter sehr variabel, eiförmig oder fiederteilig**

auffallende Staubblätter

Blüte mit 5 ausgebreiteten bis zurückgeschlagenen violetten Zipfeln

Die ganze Pflanze enthält Giftstoffe, die zu Krämpfen und Atem-lähmung führen können. Deshalb muss dringend davon abgera-ten werden, selbst zu testen, ob die Früchte wirklich anfangs bit-ter und dann süß schmecken, wie es der Name verheißt. Medika-mente aus den Stängeln helfen bei chronischen Ekzemen.

rote, eiförmige, bis 1 cm lange Beeren

Blütenstände überhängend, rispenartig

Blätter wechsel-ständig

❀

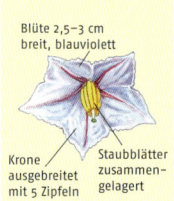

Sodomsapfel

Solanum sodomaeum (Nachtschattengewächse)

H 50–300 cm   Mai–Sept.   Strauch   ☠

Vorkommen *Im Mittel-meerraum eingebürgert an Wegrändern, auf Schuttplätzen und an sandigen Stränden.*

> **Blüten und Früchte oft gleichzeitig vorhanden**
> **stammt aus S-Afrika**
> **äußerst stacheliger, sparriger Strauch**

Blüte 2,5–3 cm breit, blauviolett

Krone ausgebreitet mit 5 Zipfeln

Staubblätter zusammen-gelagert

„Sodomsäpfel" gelten in der Literatur als Symbol für Falschheit und Heuchelei. Sie täuschen nur von außen Essbarkeit vor. Außer dem Nachtschattengewächs trägt auch noch eine mit der Weißen Schwalbenwurz (S. 124w) verwandte Pflanze diesen deutschen Namen. Der Bibel nach wurden die Städte Sodom und Gomorrha von Gott wegen ihrer Sünden vernichtet.

auf der Mittelrippe mit bis 1,5 cm langen Stacheln

Kelch stachelig

Beere kugelig, 2–3 cm groß, reif gelb

Blätter fiederteilig

Alraune

Mandragora officinarum (Nachtschattengewächse)

H 10–20 cm   Febr.–Mai

Die Alraune gehört zu den bedeutendsten Pflanzen des Aberglaubens. Der Legende nach sollte ihre Wurzel den Geldbeutel füllen und Liebe und Glück bringen. Allerdings galt es als sehr gefährlich, sie auszugraben: Man musste, ohne diese zu berühren, einen schwarzen Hund mit dem Schwanz an ihre Wurzel binden. Dann sollte der Hund geschlagen werden, damit er fortsprang und die Wurzel herauszog. Die Alraune ließ nun einen Schrei los, durch den der Hund sofort tot umfiel.

Schon gewusst?

Je nach Form der Wurzeln unterschied man Alraunen-Männer und -Frauen. Wer eine der wertvollen „Menschenwurzeln" besaß, bewahrte sie sorgfältig auf, kleidete sie und versorgte sie mit Nahrung und Getränken. Bei guter Pflege sollte ihre Kraft besonders groß sein.

Vorkommen *Ödflächen, Schuttplätze, Olivenhaine, Wegränder. An sonnigen Standorten in tieferen Lagen. Mittelmeerraum.*

> **berühmte Zauberpflanze**
> **soll bis 50 Jahre alt werden**
> **Blätter erinnern an Spinat oder Mangold**

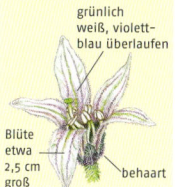

grünlich weiß, violettblau überlaufen

Blüte etwa 2,5 cm groß

behaart

viele Blüten in der Rosettenmitte

Blätter bilden eine Rosette

glänzende, kugelige, gelbe Beere

grüner Kelch

Blaue Himmelsleiter
Polemonium caeruleum (Sperrkrautgewächse)
H 30–80 cm   Juni–Juli   Staude

„Himmelsleiter" bezieht sich auf die leiterartig gefiederten Blätter, über denen himmelblaue Blüten stehen. Die Pflanze trägt in Anlehnung an den biblischen Stammvater Jakob, der im Traum eine Leiter von der Erde bis zum Himmel sah, auch den Namen „Jakobsleiter". Besonders vom 16. bis ins 19. Jahrhundert wuchs sie häufig in den Gärten.

Krone trichter- bis radförmig

5 ausgebreitete Zipfel

1,5–2 cm große Blüten in 10–30 cm langer Rispe

Blatt unpaarig gefiedert mit 17–31 Blättchen

Stängel aufrecht

Rainfarnblättriges Büschelschön
Phacelia tanacetifolia (Raublattgewächse)
H 30–70 cm   Juni–Okt.   einjährig

Felder mit Büschelschön bieten Bienen reichlich Nektar, eignen sich als schnellwachsende Gründüngung oder liefern Silagefutter für das Vieh. Seit mehreren Jahren säen Landwirte deshalb Brachäcker häufig mit der schönen Pflanze ein. Von dort aus verwildert sie immer wieder, kann sich jedoch meist nicht über längere Zeit an den neuen Standorten halten.

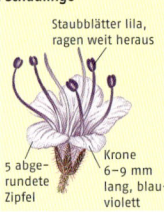

Staubblätter lila, ragen weit heraus

5 abgerundete Zipfel

Krone 6–9 mm lang, blauviolett

Blütenstände vor dem Aufblühen schneckenartig eingerollt

unpaarig gefiedert mit fiederteiligen Blättchen

Blätter wechselständig

Pflanze rauhaarig

Blauroter Steinsame

Lithospermum purpurocaeruleum (Raublattgewächse)
H 30–60 cm   April–Juni   Staude

Aus jeder Blüte können vier einsamige, porzellanartige, weiße bis hellbraune, steinharte Früchtchen entstehen. Diese bleiben vom Kelch umgeben und fallen erst im Winter aus den abgetrockneten Pflanzen. Außer über Samen vermehrt sich die Pflanze mit Kriechsprossen, die dichte Rasen bilden.

ohne Stiel

Blatt lanzettlich, kurz rauhaarig

Krone 1,4–2 cm lang

untere Blüten in den Blattachseln

Vorkommen *Sonnige, lichte Wälder, Wald- und Gebüschränder auf trockenen, flach- gründigen Kalkböden. Mittel- und Südeuropa.*

> **Blütenfarbe ändert sich von Rotviolett nach Blau**
> **benötigt Wärme**
> **wächst auch im Schatten, blüht dort aber nicht**

Krone trichterförmig mit 5 Zipfeln

Kelch mit schmalen Zipfeln

Sumpf-Vergissmeinnicht

Myosotis scorpioides (Raublattgewächse)
H 10–100 cm   Mai–Sept.   Staude

Vergissmeinnicht gilt in der Poesie und in Volkssagen als Blume der Liebenden. Es sollte als Liebesmittel wirken und beim Abschied die Erinnerung wach- halten. Vielleicht führten die vie- len, über lange Zeit aufblühenden Blüten zu einem Vergleich mit immer wieder neu aufblühender Liebe und Freundschaft. In vielen Sprachen vergleicht man die Blüten auch mit einem Auge.

Blütenstände ein- seitswendig, vor dem Aufblühen eingerollt

Vorkommen *Nasse Wiesen, Gräben, Ufer, Auenwälder. Auf nassen Böden von der Ebene bis ins Gebirge. Ganz Europa.*

> **braucht Feuchtigkeit**
> **der gelbe Blütenring wirkt attraktiv auf Insekten**
> **Blüten ändern ihre Farbe von Rötlich nach Blau**

Blatt lanzettlich, abstehend oder anliegend behaart

ungestielt

Krone 6–8 mm groß

gelber Ring

Gewöhnliche Ochsenzunge

Anchusa officinalis (Raublattgewächse)
H 30–80 cm Mai–Aug. zweijährig, Staude 🐝

Vorkommen *Unkraut-bestände an Wegrändern, auf Schuttplätzen, Ödflächen. Auf sandigen bis kiesigen Böden an sonnigen Standorten. Fast ganz Europa.*

> **Blüten nach dem Öffnen anfangs karminrot**
> **braucht viel Wärme**
> **die Wurzeln dringen tief in den Boden ein**

Die rau behaarten Blätter erinnern wirklich etwas an die Zungen von Ochsen. Früher empfahl man die Pflanze ähnlich wie Beinwell (S. 49rt) äußerlich bei Prellungen, Knochen- und Gelenkerkrankungen sowie auch innerlich gegen Husten. Da sie jedoch Giftstoffe enthält, die die Leber schädigen und Krebs auslösen können, sollte man sie heute nicht mehr anwenden.

Krone dunkelblau–violett, etwa 1 cm breit

5 weiße, samtig behaarte Schuppen

Planze mit steifen Borsten

Blätter lanzettlich

Blütenstände vor dem Aufblühen eingerollt

Stängel aufrecht

Echtes Lungenkraut

Pulmonaria officinalis (Raublattgewächse)
H 10–30 cm März–Mai Staude

Vorkommen *Wälder mit krautreichem Unterwuchs, Gebüsche, Waldränder. Auf eher feuchten Böden von der Ebene bis ins Gebirge. Fast ganz Europa.*

> **wächst im Schatten oder Halbschatten**
> **Blüten ändern ihre Farbe von Rot nach Blau**
> **für Wildpflanzengärten geeignet**

Der Farbwechsel der Blüten erinnert an die Farbänderungen einer Lunge. Je nachdem wieviel Sauerstoff diese enthält, wirkt sie rot oder blau. Dies sowie das an Lungengewebe erinnernde Fleckenmuster auf den Blättern trugen wohl zum Namen bei. Mit der Pflanze versuchte man früher auch, Lungenkrankheiten wie Tuberkulose zu behandeln.

5 abgerundete Zipfel

Krone bis 2,5 cm lang, röhrig-trichterförmig

Blätter meist hellgrün bis weiß gefleckt

Pflanze rau behaart

Blütenstände eingerollt

Boretsch

Borago officinalis (Raublattgewächse)
H 20–70 cm   April–Sept.   einjährig

In vielen Gärten wächst die Pflanze als „Gurkenkraut" zum Würzen von grünem Salat und Gurkensalat. In der Antike meinte man, die Pflanze würde das Gemüt aufhellen und Männer glücklich und stark machen. Im 16. Jahrhundert galt sie als eines der besten herzstärkenden Mittel. Heute verwendet man in der Heilkunde insbesondere das aus den Samen gepresste Öl, das sich bei Neurodermitis bewährt hat.

Vorkommen *Kulturland, Brachflächen, Ödland, Wegränder, Schuttplätze. An sonnigen, warmen Standorten. Mittelmeerraum.*

> **blüht über einen langen Zeitraum**
> **in Mitteleuropa gelegentlich aus Gärten verwildert**
> **riecht und schmeckt gurkenähnlich**

Blüten 1,5–2,5 cm groß, nickend

ganze Pflanze rau behaart

Krone flach, mit 5 Zipfeln

Staubblätter bilden einen Kegel

✿ 169

Blätter zungenförmig

Schon gewusst?

An den Samen des Boretsch sitzt ein nahrhaftes Anhängsel, das man auch „Botenbrot" nennt. Ameisen verschleppen die Samen, bevor sie das Anhängsel fressen und sorgen so für die Verbreitung der Pflanze.

Gewöhnliches Eisenkraut

Verbena officinalis (Eisenkrautgewächse)
H 30–100 cm   Juli–Sept.   einjährig, Staude

Vorkommen *Schutt-plätze, Weiden, Wegränder, Mauern, Gräben. Auf mäßig trockenen bis feuchten Böden. Fast ganz Europa.*

> **lockt Bienen an**
> **zeigt Stickstoff an**
> **blüht unscheinbar, fällt aber durch den sparrigen Wuchs auf**

In der Antike galt das Gewöhnliche Eisenkraut als Glückspflanze. Früher sollte man mit ihm als Zauberpflanze auch Eisen härten und Gewitter abwenden können. Diese Wirkung auf Eisen ist jedoch weniger mystisch als man annahm: Gibt man das Kraut in eine Eisenschmelze, härtet der in ihr – und in jeder anderen Pflanze – enthaltene Kohlenstoff das Metall.

Blüten bilden lange, schlanke Ähren

Krone 3–5 mm groß, blasslila

verwachsen, mit 5 Zipfeln

Blatt gezähnt bis fiederteilig

Stängel 4-kantig, behaart

Berg-Sandglöckchen

Jasione montana (Glockenblumengewächse)
H 10–45 cm   Juni–Aug.   ein- bis zweijährig

Vorkommen *Kalkarme, lückige Sandtrockenrasen, Dünen, Felsköpfe, lichte Böschungen, Raine. Auf offenen Böden. Fast ganz Europa.*

> **Kronzipfel junger Blüten miteinander verbunden**
> **wirkt sehr zart**
> **eignet sich gut für Wildpflanzengärten**

Die Wurzeln des Berg-Sandglöckchens reichen bis 1 m tief in den Boden und können so auch an sandigen Standorten noch genügend Wasser aufnehmen. Entgegen des Namens wächst die Pflanze nicht nur in den Bergen.

Blüten bilden dichte, 1–2,5 cm große, kugelige Köpfe

Blütenköpfe am Ende der Stängel

Krone 0,5–1,5 cm lang, hellblau

5 schmale Zipfel

Blütenköpfe von einigen kurzen, 3-eckigen Blättern umgeben

Schwarze Teufelskralle

Phyteuma nigrum (Glockenblumengewächse)
H 20–50 cm Mai–Juli Staude

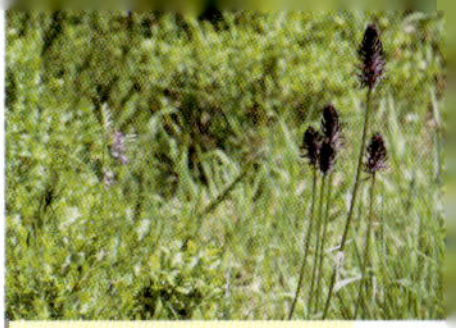

Die Krone reißt mit 5 Längsrissen auf. Anfangs sind die Zipfel an den Spitzen noch miteinander verbunden, die Staubbeutel werden dadurch an den Griffel gedrückt und geben den dunkelroten Pollen frei. Später trennen sich die Kronzipfel auch an den Spitzen und die Narben entfalten sich. Die Blüten locken Bienen und Schwebfliegen an.

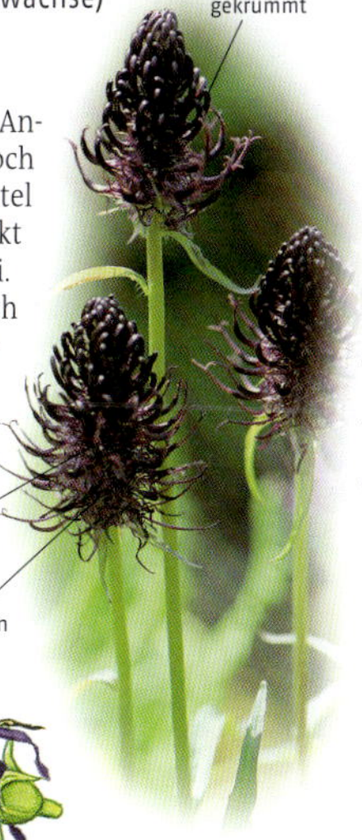
Blütenknospen gekrümmt
dichter Blütenstand, anfangs kegelförmig, später walzenförmig
bis 1,5 cm lange Blüten

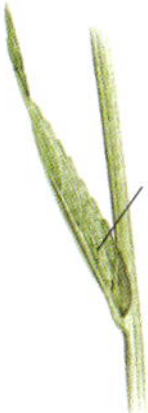
Stängelblätter schmal

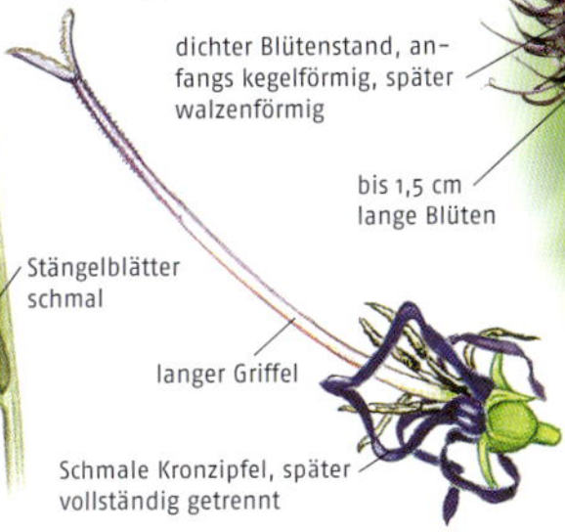
langer Griffel
Schmale Kronzipfel, später vollständig getrennt

Vorkommen *Laubmischwälder, Bergwiesen. Vor allem in den Mittelgebirgen und Gebirgen mit Silikatgestein. Mitteleuropa.*

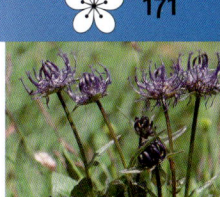

> ***die Teufelskralle mit den dunkelsten Blüten***
> ***Blütenähre streckt sich in die Länge***
> ***blüht auch im Schatten***

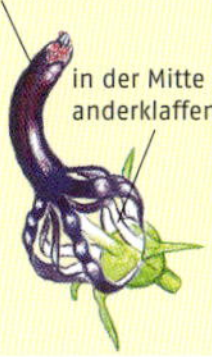
Kronzipfel beim Öffnen an der Spitze verbunden
in der Mitte auseinanderklaffend

Kugelige Teufelskralle

Phyteuma orbiculare (Glockenblumengewächse)
H 15–60 cm Juni–Sept. Staude

Der Name „Teufelskralle" bezieht sich auf die krallenartig eingekrümmten Blütenknospen, eine Eigenheit, die bei der Kugeligen Teufelskralle besonders gut zu erkennen ist. Auf diese Form nehmen auch die meisten Dialektnamen Bezug, wie „Katzenkralle" oder „Kuhhörner".

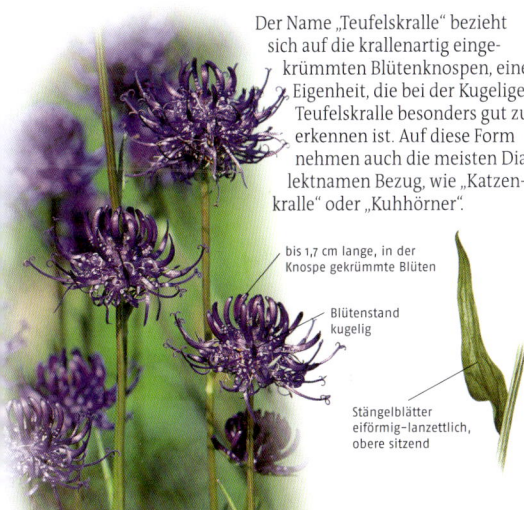

bis 1,7 cm lange, in der Knospe gekrümmte Blüten
Blütenstand kugelig

Stängelblätter eiförmig-lanzettlich, obere sitzend

Vorkommen *Magere Wiesen, steinige Rasen über Kalk, Moorwiesen. Von der Ebene bis auf über 2500 m. Mittel- und Südeuropa.*

> ***leuchtend blaue Blütenköpfe ragen weit empor***
> ***wächst oft zu vielen locker beieinander***
> ***braucht viel Licht***

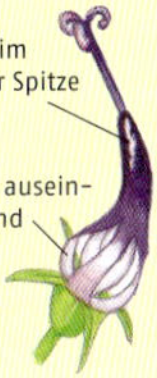

Kronzipfel beim Öffnen an der Spitze verbunden
in der Mitte auseinanderklaffend

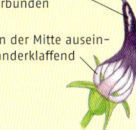

Wiesen-Glockenblume

Campanula patula (Glockenblumengewächse)
H 30–60 cm   Mai–Juli   zweijährig

Vorkommen Wiesen, Weiden, Wegränder, Brachflächen. Auf nährstoffreichen Böden an sonnigen Standorten. Fast ganz Europa.

> eine der häufigsten Glockenblumen
> wärmeliebend
> für Wildpflanzengärten geeignet

Nachts und bei trübem Wetter hängen die Blüten abwärts und schützen dadurch den Blütenstaub vor Regen und Tau. Bei schönem Wetter richten sie sich auf und drehen sich am Stängel in Richtung Sonne.

weit ausladende, lockere Rispe

lanzettlich, spitz

Blüten bis 4 cm groß, hell blauviolett

Blätter am Stängel wechselständig

Krone weit trichterförmig

5 schmale, spitze Zipfel

Kelchzipfel lanzettlich

Rundblättrige Glockenblume

Campanula rotundifolia (Glockenblumengewächse)
H 15–30 cm   Juni–Okt.   Staude

Vorkommen Magere Rasen und Wiesen, Heiden, lichte Wälder, Wald- und Wegränder, Felsspalten, Mauerritzen. Ganz Europa, im Süden in den Gebirgen.

> wächst oft in Gruppen
> zeigt magere Böden an
> dringt mit langen Wurzeln tief in Spalten ein

„Rundblättrig" bezieht sich auf die untersten Blätter der Pflanze. Diese sind jedoch zur Zeit der Blüte meist abgestorben, so dass man sich dann zu Recht fragt, wie die Glockenblume zu ihrem Namen gekommen ist. An schattigen Standorten blüht sie nicht, die unteren Blätter bleiben erhalten und die kurzen Stängel tragen ein paar wenige Stängelblätter.

Kelchzipfel pfriemlich

Krone bis etwa 1/3 in 5 Zipfel gespalten

1–2 cm lange blauviolette, weit glockige Blüten in lockeren Blütenständen

untere Blätter gestielt

Spreite rundlich bis nierenförmig

Stängelblätter schmal, meist über 2 cm lang

Knäuel-Glockenblume

Campanula glomerata (Glockenblumengewächse)
H 30–60 cm   Juni–Sept.   Staude

Der Farbstoff, der das schöne Blau von Glockenblumen-Blüten verursacht, reagiert empfindlich auf Säure. Legt man eine Blüte in einen Ameisenhaufen oder bringt einen Tropfen Essig darauf, färbt sie sich sofort rot.

1,5–2,5 cm lange Blüten in dichten Büscheln

von Blättern umgeben

Blätter oval bis lanzettlich

Krone dunkel blauviolett, trichterförmig bis eng glockig

5 zugespitzte Zipfel

173

Gewöhnlicher Feldsalat

Valerianella locusta (Geißblattgewächse)
H 5–15 cm   April–Mai   einjährig

viele Blüten kopfig beieinander

Die Samen keimen im Herbst, den Winter überdauert die Pflanze mit einer grünen Blattrosette. Diese ist frosthart und liefert aromatischen, sehr wertvollen Wintersalat mit hohem Gehalt an Mineralstoffen und Vitaminen. Wahrscheinlich kultivierte man den Gewöhnlichen Feldsalat erst ab dem 18. Jahrhundert als Salatpflanze. In der Schweiz nennt man ihn „Nüsslisalat", bei uns auch „Rapunzel".

Krone bis 3 mm lang, blasslila oder weiß

5 freie Zipfel

trichterförmig

Stängel gabelig verzweigt

Blattrosette mit spatelförmigen Blättern

Gewöhnliche Kuhschelle

Pulsatilla vulgaris (Hahnenfußgewächse)
H 5–50 cm   April–Mai   Staude   🐝

Vorkommen *Mager-rasen, seltener Kalk-Kiefernwälder. Auf warmen, trockenen, meist kalkhaltigen, nährstoffarmen Böden in West- und Mitteleuropa.*

> Blüten schließen sich über Nacht
> Wurzeln reichen bis über 1 m tief
> für Steingärten geeignet

Die Blüten, die sich im Wind hin und her bewegen, erinnern etwas an Kuhglocken und gaben der Pflanze den Namen. Die Haare an den Früchtchen spreizen sich bei Trockenheit ab und sorgen dafür, dass der Wind sie gut wegblasen kann. Aus der verwandten Wiesen-Kuhschelle, die nickende, schwarzviolette Blüten hat, gewinnt man eines der wichtigsten homöopathischen Arzneimittel, das zum Beispiel bei Erkrankungen der Geschlechtsorgane und Neigung zu Erkältungen helfen kann.

6 violette, außen zottig weißhaarige Blütenblätter

zahlreiche Staubblätter

Blüten einzeln, 3–6 cm lang

Früchte erinnern an „Wuschelköpfe"

Stängelblätter behaart, mit schmalen Zipfeln

Blütenstiele verlängern sich nach der Blüte

Früchtchen mit verlängertem, fedrig behaartem Griffel

untere Blätter zur Blütezeit noch nicht ausgewachsen

Schon gewusst?
Bei der besonders in den Alpen bis in Höhen um 3600 m wachsenden Früh-lings-Kuhschelle sind Blütenstiele und Blüten-blätter noch viel dichter behaart. Der goldgelbe Pelz schützt die Pflanzen gut vor Frost.

Gewöhnliche Akelei

Aquilegia vulgaris (Hahnenfußgewächse)

H 40–80 cm   Mai–Juli   Staude   🐝

Wenn langrüsselige Hummeln in die Blütentüten kriechen, können sie Nektar aus dem Spornende saugen. Kurzrüsselige Hummeln dagegen beißen oft das Ende des Sporns von außen auf und stehlen von dort Nektar, ohne die Blüten zu bestäuben. Durch diese Löcher holen sich auch Bienen den süßen Saft.

Vorkommen *Lichte Laubwälder, Gebüsche, Hecken, schattige Wiesen. Meist auf Kalkböden. Von der Ebene bis auf 2000 m. Fast ganz Europa.*

> **blüht selten rosa oder weiß**
> **wärmeliebend**
> **als Zierpflanze oft in Gärten**

Schon gewusst?

Bei Kultursorten treten alle Farbübergänge von Weiß bis Dunkelviolett auf. Außerdem ist häufig die Anzahl der sporntragenden Blütenblätter erhöht, die dann wie Füllhörner ineinanderstecken können. In Gärten wachsen auch Arten aus Asien und Amerika.

5 tütenartige Blütenblätter mit hakig gebogenem Sporn

5 abstehende, bis 2,5 cm lange Blütenblätter

175

Stängel aufrecht, verzweigt

Blüten nickend, blauviolett

Frucht aufrecht, 5-teilig

Blatt doppelt 3-zählig

Blätter hauptsächlich am Grund

Leberblümchen

Hepatica nobilis (Hahnenfußgewächse)

H 5–15 cm   März–April   Staude   🐜

Vorkommen *Kraut-reiche Buchen- und Eichenwälder. Zeigt kalkreichen Boden an. Fast ganz Europa.*

> **blüht selten auch weiß**
> **Blüten schließen sich nachts und bei schlechtem Wetter**
> **braucht im Sommer warme Standorte**

Im Mittelalter stufte man das Leberblümchen aufgrund der an eine Leber erinnernden Blattform als wirksam gegen Leberleiden ein. Auch die frühen Siedler Nordamerikas setzten die Pflanze gegen Hepatitis ein. Eine entsprechende medizinische Wirkung lässt sich jedoch bis heute wissenschaftlich nicht belegen.

kahl

Blattspreite 3-teilig ein-geschnitten

überwinternde Blätter oft rötlich

Blätter grund-ständig

Blattstiel behaart

Blüten 1,5–3 cm groß, einzeln

5–10 blaue Blütenblätter

zahlreiche Staubblätter

Gewöhnliches Alpenglöckchen

Soldanella alpina (Primelgewächse)

H 5–15 cm   April–Juli   Staude

Vorkommen *Berg-wiesen, Bergweiden in Gebirgen Mittel- und Südeuropas oberhalb der Waldgrenze bis in Höhen um 2000 m.*

> **wächst auf vom Schnee feuchten Böden**
> **überwintert mit grünen Blättern unter dem Schnee**
> **heißt auch „Alpen-Troddelblume"**

Die Pflanzen blühen sofort nach der Schneeschmelze. Oft ragen die Blütenstängel noch direkt aus dem Schnee. Die dunklen Stängel erwärmen sich dann durch die Sonne und Eigenwärme und schmelzen rund um sich etwas von der weißen Pracht weg. So kann die Pflanze rasch wieder ihren Stoffwechsel ankurbeln und Kohlenhydrate bilden.

2–3 nickende Blüten

Stängel ohne Blätter

Blätter rundlich-nierenförmig, derb

Rand glatt

trichterförmig

Krone 1–1,5 cm lang

bis über die Mitte gefranst

Kalk-Aster

Aster amellus (Korbblütengewächse)
H 20–40 cm   Juli–Sept.   Staude

Die Blätter der Kalk-Aster sind meist aufrecht gerichtet. Hierdurch sind sie nicht so stark der Sonnenbestrahlung ausgesetzt, die Verdunstung ist geringer. Auch die Behaarung dient als Verdunstungsschutz. Trotz dieser Anpassungen leidet die Art bei zu starker Dürre, Blätter und Knospen sterben dann ab.

Blätter wechselständig

rau behaart

Blütenkörbchen 2–4 cm breit

mehrere Körbchen locker beieinander

Vorkommen Gebüschränder, Wegraine, Trockenrasen, lichte Kiefernwälder. Auf Kalkböden an trockenen Standorten. Mittel- und Südosteuropa.

> **lockt Fliegen und Schmetterlinge an**
> **zusammen mit anderen Astern als Gartenzierpflanze**
> **braucht mageren Boden**

um 3 mm breite, blaulila Zungenblüten

gelbe Röhrenblüten

177

Strand-Aster

Aster tripolium (Korbblütengewächse)
H 15–60 cm   Juli–Sept.   zweijährig

Die Strand-Aster nimmt mit dem Wasser aus dem Boden auch das für ihren Stoffwechsel giftige Salz ihres Standorts auf. Dieses lagert sie jedoch ausschließlich in den unteren Stängelblättern ab. Ist in diesen Blättern eine tödliche Salzkonzentration erreicht, werden sie gelb und sterben ab. Durch ihr Abwerfen wird das Salz aus der Pflanze entfernt.

bis über 100 Körbchen beieinander

Blütenkörbchen 2–2,5 cm breit

Blätter schmal

regelmäßig entwickelte Körbchen mit 20–30 Zungenblüten

Vorkommen Salzwiesen an den Meeresküsten, im Binnenland an Salzstellen. Küsten ganz Europas.

> **Blätter dicklich, fleischig**
> **kann große Flächen bedecken**
> **ist an salzhaltige Standorte angepasst**

2–3 mm breite, hellblaue oder blauviolette Zungenblüten

gelbe Röhrenblüten

Körbchen oft unregelmäßig

Drüsige Kugeldistel

Echinops sphaerocephalus (Korbblütengewächse)
H 60–180 cm Juni–Aug. Staude

Vorkommen Wegränder, Bahndämme, Ödflächen. An trockenen, warmen Standorten. Mittel- und Südeuropa.

> typische igelförmige Blütenköpfe
> bieten Bienen reichlich Nahrung
> Früchte locken körnerfressende Vögel an

Die Heimat dieser Pflanze liegt im Mittelmeerraum. In Mitteleuropa wird sie seit dem 16. Jahrhundert zur Zierde kultiviert und konnte aus den Gärten verwildern. Beim Aufblühen wirken die Blütenköpfe blau, später grau oder weißlich. Sie locken Bienen an. Der Blütenstaub ist blau gefärbt, so dass die sammelnden Bienen auffällig blaue Höschen bekommen.

nur 1 hellblaue bis weißliche tief 5-spaltige Blüte

Körbchen 1–2 cm lang

Blatt mit stacheligen Abschnitten

unten weißfilzig

Blütenstände kugelig, 3–6 cm dick

Blatt oval bis lanzettlich

läuft am Stängel herab

Berg-Flockenblume

Centaurea montana (Korbblütengewächse)
H 30–60 cm Mai–Okt. Staude

Vorkommen Felsige Hänge, Berg- und Schluchtwälder, Bergwiesen. In mittel- und südeuropäischen Gebirgen bis in Höhen um 2000 m.

> Stängel wirkt etwas geflügelt
> braucht Feuchtigkeit
> auch in Gärten kultiviert und gelegentlich verwildert

Bei allen Flockenblumen zieht sich bei Berührung die Staubbeutelröhre nach unten und ein gelbes Paket aus Blütenstaub wird sichtbar. Bei der Berg-Flockenblume lässt sich der Vorgang gut beobachten, wenn man mit dem Finger auf das Körbchen tippt. Innerhalb weniger Sekunden erscheint der Pollen und einige Minuten später kehren die Staubbeutel in ihre Ausgangslage zurück.

Schnitt durch eine Blüte vor Berührung

dieselbe Blüte nach Berührung

Pflanze graufilzig

Blütenkörbchen meist einzeln, 3,5–5 cm breit

Körbchen nur mit Röhrenblüten

äußere Blüten blau, stark vergrößert

Kornblume

Centaurea cyanus (Korbblütengewächse)
H 30–60 cm   Juni–Okt.   einjährig

Der preußische Kaiser Wilhelm I. erklärte im 19. Jahrhundert die Kornblume zu seiner Lieblingsblume. Seine Gefolgsleute trugen deshalb Kornblumen am Revers. Mit dem Getreideanbau wurden Kornblumen weltweit verbreitet. Der Einsatz von Unkrautvernichtungsmitteln und Düngern sowie die rasche Bearbeitung von Stoppelfeldern führten zu einem starken Rückgang der Kornblumen seit den 50er Jahren des 20. Jahrhunderts.

Vorkommen *Getreide-*
äcker, Schuttplätze.
Auf kalkarmen Böden.
Ursprünglich wohl
im Nahen Osten be-
heimatet, heute in
ganz Europa.

> **braucht Wärme**
> **die Blüten geben Tee eine**
> **schöne Farbe**
> **oft mit Wildblumen-**
> **mischungen ausgesät**

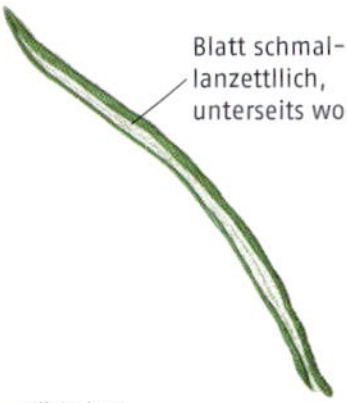

Blatt schmal-
lanzettlich,
unterseits wollig

Blüten bei
Zuchtsorten auch
rosa, weiß oder
gefüllt

Körbchen
2,5–3,5 cm
breit

Körbchen, nur
mit Röhrenblüten

äußere
Blüten
stark
vergrößert

Hülle eiförmig

179

einzeln an den
Stängelenden

Schon gewusst?

Die Kornblume ist
seit 1967 National-
blume von Estland
und symbolisiert den
Widerstand gegen
den Kommunismus.
Die Sowjetbehörden
ließen deshalb beim
estnischen Sängerfest
1969 alle Kornblumen
rot einfärben, damit
sie sozialistischen
Nelken glichen.

Gewöhnliche Wegwarte
Cichorium intybus (Korbblütengewächse)
H 30–150 cm   Juli–Okt.   Staude

Vorkommen *Weg- und Straßenränder, Schuttstellen, Ödflächen, Bahndämme. Auf offenen Böden an hellen Standorten. Fast ganz Europa.*

> **enthält Milchsaft**
> **erträgt salzhaltigen Boden**
> **weltweit verschleppt**

nur hellblaue, seltener weiße Zungenblüten

Die Blütenkörbchen öffnen sich etwa um 6 Uhr morgens und schließen sich um die Mittagszeit, bei bedecktem Wetter auch etwas später. Der blaue Farbstoff der Blüten ist wasserlöslich und bleicht bei Regen und beim Schließen der Köpfchen aus. Bis kurz nach dem 2. Weltkrieg schätzte man besonders eine Variante der Wegwarte, die eine fleischige Wurzel hat. Diese lieferte Gemüse und diente geröstet als Kaffeeersatz ("Zichorienkaffee", "Blümchenkaffee").

Schon gewusst?

Chicoree (links) und Radicchio (rechts) sind verschiedene Kulturformen der Wegwarte, die für Salat verwendet werden.

180

3–5 cm große Blütenkörbchen seitlich und an den Enden der Äste

großer Endabschnitt

Wuchs sparrig

untere Blätter eingeschnitten

Weinbergs-Traubenhyazinthe

Muscari neglectum (Spargelgewächse)

H 15–30 cm   April–Mai   Staude

Blüten in sehr dichten Trauben

Bis Anfang des 20. Jahrhunderts wuchs die Weinbergs-Traubenhyazinthe oft in Massen in den Weinbergen. Heute ist sie viel seltener. Verantwortlich für den Rückgang ist besonders die heute übliche tiefere Bodenbearbeitung, bei der die Zwiebeln zerstört werden. Unkrautbekämpfungsmittel dagegen schädigen die Pflanzen weniger.

Vorkommen Weinberge, sonnige Böschungen, Halbtrockenrasen. Benötigt wärmere Standorte. Süd- und Mitteleuropa.

> **kam mit dem Weinbau nach Mitteleuropa**
> **wächst meist in Gruppen**
> **Blüten duften etwas nach Pflaumen**

Stängel ohne Blätter

Blätter grundständig, schlaff

eiförmige, bis 3 cm dicke Zwiebel

Blätter 2–5 mm breit, fleischig

Blüte krugförmig, 4–7 mm lang

dunkelblau, wachsig bereift

6 kleine weiße Zipfel

181

Zweiblättriger Blaustern

Scilla bifolia (Spargelgewächse)

H 10–20 cm   März–April   Staude

An vielen Wildstandorten ist der hübsche Zweiblättrige Blaustern durch Pflücken gefährdet. Besonders stark schädigt es die Pflanzen, wenn nicht nur der Blütenstängel, sondern auch die beiden Blätter abgerissen werden. Auf Rasenflächen in Gärten wächst meist der ähnliche Sibirische Blaustern aus Russland und Vorderasien mit nickenden Blüten.

2–8 aufrecht abstehende Blüten

Stängel ohne Blätter

Vorkommen Auenwälder, Auenwiesen, Laubwälder, Obstbaumwiesen in Waldnähe. Auf feuchten Böden im Halbschatten. Mittel- und Südeuropa.

> **wächst meist in Gruppen**
> **blüht selten auch rosa oder weiß**
> **2 Blätter erscheinen gleichzeitig mit den Blüten**

6 sternförmig ausgebreitete, 0,5–1 cm lange Blütenblätter

Blätter bis 1,5 cm breit, etwas fleischig

Deutsche Schwertlilie

Iris germanica (Schwertliliengewächse)
H 30–100 cm   Mai–Juni   Staude   (☙)

Wissenschaftlich heißt die Pflanze „Iris". In der griechischen Mythologie war Iris die Göttin des Regenbogens, die als Botin Nachrichten vom Götterhimmel zu den Menschen und in die Unterwelt brachte. Dass auch die Pflanze so heißt, bezieht sich auf die Farbenpracht vieler Arten. Der gelbe „Bart" auf dem Blütenblatt täuscht eine große Anzahl an Staubblättern vor.

3 aufgerichtete, breit elliptische Blütenblätter

gelber „Bart"

3 nach unten geschlagene Blütenblätter

bis 5 kurzgestielte Blüten

äußere Blütenblätter um 8 cm lang

Blätter schwertförmig, graublau-grün bereift.

Schon gewusst?
Der getrocknete Wurzelstock riecht veilchenartig. Als „Veilchenwurzel" gab man ihn früher zahnenden Kindern zum Kauen. Er wurde auch bei Erkältungen und in der Parfümerie verwendet.

Blauer Eisenhut

Aconitum napellus (Hahnenfußgewächse)
H 50–150 cm   Juni–Aug.   Staude 🐝

Der Blaue Eisenhut gehört zu den giftigsten Pflanzen – im Altertum galt er als „pflanzliches Arsen". Bereits 1–2 g der Pflanze wirken tödlich. Der Tod tritt unter starken Schmerzen durch Herzstillstand oder Atemlähmung ein. Der vierte römische Kaiser Claudius ist wohl das berühmteste Opfer des Eisenhuts, er wurde von seiner eigenen Frau vergiftet. Der Giftstoff kann auch intakte Haut durchdringen – deshalb beim Umgang mit der Pflanze Gummihandschuhe tragen!

untere Blätter tief handförmig 5–7-teilig

Vorkommen Auenwälder, feuchte Weiden und Bachränder in den Mittelgebirgen und Gebirgen Mitteleuropas bis in Höhen um 2500 m.

> wurde früher als Pfeilgift verwendet
> der ähnliche Bunte Eisenhut hat blau oder weiß gescheckte Blüten mit höherem Helm

oberes Blütenblatt helmförmig

Blüte dunkel blauviolett

183

Blüten in teils langen Trauben

2 Nektarblätter, normalerweise im Helm versteckt

Stängel aufrecht

Schon gewusst?

Hummeln besuchen die Blüten, um Nektar zu sammeln. Entfernt man den Helm, sieht man die beiden lang gezogenen nektarliefernden Blätter. Die Blüte erinnert nun an einen Wagen mit zwei vorgespannten Tieren, weshalb die Pflanze auch „Venuswagen" heißt.

Acker-Rittersporn

Consolida regalis (Hahnenfußgewächse)
H 20–40 cm   Mai–Aug.   einjährig

Vorkommen *Getreide-felder, seltener an Wegen und auf Schutt. Warme, nährstoff- und kalkreiche Lehmböden. Mittel- und Südeuropa, Südskandinavien.*

> *Pflanze wirkt sehr zart*
> *durch intensiven Acker-bau stark im Rückgang begriffen*
> *überwintert manchmal als Blattrosette*

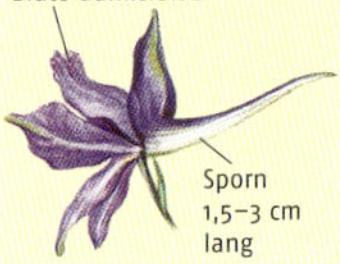

Blüte dunkelblau

Sporn
1,5–3 cm
lang

Der Sporn birgt süßen Nektar, den nur Hummeln und andere Insekten mit einem mindestens 15 mm langen Rüssel erreichen können. Im 16. und 17. Jahrhundert verwendete man den Acker-Rittersporn als Wundheilmittel, zur Förderung der Geburt und für Augenwasser. Früher färbte man auch Wolle mit den Blüten in einem Blauton.

Schon gewusst?

Die in Gärten wachsenden, über 1,5 m hohen Zierpflanzen sind meist Kulturvarietäten und Kreuzungen anderer Ritter-spornarten: des Hohen Ritter-sporns aus den Ostalpen, des Großblütigen Rittersporns aus Sibirien sowie verschiedener amerikanischer Arten.

Blätter in schmale, spitze Zipfel gespalten

Sporn gerade oder gebogen

Blüten lang gestielt

sehr lockere Blütenstände

Rauhaariges Veilchen

Viola hirta (Veilchengewächse)

H 5–10 cm   April–Mai   Staude

Viele Menschen lieben den zarten Duft von Veilchen. Kein Wunder also, dass wilde, nicht duftende Veilchen, zu denen auch das Rauhaarige Veilchen gehört, oft etwas abwertend als unnütze „Hunds-Veilchen" bezeichnet werden. Nach der Blüte biegen sich die Stiele abwärts, so dass die Früchte auf dem Boden liegen.

Vorkommen *Wald- und Gebüschränder, lichte Kiefernwälder, Böschungen, magere Rasen. Auf kalkhaltigen Böden in fast ganz Europa.*

> **Blüten duften nicht**
> **bevorzugt warme Standorte**
> **bildet oft große Gruppen**

1,2–2,2 cm lange, einzeln stehende Blüten

Blätter herzförmig, meist länger als breit, behaart

Blätter alle am Grund

seitliche Kronblätter schräg abwärts gerichtet

Blüten hell blau- violett

unteres Kronblatt mit Strichmuster

185

Wohlriechendes Veilchen

Viola odorata (Veilchengewächse)

H 5–10 cm   März–April   Staude

Die Blüten enthalten ein wohlriechendes Öl, das beruhigend auf die Nerven wirken soll. Veilchenduft für Seifen, Parfüm usw. kann jedoch seit Ende des 19. Jahrhunderts auch künstlich hergestellt werden. Bei der „Veilchenwurzel" aus der Apotheke handelt es sich allerdings um den schwach nach Veilchen duftenden Wurzelstock der Deutschen Schwertlilie (S. 182).

Vorkommen *Bachauen, Waldränder, Gebüsche, Wegraine, Parks, Gärten, Friedhöfe. Mittelmeerraum, West- und Mitteleuropa.*

> **braucht mildes Klima**
> **zeigt nährstoffreiche Böden an**
> **wächst in Mitteleuropa meist in Ortsnähe**

Blätter herz-eiförmig, etwa so lang wie breit

mehr oder weniger glänzend

Nebenblätter 1–4-mal so lang wie breit

Blüten 1–2 cm lang, duftend, einzeln stehend

blüht manchmal auch weiß

Blätter alle am Grund

Blüten dunkel purpurviolett

seitliche Kronblätter schräg abwärts gerichtet

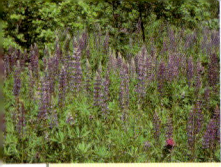

Vielblättrige Lupine

Lupinus polyphyllus (Hülsenfrüchtler)

H 100–150 cm Juni–Aug. Staude ☠

***Vorkommen** An Böschungen und Waldwegen ausgesät, zum Teil verwildert und eingebürgert. Auf kalkarmen Böden. Fast ganz Europa.*

> ***Blüten duften***
> ***stammt aus dem pazifischen Nordamerika***
> ***Samen bleiben über 50 Jahre lang keimfähig***

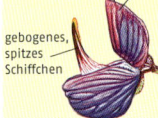

1,2–1,6 cm lange Schmetterlingsblüte
gebogenes, spitzes Schiffchen

Von der Vielblättrigen Lupine gibt es Sorten mit Bitterstoffen, die stark giftig sind und bitterstoffarme Sorten (Süßlupinen). Die giftigen Sorten eignen sich zur Befestigung von Böschungen und zur Bodenverbesserung. An ihren Wurzeln sitzen für Hülsenfrüchtler typische Knöllchen, in denen Bakterien leben. Diese binden Stickstoff aus der Luft und reichern diesen Nährstoff im Boden an. Süßlupinen liefern sehr gutes Wildfutter.

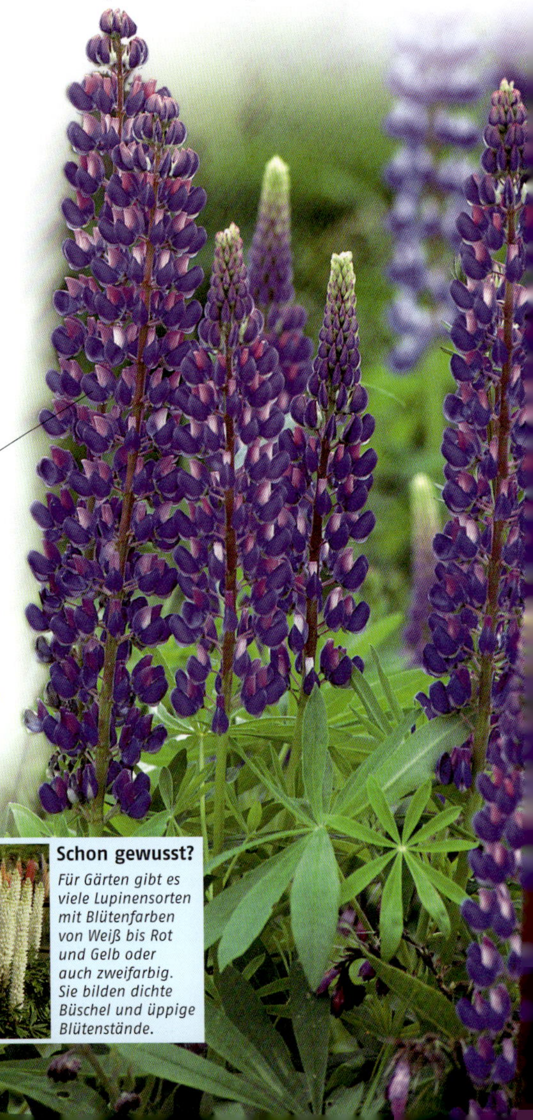

Blüten in dichten, bis 60 cm langen aufrechten Trauben

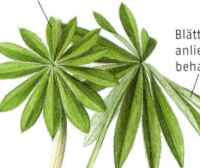

Blätter gefingert mit 9–17 Blättchen
Blättchen anliegend behaart

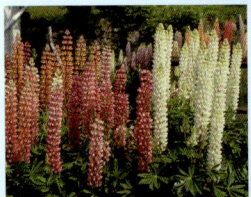

Schon gewusst?

Für Gärten gibt es viele Lupinensorten mit Blütenfarben von Weiß bis Rot und Gelb oder auch zweifarbig. Sie bilden dichte Büschel und üppige Blütenstände.

Saat-Luzerne

Medicago sativa (Hülsenfrüchtler)
H 30–80 cm   Juni–Sept.   Staude

„Luzerne" bedeutet „Leuchte" und bezieht sich auf die hell glänzenden Samen. Die Pflanze stammt ursprünglich aus dem Gebiet um das Kaspische Meer. Sie wird seit der Antike kultiviert. Ihre Bedeutung stieg, als man Kriege zu Pferde durchführte und deshalb vermehrt Futter benötigte. Noch heute gehört sie bei uns zu den wichtigsten Grünfutterpflanzen.

Blütenstände gestielt in den Blattachseln

kopfige Blütenstände mit je 5–25 Blüten

Früchte schneckenförmig gewunden

mittleres Blättchen länger gestielt

Blätter 3-zählig

vorn mit aufgesetzter Spitze

Vorkommen *Magere Wiesen, Wegränder, Böschungen. Auf warmen Böden. Besonders in Bastardsorten häufig gepflanzt. Ganz Europa.*

> **heißt auch „Blauklee" und „Alfalfa"**
> **wirkt bodenverbessernd**
> **Bastarde haben schmutzige Blütenfarben**

um 1 cm lange, hell- oder dunkelblaue bis violette Schmetterlingsblüte

187

Gewöhnliche Vogel-Wicke

Vicia cracca (Hülsenfrüchtler)
H 30–120 cm   Juni–Aug.   Staude

Auf der Suche nach einem Halt führen die Ranken kreisende Bewegungen durch. Erhalten sie Kontakt, reagieren sie sofort, halten sich fest und wickeln sich spiralförmig auf. Früher war die Gewöhnliche Vogel-Wicke ein gefürchtetes Unkraut in Feldern. Ein alter Bauernspruch besagt: „Raden, Trespen und Vogel-Wicken bringen den Bauern auf den Rücken".

8–40 Blüten in schmalen Trauben

Blätter paarig gefiedert mit 12–20 Blättchen

Blüten nach einer Seite gerichtet

Endranke meist verzweigt

Vorkommen *Wiesen, Weiden, Äcker, Ödflächen, Waldränder, Gebüsche und Flußufer. Ganz Europa.*

> **hält sich mit Ranken an anderen Pflanzen fest**
> **Blüten können blau- oder rotviolett sein**
> **Vögel fressen die Samen**

um 1 cm große Schmetterlingsblüte

Zaun-Wicke

Vicia sepium (Hülsenfrüchtler)
H 30–60 cm   Mai–Juni   Staude

Nebenblätter unterseits mit brauner Nektargrube

Rätselhaft scheint der reichliche Besuch der Zaun-Wicke durch Ameisen. Das Geheimnis dahinter liegt in den glänzenden dunklen Gruben, die auf der Unterseite der direkt am Stängel sitzenden Nebenblättchen sitzen: Sie sondern etwas süßen Nektar ab, der für die Ameisen eine willkommene Futterquelle ist. Als Gegenleistung halten die kleinen Besucher Ungeziefer wie pflanzenfressende Raupen fern.

verzweigte Ranke

Blätter paarig gefiedert

1,2–1,5 cm lange, rotviolette bis schmutzig dunkelblaue Schmetterlingsblüte

je 3–6 abstehende oder nickende Blüten in den Blattachseln

188

Pechklee

Bituminaria bituminosa (Hülsenfrüchtler)
H 20–100 cm   April–Aug.   Staude

Köpfchen mit 7–30 Blüten

Wer einmal den teer- oder asphaltartigen Geruch der Pflanze wahrgenommen hat, wird die Art immer wiedererkennen. Früher galten die Blätter in der Heilkunde als stärkendes Mittel. Sie sollten auch bei Frauenleiden helfen. Heute findet die Pflanze keine Verwendung mehr.

lang gestielt

Krone schmutzig violett

1,5–2 cm lange Schmetterlingsblüte

Blättchen ganzrandig

Blätter 3-zählig, kleeartig

Gewöhnlicher Natternkopf

Echium vulgare (Raublattgewächse)
H 25–100 cm   Mai–Sept.   zweijährig   🐝

Die Blüten sind in der Knospe rot, dann rosa und erst ganz geöffnet blau. Hierfür sind Änderungen des Säuregehaltes der
Zellen verantwortlich. Geöffnete, jedoch noch rosafarbene Blüten
bieten Insekten, besonders Bienen, am meisten Nektar. Mit den
weit herausragenden Staubblättern erinnern die Blüten an einen
Schlangenkopf. Die Pflanze besitzt
mit ihren steifen Borstenhaaren einen wirksamen
mechanischen Fraßschutz.
Darüber hinaus enthält sie
Giftstoffe.

Vorkommen *Unkraut-
bestände an Wegen,
auf Bahngelände,
Felsen, Schuttflächen,
Ödland, in Stein-
brüchen. Ganz Europa.*

> *Der Blütenstand rollt
sich während des
Aufblühens immer weiter
auseinander*
> *wächst oft in Gruppen*

kegeliger, bis 50 cm
langer Blütenstand

Staubblätter ragen
weit heraus

tief
trichter-
förmig

Krone
1,5–2 cm
lang

189

Blätter
wechsel-
ständig,
lanzettlich

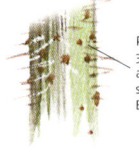

Pflanze mit bis
3 mm langen,
auf Höckern
sitzenden
Borstenhaaren

borstige Blattrosette im 1. Jahr

Schon gewusst?

*Auf den Kanarischen Inseln
wächst die erstaunliche Anzahl
von 25 verschiedenen Nattern-
kopf-Arten. 24 davon kommen
weltweit nur dort vor. Sie bilden
ganz unterschiedliche Formen,
von einjährigen und strauchigen
Pflanzen bis zu Arten mit 3 m
hohen Blütenkerzen.*

Mönchspfeffer

Vitex agnus-castus (Lippenblütengewächse)
H 100–600 cm   Juni–Nov.   Strauch

Früchte pfefferkorngroß

Vorkommen *An Küsten und Flussläufen. Bevorzugt sonnige, warme Standorte mit nährstoffreichem Boden. Mittelmeergebiet.*

> **Blüten** selten auch weiß
> als Kübelpflanze auch in Mitteleuropa
> riecht zerrieben stark aromatisch

Bereits in der Antike kannte man die Wirkung der Pflanze bei Frauenleiden und weihte sie der Fruchtbarkeitsgöttin Hera, die der Legende nach unter einem Mönchspfefferstrauch geboren wurde. Mönche brachten die Pflanze nach Mitteleuropa und unterdrückten – um ihr Zölibat einhalten zu können – ihren Geschlechtstrieb, indem sie ihre Speisen mit den gemahlenen Früchten würzten. Die Pflanze heißt deshalb auch „Keuschlamm".

Schon gewusst?

In den Früchten enthaltene Substanzen beeinflussen die Bildung von Geschlechtshormonen. Pflanzliche Arzneimittel mit Auszügen aus den Früchten helfen unter anderem bei Menstruationsstörungen.

Krone
2-lippig,
6–9 mm
lang

Blütenstände endständig, ährenartig

Blüten-
stände
endständig,
ährenartig

Blatt
fingerförmig
geteilt

Blättchen bis
10 cm lang

Blätter
gegenständig

Kriechender Günsel

Ajuga reptans (Lippenblütengewächse)
H 7–30 cm   Mai–Aug.   Staude

1–1,5 cm lange Lippenblüten

Blätter zwischen den Blüten mit glattem Rand

Blütenstand dicht, aufrecht

In manchen Gegenden hieß der Kriechende Günsel früher „Sankt Laurenzkraut" und wurde als Heilpflanze auf heiße, entzündete Hautstellen gelegt. Der heilige Laurentius war ein Märtyrer, der der Legende nach auf einem glühenden Rost gemartert wurde. Als Zierpflanze in Gärten eignet sich der Kriechende Günsel als Bodendecker.

Vorkommen Auf Wiesen, Rasenflächen, in Gebüschen, Wäldern mit Unterwuchs, an Rainen. Von der Ebene bis ins Gebirge in fast ganz Europa.

> bildet über den Boden kriechende Ausläufer
> Blätter auch im Winter grün
> zeigt nährstoffreichen, eher feuchten Boden an

Blätter gegenständig, zerstreut behaart

Rand glatt oder undeutlich gezähnt

Oberlippe winzig

Unterlippe 3-teilig

191

Genfer Günsel

Ajuga genevensis (Lippenblütengewächse)
H 7–30 cm   April–Juni   Staude

Die Früchtchen sind mit einem fetthaltigen Anhängsel versehen, das einen Leckerbissen für Ameisen darstellt. Diese transportieren deshalb die Früchtchen ab und sorgen so für die Verbreitung der Pflanze. Der Genfer Günsel wurde erstmals aus der Gegend von Genf beschrieben.

Blätter gegenständig, lang behaart

Blätter zwischen den Blüten gezähnt

Blütenstand aufrecht, ährenähnlich

jederseits mit 3–8 groben, stumpfen Kerben

1–2 cm lange Lippenblüten

Vorkommen Magere Rasen, Böschungen, Wegraine, trockene Wälder. An meist sonnigen, warmen Standorten auf kalkhaltigen Böden. Mittel- und Südeuropa.

> im Gegensatz zum Kriechenden Günsel ohne Ausläufer
> zottig behaart
> auch schöne Gartenpflanze

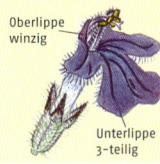

Oberlippe winzig

Unterlippe 3-teilig

Gewöhnlicher Gundermann

Glechoma hederacea (Lippenblütengewächse)
H 10–40 cm   April–Juni   Staude

Vorkommen *Wiesen, Weiden, Rasenflächen, Auenwälder, Wald-ränder, Hecken, Böschungen. Auf nähr-stoffreichen Böden. Ganz Europa.*

> **Stängel kriechen weit über den Boden**
> **Blätter auch im Winter grün**
> **oft Erstbesiedler neu geschaffener Standorte**

Oberlippe flach

Unterlippe 3-teilig

Für die alten Germanen war der Gundermann eine Arznei- und Zauberpflanze. In der Volksheilkunde verwendet man die aroma-tisch riechende Pflanze noch heute gegen Durchfall, Husten und Hauterkrankungen. Das Kraut schmeckt würzig bitter, mit der Zeit etwas kratzend. Man kann es in Salate und Quark mischen oder zu einem spinatartigen Gemüse kochen. Auf Pferde aller-dings sollen größere Mengen der frischen Pflanze tödlich wirken.

Stängel 4-kantig

blühende Stängelabschnitte aufrecht

Blätter gegenständig, nieren- bis herzförmig

bis 2 cm lange Lippenblüten

Rand grob stumpf gezähnt

je 2–3 Blüten in den Achseln von Blättern

Schon gewusst?

Früher verwendete man den Gewöhn-lichen Gundermann auch an Stelle von Hopfen als Bittermittel beim Bierbrauen. Die-sem würzenden Zusatz wurde jedoch durch das Reinheitsgebot von 1516 ein Ende gesetzt.

Kleine Braunelle
Prunella vulgaris (Lippenblütengewächse)
H 5–30 cm   Juni–Sept.   Staude

Blätter länglich eiförmig

Blütenstände dicht kopfig am Stängelende

Der Kelch, der die reifen Früchtchen umgibt, öffnet sich nur bei feuchtem Wetter. Fallen dann Regentropfen darauf, wird er nach unten gedrückt und schleudert beim Zurückschnellen die Früchtchen wie von einem Katapult heraus. Diese sind feucht klebrig und bleiben z. B. an Schuhsohlen hängen.

Blätter gegenständig

nach der Blüte bleibender, vertrockneter Kelch

4 Früchtchen

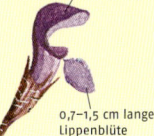

Oberlippe helmförmig

0,7–1,5 cm lange Lippenblüte

193

Sumpf-Helmkraut
Scutellaria galericulata (Lippenblütengewächse)
H 10–40 cm   Juni–Sept.   Staude

Sobald die Blütenkrone abgefallen ist, schließt sich der Kelch. Er ähnelt dann durch die auf ihm sitzende Schuppe einem Helm mit heruntergeklapptem Visier. Die Schuppe wirkt nun wie ein Katapult. Fallen Regentropfen darauf, wird sie nach unten gedrückt und schleudert beim Zurückschnellen die Früchtchen aus dem Kelch.

Oberlippe mit Schuppe

Kelch 2-lippig

geschlossener Kelch

Blätter gegenständig

breit-lanzettlich mit wenigen Zähnen

je 2 Blüten in den Achseln der oberen Blätter

Blätter länger als die Blüten

gewölbte Oberlippe

1–1,5 cm lange, violettblaue Lippenblüte

lange, aufwärts gebogene Röhre

Echter Salbei

Salvia officinalis (Lippenblütengewächse)

H 20–70 cm   Mai–Juli   Strauch

Vorkommen *Halbtrockenrasen, felsige Steppenflächen, steinige Hänge an wärmeren Standorten. Südeuropa, in Mitteleuropa verwildert.*

> **Stängel unten meist verholzt**
> **Pflanze duftet zerrieben stark aromatisch**
> **viele Zuchtformen**

Im Altertum besaß die Pflanze den Ruf, ein langes Leben zu garantieren. So leitet sich der Name von lat. salvus = „gesund" ab. Ganz so groß ist die Heilkraft zwar nicht, doch noch heute gurgelt man mit Auszügen bei Rachenentzündungen oder trinkt den Tee gegen starkes Schwitzen. Beliebt in der Mittelmeerküche sind in Butter oder Öl gebratene Salbeiblätter.

Oberlippe fast gerade

1,8–2,5 cm lange, violette Lippenblüte

Blätter oval bis breit-lanzettlich

lockere Blütenstände am Ende der Stängel

runzelig, unterseits dicht behaart

Blätter gegenständig

Muskateller-Salbei

Salvia sclarea (Lippenblütengewächse)

H 30–120 cm   Mai–Aug.   zweijährig

lange Blütenstände

Vorkommen *Wegränder, felsige Hänge, lichte Wälder, auch kultiviert als Heil-, Gewürz- und Zierpflanze. Heimisch im Mittelmeerraum.*

> **duftet harzig-aromatisch**
> **Stängel im oberen Bereich klebrig**
> **schön auch im Garten**

Besonders im 19. Jahrhundert verwendeten Winzer die jungen Blätter, um Weißweinen einen Geschmack nach Muskatellerwein zu verleihen. Dieses Aromatisieren ist heute nicht mehr erlaubt, wohl aber gibt es Liköre und Wermutweine sowie Seifen und Kosmetika mit Zusatz von Muskateller-Salbei.

Oberlippe breit sichelförmig

2–3 cm lange, hellblaue oder rosa Lippenblüte

rosa bis lila überlaufene Blätter im Blütenstand

Blätter runzelig

Rand unregelmäßig gekerbt

Wiesen-Salbei

Salvia pratensis (Lippenblütengewächse)

H 30–60 cm   Mai–Aug.   Staude

Die beiden Staubblätter gleichen kleinen, parallel an Gelenken aufgehängten Eisenbahnschranken. Kriecht eine Biene oder Hummel in die Blüte, drückt sie dabei auf das kürzere Ende und das lange Ende mit den Staubbeuteln klappt auf ihren Rücken. Das Insekt wird dadurch mit Blütenstaub regelrecht eingepudert. Bei weiter entwickelten Blüten nimmt die Narbe die Position der heruntergeklappten Staubbeutel ein – an ihr kann nun der von den Insekten mitgebrachte Blütenstaub hängen bleiben.

Vorkommen *Mager-rasen, Halbtrocken-rasen, Fettwiesen, Wege, Böschungen, Dämme. An wärmeren Standorten. Ganz Europa.*

> **blüht selten auch weiß**
> **nur 1–3 gegenständige Blattpaare am Stängel**
> **Pflanze duftet beim Zerreiben aromatisch**

Oberlippe breit sichelförmig

1,5–2,5 cm lange, dunkel- oder violett-blaue Lippenblüte

195

4–8-blütige Quirle bilden lockere Blüten-stände

Blätter runzelig

Rand stumpf gezähnt

Staubblätter in der Oberlippe verborgen

Gelenk

Längsschnitt durch die Blüte

Stängel 4-kantig

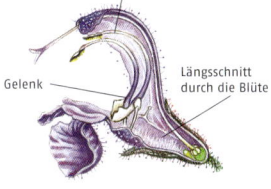

Schon gewusst?

1984 erschien in Deutschland eine Briefmarke mit Biene und Salbei. Der Zeichner kannte den Mechanismus des Salbeis offensichtlich nicht: Obwohl die Biene noch nicht in die Blüte gekrabbelt ist, sind die Staubbeutel schon auf ihren Rücken geklappt.

Echter Lavendel

Lavandula angustifolia (Lippenblütengewächse)

H 20–100 cm   Juni–Aug.   Strauch

Vorkommen *Trockene Buschsteppen, felsige Flächen, von der Ebene bis ins Bergland. Mittelmeerraum.*

> *duftet typisch und stark*
> *auch in Mitteleuropa ziemlich winterhart*
> *verschiedene Sorten für Gärten und Anbau*

Der Name „Lavendel" leitet sich vom lat. lavare = „waschen" ab. Allerdings wirkt Lavendel nicht reinigend, vielmehr erzeugt der intensive Duft lediglich die Illusion von Sauberkeit. Zwischen die Wäsche gelegt, hält ein Duftkissen auch Motten ab. Lavendel ist eine wichtige Substanz für die Parfümindustrie und wird besonders in Frankreich in großem Maßstab kultiviert.

etwa 1 cm lange blauviolette Lippenblüte

Kelch kurz behaart

Blätter schmal, bis 4 cm lang, anfangs filzig, später kahl

lange, oben dichte Blütenstände

untere Quirle etwas abgerückt

Schopf-Lavendel

Lavandula stoechas (Lippenblütengewächse)

H 30–100 cm   März–Juni   Strauch

Vorkommen *Trockene Buschsteppen, lichte Buschwälder und Kiefernwälder. Auf Silikatgestein. Mittelmeerraum.*

> *farbiger Blattschopf lockt Insekten an*
> *Blätter duften nach Kampfer*
> *für Balkon oder Terrasse geeignet*

Der Schopf-Lavendel trägt seinen wissenschaftlichen Namen „stoechas" nach einer Inselgruppe vor Marseille, die von den Griechen die „Stoechaden" genannt wurde. Auf den heute als „Iles des Hyères" bezeichneten Inseln soll die Pflanze früher so häufig gewesen sein, dass der Duft den Schifffahrern als Wegweiser diente.

6–8 mm lange schwarzviolette Lippenblüte

auffälliges Blattbüschel am Ende

Blätter 1–4 cm lang, graufilzig

Rand nach unten umgerollt

ährenähnlicher, bis 3 cm langer Blütenstand

Rosmarin

Rosmarinus officinalis (Lippenblütengewächse)

H 50–200 cm   Jan.–Dez.   Strauch

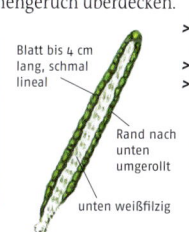

Rosmarin galt früher als stärkend für das Gedächtnis und als Symbol für die Liebe. Bevor Brautkränze aus Myrte gewunden wurden, band man sie deshalb aus seinen Zweigen. In Shakespeares „Hamlet" spielt ein Rosmarinkranz eine Rolle als Zeichen der Treue. Auf Beerdigungen symbolisierte die Pflanze das Andenken an den Toten und die Hoffnung auf Wiedergeburt. Gleichzeitig konnte ihr Duft auch den Leichengeruch überdecken.

Vorkommen *Trockene Buschsteppen, lockere Buschwälder. Mittelmeerraum, in Mitteleuropa kultiviert als Heil- und Gewürzstrauch.*

> **Blätter wirken wie Tannennadeln**
> **duftet typisch aromatisch**
> **beliebt als Gewürz**

Schon gewusst?

„Ungarisches Wasser" oder „Eau de la Reine d'Hongrie" enthält aus Rosmarin destilliertes ätherisches Öl in Alkohol. Das aus dem 14. Jahrhundert stammende Rezept wurde nach der Königin von Ungarn benannt. Es war eines der ersten Parfüme dieser Art. „Kölnisch Wasser" enthält noch heute Rosmarin-Öl.

Blatt bis 4 cm lang, schmal lineal

Rand nach unten umgerollt

unten weißfilzig

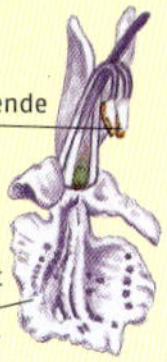

2 weit vorragende Staubblätter

Unterlippe mit dunklerem Fleckenmuster

197

etwa 1 cm lange meist blassblaue Lippenblüten

kleine Blütenstände zwischen den Blättern

Mauer-Zymbelkraut

Cymbalaria muralis (Wegerichgewächse)
H 10–40 cm   Juni–Sept.   Staude   (🐌)

Vorkommen Senkrechte Mauern, Felsen. Auf etwas feuchteren, meist kalkhaltigen Steinböden in den Spalten. Fast ganz Europa.

> Blüten zum Licht gewandt
> ursprünglich Zierpflanze aus dem Mittelmeerraum
> wächst besonders in Siedlungsnähe

Für eine an senkrechten Mauern und Felsen wachsende Pflanze ist es wichtig, dass die Samen nicht einfach nach unten auf den Boden fallen. Das Zymbelkraut spielt deshalb selbst Gärtner: Während die Früchte reifen, verlängern sich ihre Stiele stark und krümmen sich dem Licht abgewandt. So schieben sie die Früchte in Spalten der Mauern oder Felsen hinein, wo die Samen einen geeigneten Keimplatz finden.

langer Blattstiel

Spreite rundlich, 5–7-lappig, kahl

Pflanze liegend oder hängend

Blüte etwa 1 cm groß, 2-lippig

emporgewölbter, gelber Gaumen

oft rotviolett überlaufen

Früchte krümmen sich zum Untergrund

Blüten einzeln auf langen Stielen

Schon gewusst?
Die Namen „Zymbelkraut" und Cymbalaria leiten sich von lateinisch cymbalon ab. Dies bedeutet „Zimbel" oder „Schallbecken" und bezieht sich auf die Form der Blätter, die diesen Musikinstrumenten ähneln.

Alpen-Leinkraut
Linaria alpina (Wegerichgewächse)
H 8–15 cm   Juni–Aug.   Staude

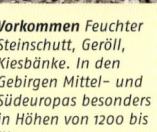

Besonders im österreichischen Raum sagte man der Pflanze früher Zauberkräfte nach und setzte sie gegen Verhexung und gegen den Teufel und gegen Kobolde ein. In manchen Gebieten findet man fast ausschließlich Formen des Alpen-Leinkrauts mit einfarbig violettblauen Blüten.

Vorkommen *Feuchter Steinschutt, Geröll, Kiesbänke. In den Gebirgen Mittel- und Südeuropas besonders in Höhen von 1200 bis über 3800 m.*

Blätter fleischig, 1–3 mm breit

wächst in flachen Polstern

> **fällt von weitem auf**
> **braucht offene Standorte**
> **Stängel kriechen über oder im Schutt**

emporgewölbter, orangegelber Gaumen

Blüte 1,5–2,5 cm lang, 2-lippig

Pflanze blaugrün

langer Sporn

Herzblättrige Kugelblume
Globularia cordifolia (Wegerichgewächse)
H 3–10 cm   Mai–Juli   mehrjährig

Die winzigen Einzelblüten fallen nur auf, weil sie zu vielen beieinander sitzen. So erhielt die Pflanze ihren Namen nach der Form des Blütenstandes. Kugelblumen enthalten einen bitteren Giftstoff, der zu Erbrechen, Durchfall, Schwindel und Kollaps führen kann.

Vorkommen *Trockener Kalkschutt, Felsbänder, steinige Rasen. In den Gebirgen Mittel- und Südeuropas von den Tälern bis in Höhen um 2800 m.*

blühende Stängel aufrecht

Blüten bilden 1–1,5 cm dicke kugelige Köpfe

vorn herzförmig eingekerbt

Blätter ledrig, allmählich in den Stiel verschmälert

> **Blätter immergrün**
> **kann flache Teppiche über Steinen bilden**
> **hilft Felsschutt zu festigen**

schmal 2-zipfelige Oberlippe

Blüte 6–8 mm lang

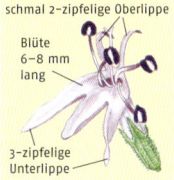

3-zipfelige Unterlippe

Gewöhnliches Fettkraut

Pinguicula vulgaris (Wasserschlauchgewächse)
H 5–15 cm   Mai–Juni   Staude

Vorkommen *Flach-moore, Quellaustritte, wasserberieselte Rasen. An hellen Standorten. Nordeuropa, in Mittel-europa im Gebirge bis über 1600 m.*

> **fleischfressende Pflanze**
> **das ähnliche Alpen-Fettkraut blüht weiß**
> **verschwindet bei Düngung oder Ent-wässerung**

Fettkräuter fangen Kleintiere, die ihnen auf den nährstoffarmen Standorten als zusätzliche Stickstoffquelle dienen. Sie sondern hierzu auf der Blattoberseite einen klebrigen Schleim ab, an dem kleine Fliegen, Käfer und Spinnen hängen bleiben. Größere Insekten können auch durch Einrollen der Blattränder festgehalten werden. Anschließend gibt die Pflanze Enzyme ab und verdaut den Fang. Die löslichen Verdauungsprodukte können dann von den Blättern aufgenommen werden.

oft mit fest-geklebten Insekten

5–8 gelbgrüne Blätter bilden eine Rosette am Boden

Blüte im Schlund weiß, kurz behaart

Blüte 2-lippig, mit langem Sporn

200

Blüten einzeln auf unbeblätterten Stängeln

Blüte 1–2,5 cm lang

Schon gewusst?
Früher verwendete man die Blätter ge-legentlich zum Ein-dicken von Milch bei der Käseherstellung. Die enthaltenen Enzyme bringen wie Lab aus Kälbermägen oder Echtes Labkraut (S.214) die Milch zum Gerinnen. Heute ist die Pflanze geschützt.

Wiesen-Witwenblume

Knautia arvensis (Geißblattgewächse)

H 30–80 cm   Juli–Aug.   Staude

„Witwenblume" würde bei uns eher für die Tauben-Skabiose (s. u.) mit den schwarzen Kelchborsten passen. Der Name leitet sich tatsächlich von einer Skabiosen-Art ab, der in Südeuropa heimischen Purpur-Skabiose. Er bezog sich auf deren an Trauerkleidung erinnernde schwarzrote Blüten. Früher unterschied man häufig nicht zwischen Skabiosen und Witwenblumen.

Vorkommen Wiesen, Halbtrockenrasen, Wegränder, Waldränder, Äcker. Auf nährstoffreichen Böden an wärmeren Standorten. Fast ganz Europa.

> **Blüten duften**
> **Blütenköpfchen locken viele Insekten an**
> **selten auch mit weißen Blüten**

Blüten bilden flache, 2–4 cm breite Köpfchen

obere Blätter fiederteilig mit schmalen Abschnitten

äußerer Zipfel besonders an den Randblüten länger

Blätter gegenständig

Kelch mit kurzen, hellen Borsten

Krone blau- bis rotviolett, bis 1,8 cm lang

4 ungleich lange Zipfel

Tauben-Skabiose

Scabiosa columbaria (Geißblattgewächse)

H 25–60 cm   Juli–Nov.   Staude

„Skabiose" leitet sich von lat. scabies = „Krätze, Räude, Schorf" ab. Besonders im 16. und 17. Jahrhundert verwendete man die Pflanze gegen diese und andere Hautkrankheiten. Auch der weitere deutsche Name „Grindkraut" bezieht sich auf diesen Einsatz. Heute spielen Skabiosen in der Medizin keine Rolle mehr, sind aber schöne Zierpflanzen für Wildpflanzengärten.

Vorkommen Sonnige Magerrasen, magere Wiesen, Raine, lichte Kiefernwälder. Auf trockenen, meist kalkhaltigen Böden. Besonders Mittel- und Südeuropa.

> **erträgt keinen Dünger**
> **wurzelt bis 1,5 m tief**
> **Früchte bei starkem Wind flugfähig**

Blüten bilden flache, 1,5–3,5 cm breite Köpfchen

äußere Zipfel der Randblüten deutlich verlängert

schwarze Kelchborsten

fruchtendes Köpfchen

Krone blaulila bis violett, bis 1,8 cm lang

5 ungleich lange Zipfel

Schöllkraut

Chelidonium majus (Mohngewächse)
H 30–70 cm   April–Okt.   Staude

Vorkommen *Unkraut-
bestände an Wegen,
Waldrändern, Hecken,
Mauern, in ver-
wilderten Gärten, gerne
im Halbschatten oder
Schatten. Fast ganz
Europa.*

> **bildet oft große Gruppen**
> **meist in der Nähe von
> Siedlungen**
> **welkt bei zu sonnigem
> Standort**

Der auffällige Milchsaft der Pflanze führte dazu, dass man im
Mittelalter meinte, die Pflanze könne „gelbe Krankheiten" heilen.
Man empfahl sie deshalb bei Gelbsucht und anderen Leber- und
Gallenleiden. Das Schöllkraut ist eine der wenigen Pflanzen, bei
denen eine solche Zuordnung nach dem Aussehen der Pflanze tatsächlich zutraf: Auch heute noch verwendet man Zubereitungen
bei Leber- und Gallenerkrankungen.

zahlreiche Staubblätter

4 um 1 cm
lange, breit
eiförmige
Kronblätter

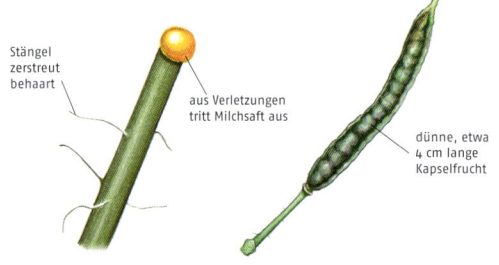

Stängel
zerstreut
behaart

aus Verletzungen
tritt Milchsaft aus

dünne, etwa
4 cm lange
Kapselfrucht

wenigblütige
Blütenstände

Blätter
fiederspaltig
oder einfach
gefiedert

Schon gewusst?
*Volkstümlich verwen-
det man Schöllkraut
gegen Warzen: Hierzu
träufelt man regel-
mäßig den orange-
gelben Milchsaft direkt
auf die Warze. Die
umgebende Haut sollte
nichts abbekommen.*

Gelber Hornmohn

Glaucium flavum (Mohngewächse)
H 30–90 cm   April–Sept.   zweijährig, Staude

Der Gelbe Hornmohn unterscheidet sich von den echten Mohnarten (S. 19 und 20) nicht nur durch seine auffällig lange, hornförmige Kapsel. Während beim Mohn die Kronblätter in der Knospe zerknautscht sind und deshalb beim Entfalten knittrig wirken, sind die des Hornmohns gerollt. Sie entrollen sich, sobald die beiden borstigen Kelchblätter abgefallen sind.

Blüten einzeln, 6–9 cm groß

Pflanze blaugrün bereift

bis über 20 cm lange, raue Kapselfrucht

Blätter etwas fleischig, fiederteilig

> **enthält gelben Milchsaft**
> **erträgt etwas Salz im Boden**
> **Kelchblätter fallen beim Öffnen der Blüten ab**

Fruchtknoten linealisch

zahlreiche Staubblätter

203

Gewöhnliches Barbarakraut

Barbarea vulgaris (Kreuzblütengewächse)
H 30–90 cm   Mai–Juli   zweijährig

Das Barbarakraut erhielt seinen Namen nach der Heiligen Barbara, die zu den Nothelferinnen gehört. Vielleicht dachte man daran, dass die Blätter auch am Barbaratag (4. Dezember) geerntet werden können. Diese ungewöhnliche Erntezeit war wichtig, denn die Blätter halfen im Winter gegen den zu dieser Jahreszeit verbreiteten Vitamin-C-Mangel.

endständige Blütentrauben

Endabschnitt groß

fiederteilig mit jederseits 1–5 Seitenabschnitten

Stängelblätter umfassen den Stängel

Blätter dunkelgrün, glänzend

> **Blätter auch im Winter grün**
> **heißt auch „Echte Winterkresse"**
> **schmeckt säuerlich-herb, etwas kresseartig**

Blüte 4–9 mm groß

4 verkehrt eiförmige Kronblätter

4 hellgrüne, kahle Kelchblätter

Färber-Waid

Isatis tinctoria (Kreuzblütengewächse)
H 40–120 cm Mai–Juli zweijährig–Staude (☙)

Vorkommen *Unkraut-
bestände an Wegen,
in Steinbrüchen, auf
Bahngelände und
Ödflächen. Fast ganz
Europa.*

> **wächst oft in Gruppen**
> **stammt ursprünglich
aus Asien**
> **benötigt Wärme und
Licht**

Aus den Blättern haben bereits im Altertum die Römer und Griechen den blauen Farbstoff Indigo gewonnen. Im Mittelalter war
Färber-Waid die wichtigste Färbepflanze. Frische Blätter färben
jedoch nicht. Erst nach Gärung und Zugabe von zersetztem Urin
konnte man ein Färbebad ansetzen, in das man die Textilien
tauchte. Direkt aus dem Bad war das Gewebe grüngelb, an der Luft
wurde es allmählich blau. Daher kommt der Begriff „blaumachen".

Schon gewusst?

*Der Färber-Waid stand ab dem
späten Mittelalter in starker
Konkurrenz zum tropischen Indigostrauch (Indigofera tinctoria). Trotz
amtlicher Verordnungen siegte der
Indigostrauch im 17. Jahrhundert.
1897 gelang die synthetische Herstellung von Indigo.*

4 Kronblätter

Blüte
4–8 mm
groß

4 elliptische
Kelchblätter

204

umfangreicher,
blattloser Blütenstand

Blätter lanzettlich

mit spitzen Zipfeln
stängelumfassend

Stängel aufrecht

ganze Pflanze
blaugrün

mit
Flügelrand

Früchte hängend,
bis 25 mm lang

Immergrünes Felsenblümchen

Draba aizoides (Kreuzblütengewächse)

H 3–10 cm April–Aug. Staude

Die sehr langsam wachsende Art kann sich nur an Standorten halten, an denen die Konkurrenz durch andere Blütenpflanzen gering ist. Lediglich eine Gemeinschaft mit bestimmten Fels-Moosen ist recht häufig. In günstigen Fällen können die Polster über 10 Jahre alt werden, in Kletterrouten, z. B. an einigen Felsen der Schwäbischen Alb, sind sie jedoch stark bedroht.

kurze, dichte Trauben mit 5–25 Blüten

elliptische, 5–10 mm lange Frucht

immergrüne Blätter in Rosetten

Blattrand bewimpert

Vorkommen *Felsen, steinige Rasen. In Spalten oder im mehr oder weniger kalk-reichem Steinschutt. Gebirge Mittel- und Südeuropas.*

> braucht ausreichend Licht
> im deutschen Jura Relikt der Würmeiszeit
> immergrüne Blattrosette

4 Kronblätter, 4–6 mm lang

4 breit eiförmige Kelch-blätter

Brillenschötchen

Biscutella laevigata (Kreuzblütengewächse)

H 15–30 cm Mai–Juli Staude

Kaum ein Kreuzblütengewächs entwickelt so typische, leicht erkennbare Früchte wie das Brillenschötchen. Die beiden „Brillen-hälften" enthalten je einen Samen. Sie lösen sich bei stärkerem Wind und werden mit ihm weggeweht.

Blüten in lockeren Trauben

Schötchenfrüchte brillenförmig, 7–16 mm breit

Stängel fast ohne Blätter

Vorkommen *Steinige Rasen, Steinschutt, Felsspalten, Felsab-sätze, Quellmoore. Meist auf Kalkböden bis auf über 2500 m. Mittel- und Südeuropa.*

> überragt oft die umge-benden Pflanzen
> fällt besonders durch die Früchte auf
> benötigt viel Licht

4 hellgelbe, 4–7 mm lange Kronblätter

vorn abgerundet oder eingebuchtet

Acker-Senf

Sinapis arvensis (Kreuzblütengewächse)

H 30–60 cm   Juni–Okt.   einjährig

Vorkommen *Unkraut-bestände auf Äckern, Brachflächen, Schutt-plätzen, Ödflächen, an Wegen, Straßen-böschungen. Fast ganz Europa.*

> **wächst oft in Gruppen**
> **beim Zerreiben typischer Senfgeruch**
> **Samen bleiben lange keimfähig**

Die stechend riechenden, scharf schmeckenden Senföle schützen verwundete Pflanzen vor Pilzbefall und Pflanzenfressern. Die Raupen von Kohlweißlingen bevorzugen jedoch gerade Pflanzen mit diesen Stoffen. Die Senföle sind auch in den erwachsenen Faltern noch nachweisbar und schützen nun diese vor Fraßfeinden. Acker-Senf war schon in der Bronzezeit ein häufiges Unkraut, wie Funde in Pfahlbausiedlungen beweisen.

Blüte 1–2 cm groß

4 Kronblätter

4 grüne, schmale Kelchblätter

206

endständige Blütentrauben

kahle Schotenfrüchte, reif 2,5–4 cm lang, 2–3 mm dick

Rand unregel-mäßig buchtig gezähnt

Blätter gestielt

Schon gewusst?

Der ähnliche Weiße Senf (Sinapis alba) ist eine Kulturpflanze aus dem östlichen Mittelmeerraum. Er wird heute häufig als Gründüngung, Gewürz, Öl- oder Futterpflanze auf Feldern kultiviert. Seine Schotenfrüchte sind ab-stehend steifhaarig, vorn abgeflacht.

Goldlack

Erysimum cheiri (Kreuzblütengewächse)
H 20–50 cm   April–Juni   zweijährig–Halbstrauch   ☠

Goldlack zierte bereits antike Gärten. Damals und bis weit ins Mittelalter zählte man die Pflanze wegen des Duftes zu den Veilchen, die Form der Blüten spielte bei dieser botanisch falschen Zuordnung keine Rolle. Seit Ende des 16. Jahrhunderts kennt man Zierformen mit gefüllten Blüten, später kamen auch andere Blütenfarben hinzu. Die Pflanze enthält herzwirksame Stoffe.

Vorkommen Felsige, warme Standorte, Mauern, steinige Rasen. Wild ursprünglich im östlichen Mittelmeerraum.

> › **erträgt auch Trockenheit**
> › **als Zierpflanze weit verbreitet**
> › **Blüten duften angenehm und stark**

ziemlich dichte
Blütentrauben

Blüten 1,2–2,2 cm groß

3–7 cm lange
Schotenfrucht

Blätter länglich
bis lanzettlich

ganzrandig

Blüten in verschiedenen
Gelb- oder Orangetönen

Kronblätter rundlich oder
verkehrt–eiförmig

Rosenwurz

Rhodiola rosea (Dickblattgewächse)
H 10–30 cm   Juni–Aug.   Staude

Bereits die Wikinger sollen mit der „Goldenen Wurzel" ihre Kräfte und Ausdauer gestärkt haben. In Russland und Skandinavien verwendet man die Pflanze schon viele Jahrhunderte. Bei uns ist sie erst in den letzten Jahren als Heilpflanze bekannt geworden, die die natürliche Widerstandskraft und geistige Leistungsfähigkeit erhöht.

Vorkommen Felsspalten, steinige Bergrasen. Auf kargen Silikatböden. Nordeuropa, Gebirge in Mittel- und Südeuropa.

> › **getrocknete Wurzeln duften beim Zerreiben nach Rosen**
> › **Blüten gelegentlich auch rötlich**
> › **männliche und weibliche Pflanzen**

Blätter fleischig,
blaugrün

Rand glatt oder
entfernt gezähnt

Blätter spiralig um
den Stängel

Blütenstand sehr
dicht, doldenartig

Blüte 4–6 mm groß

meist 4 kurze
Kelchblätter

meist 4 Kronblätter

Wechselblättriges Milzkraut

Chrysosplenium alternifolium (Steinbrechgewächse)
H 15–20 cm   März–Mai   Staude

Vorkommen *Auen- und Schluchtwälder, Bachufer. Auf nassen, kalkreichen Böden. Besonders Nord- und Mitteleuropa bis auf 2500 m.*

> braucht luftfeuchte Standorte
> wächst meist in Gruppen
> trägt seinen Namen nach der Form der Blätter

Die Fruchtkapseln öffnen sich zu flachen Schalen, aus denen die Samen von hineinfallenden Regentropfen hinausgeschleudert werden. Das Regenwasser schwemmt im günstigen Fall die Samen auch noch weiter weg. Aus der milzähnlichen Form der Blätter schloss man im Mittelalter, dass die Pflanze gegen Milzkrankheiten hilft. Das Milzkraut enthält jedoch keine Stoffe, die hierbei wirksam sind.

Blüte 3–5 mm groß

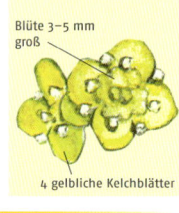

4 gelbliche Kelchblätter

208

Schon gewusst?

Das zartere Gegenblättrige Milzkraut ist gegenständig beblättert. Es besiedelt ähnliche Standorte, jedoch meist in kühleren Gegenden. Durch die nur schwach gelblichen Hochblätter sind die Pflanzen recht unscheinbar.

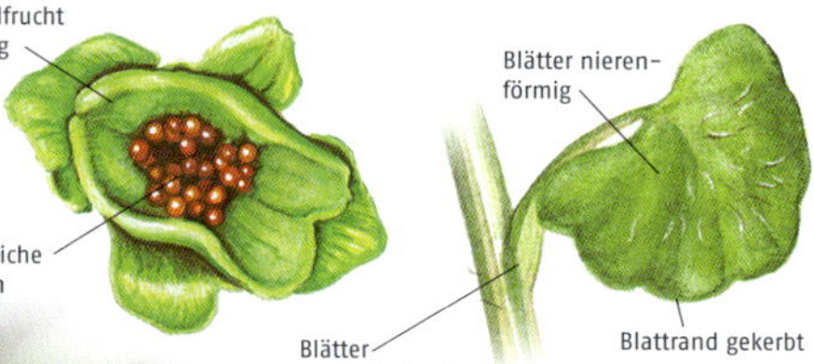

offene Kapselfrucht schalenförmig

zahlreiche Samen

Blätter nierenförmig

Blätter wechselständig

Blattrand gekerbt

8–20 Blüten

um die Blüten mehrere gelbgrüne bis goldgelbe Blätter

Gewöhnlicher Frauenmantel

Alchemilla vulgaris (Rosengewächse)
H 3–30 cm   Mai–Sept.   Staude

An den Rändern der Blätter sitzen kleine Spalten, die aktiv Wasser abgeben können. Dieses Wasser sowie Regentropfen zerfließen nicht auf der wasserabstoßenden Blattoberfläche, sondern bleiben als silberglänzende Tropfen liegen. Dies führte dazu, dass die Alchemisten des Mittelalters den Frauenmantel für ein Wunderkraut zur Goldmacherei hielten.

Vorkommen *Wiesen, Weiden, Gebüsche, Waldwege, Gräben. Auf nährstoffreichem Boden. Fast ganz Europa von der Ebene bis ins Gebirge.*

Blätter kreis- bis nierenförmig

oft Tröpfchen am Rand

mit halbkreisförmigen bis 3-eckigen Lappen

reichblütige, knäuelige Blütenstände

Blätter matt, behaart

> *sehr vielgestaltige Art*
> *Blätter auffälliger als die Blüten*
> *in Gärten oft der stärker behaarte Weiche Frauenmantel*

Blüte 4–6 mm groß

4 äußere und 4 innere Kelchblätter

Verwachsener Frauenmantel

Alchemilla conjuncta (Rosengewächse)
H 5–30 cm   Juni–Aug.   Staude

Alle Frauenmantel-Arten gelten in der Volksheilkunde als wichtiges Mittel bei Frauenleiden. Hierzu haben wohl nicht nur die Inhaltsstoffe, sondern auch die Form der Blätter beigetragen. Sie erinnern etwas an den großen, faltigen Mantel, mit dem die heilige Maria früher auf vielen Heiligenbildern dargestellt wurde.

Vorkommen *Magere Bergrasen, Weiden, Felsen, Felsschutt, meist auf Kalkgestein. Gebirge Mittel- und Nordeuropas.*

Blatt gefingert mit 7–9 Blättchen

Oberseite dunkelgrün

Rand und Unterseite anliegend silbrig behaart

> *heißt wegen der Behaarung auch „Silbermantel"*
> *auf Silikatböden wächst der ähnliche Alpen-Silbermantel*

innere Kelchblätter gelbgrün

Blüte 3–4 mm groß

äußere Kelchblätter klein oder fehlend

knäueliger Blütenstand

Blutwurz
Potentilla erecta (Rosengewächse)
H 10–30 cm   Mai–Aug.   Staude

Vorkommen *Mager-
rasen, Heiden, Flach-
moore, sonnige Ab-
hänge, Böschungen,
lichte Wälder, Wald-
wege. Ganz Europa.*

> *heißt auch „Tormentill"*
> *einziges Fingerkraut mit
>   4 Blütenblättern*
> *auf nährstoffarmen
>   Böden*

Schneidet man den Wurzelstock der Blutwurz an, färbt er sich
nach kurzer Zeit rot, so als ob er bluten würde. Verantwortlich
hierfür sind Gerbstoffe, die die Pflanze auch zu einer wirksamen
Arzneipflanze machen. Mit ihr lassen sich nicht nur Blutungen
stillen, im Mittelalter hielt man sie sogar – vergeblich allerdings –
für wirksam gegen die Pest. Noch heute setzt man Tee oder eine
Tinktur bei Durchfall sowie gegen Entzündungen in Mund und
Rachen ein. Beliebt ist auch Blutwurzschnaps zur Anregung der
Verdauung.

Blüten um
1 cm groß

4 vorn schwach einge-
buchtete Kronblätter

Kelch grün

210

Schnittfläche färbt
sich blutrot

Blätter
dunkelgrün,
glänzend

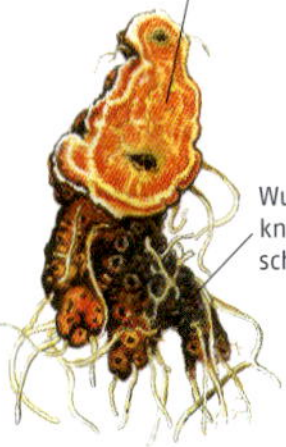

Wurzelstock
knollig bis walzig,
schwarzbraun

Blatt meist
3-zählig

2 große
Neben-
blätter

sitzend oder kurz
gestielt

Schon gewusst?
*Der wissenschaft-
liche Name Potentilla
bedeutet Kraft und
bezieht sich auf die
Heilkraft dieser und
einiger anderer Finger-
kraut-Arten.*

Gewöhnliche Nachtkerze

Oenothera biennis (Nachtkerzengewächse)
H 50–200 cm   Juni–Aug.   zweijährig

Die Blüten öffnen sich in der Abenddämmerung und duften dabei stark. Die letzte Phase der Blütenentfaltung, während der der Kelch zurückklappt und sich die anfangs zerknitterten Kronblätter ausbreiten, dauert nur etwa 3 Minuten. Sie läuft damit so rasch ab, dass man die Bewegung gut mit bloßem Auge beobachten kann und immer wieder ein leises Rascheln hört. Am nächsten Tag verwelken die Blüten, an heißen Tagen bereits morgens, sonst nachmittags.

Vorkommen *Unkrautbestände auf Ödflächen, Schuttplätzen, Eisenbahnanlagen, Böschungen. Auf eher trockenen Böden. Fast ganz Europa.*

> *jeder Blütenstand blüht über eine lange Zeit*
> *stammt ursprünglich aus Nordamerika*
> *schön für Wildpflanzengärten*

Schon gewusst?

Die „Schinkenwurzeln" sind im ersten Jahr fleischig. So geerntet, waren sie früher ein beliebtes Gemüse, das neuerdings wieder etwas in Mode kommt. Man kocht sie wie Schwarzwurzeln und mischt sie, da sie etwas bitter schmecken, unter andere Gemüse.

4-teilige Narbe

häutige Kelchblätter, fallen bald ab

4 verkehrt-eiförmige Kronblätter

211

dichter Blütenstand, verlängert sich stark während der Blütezeit

Blüten in den Achseln von Blättern

Blätter im ersten Jahr in einer Rosette

länglich-eiförmig, spitz

rötliche Pfahlwurzel

Krone 2–5 cm lang

Kapselfrüchte, oft über den Winter vorhanden

Zypressen-Wolfsmilch

Euphorbia cyparissias (Wolfsmilchgewächse)

H 15–30 cm   April–Aug.   Staude

Vorkommen *Magere Weiden und Rasen über Kalkgestein, Wege, Wegraine, Böschungen, Ödflächen. Ganz Europa.*

> **Pflanze mit weißem Milchsaft**
> **wächst meist in Gruppen**
> **auf eher trockenen Böden**

In Gruppen von Zypressen-Wolfsmilch stehen relativ häufig Exemplare, die man für eine andere Art halten könnte. Sie sind gelbgrün, wachsen schlank und unverzweigt in die Länge, blühen nicht und tragen auf den Unterseiten der Blätter orangefarbene Pusteln (s. Detail). Es sind Pflanzen der Zypressen-Wolfsmilch, die von einem Pilz befallen sind, dem Erbsenrost. Dieser ist in der Lage, die Pflanze so zu beeinflussen, dass sie ihr Aussehen vollständig verändert.

pilzbefallener Stängel mit abweichendem Wuchs

2 rautenförmige bis 3-eckige, grünlich gelbe Blätter

4 halbmondförmige, gelbe Drüsen

endständiger Blütenstand mit 10–20 Ästen

Blütenstängel oft verzweigt

Blätter wechsel-ständig

212

Blatt 1–3 cm lang, 2–3 mm breit

Schon gewusst?

Die auffälligen Raupen des Wolfsmilchschwär-mers sind auf Wolfs-milch-Arten angewie-sen. Bei uns fressen sie fast ausschließlich an der Zypressen-Wolfs-milch.

Warzen-Wolfsmilch

Euphorbia verrucosa (Wolfsmilchgewächse)

H 30–50 cm   Mai–Juni   Staude

Der Name „Wolfsmilch" soll darauf hinweisen, dass die Milch für den Menschen keinerlei Nutzen hat, ja sogar giftig ist. Auf der Haut löst sie Entzündungen aus, innerlich führt sie zu blutigem Durchfall oder sogar zum Tod. In manchen Gegenden heißen Wolfsmilch-Arten auch „Teufelsmilch" oder „Hexenmilch".

Vorkommen Trockene Magerwiesen und Magerweiden, sonnige Böschungen. Mittel- und Südeuropa.

> *weißer Milchsaft*
> *braucht Wärme*
> *wächst meist in größeren Gruppen*

meist 5-strahliger, kompakter Blütenstand

warzige Kapselfrucht

gelbe oder orangefarbene Blätter unter den Blüten

Blätter länglich-oval

Unterseite bläulich grün

4 ovale, gelbe Drüsen

2 breit ovale oder verkehrt eiförmige Blätter

213

Gewöhnliches Kreuzlabkraut

Cruciata laevipes (Rötegewächse)

H 15–50 cm   April–Juni   Staude

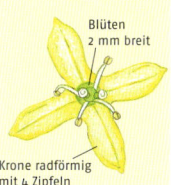

Der Name bezieht sich auf die kreuzartige Blattanordnung, an der die Pflanze auch dann leicht zu erkennen ist, wenn sie nicht blüht. Gelegentlich wird die Art als dekorative Gartenstaude angeboten. Früher galt sie als Heilpflanze gegen Rheuma, diese Verwendung ist heute jedoch auch in der Volksheilkunde nicht mehr üblich.

Vorkommen Unkrautbestände an Hecken, Waldrändern, Zäunen, Gräben, in Auenwäldern. In der Sonne oder im Halbschatten. Fast ganz Europa.

> *Blüten duften nach Honig*
> *wächst meist in Gruppen*
> *einfach im Garten zu kultivieren*

Pflanze gelblich grün

Blütenstände in den Blattachseln

abstehend behaart

oval bis breit-lanzettlich

je 4 Blätter in Quirlen

Blüten 2 mm breit

Krone radförmig mit 4 Zipfeln

Echtes Labkraut

Galium verum (Rötegewächse)
H 30–60 cm   Juni–Sept.   Staude

Vorkommen *Magere Wiesen und Weiden, Böschungen, Wegraine, Gebüschränder, Moorwiesen. Ganz Europa von der Ebene bis ins Gebirge.*

> **Blüten duften honigartig**
> **benötigt Wärme**
> **blüht meist sehr reichlich**

Blüte 2–4 mm breit

goldgelbe Krone mit 4 Zipfeln

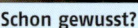

Das Echte Labkraut ist an seine meist recht trockenen Standorte gut angepasst: Die durch die eingerollten Blattränder fast nadelartig erscheinenden Blätter verdunsten nur wenig Wasser. Das „Unser lieben Frau Bettstroh" genannte Kraut lag der christlichen Legende nach in der Jesuskrippe. Schon die alten Germanen legten wohl Bündel davon ins Wöchnerinnenbett. Auch als „Stroh" in den Schuhen sollte es die Geburt erleichtern und Verzauberung abhalten.

mittlere Blätter zu 8–12 in Quirlen

Rand eingerollt

lineal, nadelartig, höchstens 2 mm breit

dichte, endständige Blütenrispen

Schon gewusst?
Bei der Käseherstellung hat das Echte Labkraut denselben Effekt wie Lab aus dem Kälbermagen: Beide bringen die Milch zum Gerinnen (Griechisch gala = Milch). Im Altertum goß man deshalb die Milch durch aus Labkraut geflochtene Siebe.

Wein-Raute

Ruta graveolens (Rautengewächse)
H 30–50 cm   Juni–Aug.   Strauch

Kapselfrucht
durch Öldrüsen
punktiert

Früher gab man Wein-Raute zu Wein, um dessen Aroma zu verfeinern. Sie war auch Bestandteil von Riechsträußchen, die man mit sich trug, um unangenehme Gerüche zu vertreiben oder sich vor Ansteckung mit Krankheiten wie etwa der Pest zu schützen. Das ätherische Öl wurde zu Abtreibungen missbraucht, die nicht selten tödlich ausgingen. Äußerlich kann die Pflanze bei Hautkontakt und gleichzeitiger Sonneneinstrahlung verbrennungsähnliche Hautentzündungen auslösen.

Vorkommen *Schuttplätze, Felsen, Mauern, Weinberge, Gebüsche, oft in Gärten gepflanzt. Südeuropa, in Mitteleuropa selten verwildert.*

> **braucht trockene, warme Standorte**
> **duftet herb-aromatisch**
> **als Gewürz höchst sparsam verwenden!**

Schon gewusst?

Wein-Raute, Diptam (S. 73) sowie Fenchel (S. 232) und weitere Doldengewächse mit duftenden Inhaltsstoffen gehören zu den Futterpflanzen der Raupen des Schwalbenschwanzes.

Blüte
1,2–1,8 cm
groß

Kronblätter grünlich gelb,
löffelartig, fein gezähnt

215

stark verzweigter endständiger Blütenstand

oft Blüten und
Früchte gleichzeitig

wechselständig

Blätter blaugrün,
dicklich

gefiedert mit
fiederteiligen
Abschnitten

Pflanze kahl

Gelbe Teichrose

Nuphar lutea (Seerosengewächse)
H 50–250 cm   Juni–Aug.   Staude   🐝

In vielen Gegenden heißt die Gelbe Teichrose auch „Mummel". Dieser Name leitet sich von „Muhme" ab, weiblichen Wassergeistern, die dem Volksglauben nach die Pflanze beschützen. So heißt es, dass man die auf dem Wasser schwimmenden Blüten nicht pflücken dürfe, da sonst die Muhmen den Störenfried ins Wasser ziehen.

Vorkommen Stehende und langsam fließende Gewässer mit bis 6 m Tiefe. Fast ganz Europa von der Ebene bis in mittlere Gebirgslagen.

> Blüten ragen etwas über die Wasseroberfläche
> Früchte reifen unter Wasser
> wurzelt im Gewässergrund

Blüten 3–5 cm groß

zahlreiche Staubblätter

Blüten einzeln

breit ovale, 10–30 cm lange Blätter schwimmen auf der Wasseroberfläche

216

Gelbes Windröschen

Anemone ranunculoides (Hahnenfußgewächse)
H 10–20 cm   April–Mai   Staude   🐝

Der Saft der frischen Pflanze reizt Haut und Schleimhäute. Getrocknete Pflanzen verlieren diese Wirkung. Der Wurzelstock speichert reichlich Nährstoffe, so dass sich die Pflanze im Frühjahr rasch entwickeln kann. Sie kommt schon zur Blüte, bevor das Laub der Bäume austreibt und sie beschattet.

Vorkommen Feuchte Laub- und Auenwälder, Hecken. Wächst oft in größeren Gruppen. Fast ganz Europa.

> braucht nährstoffreiche Böden
> Blüten meist zu zweit
> ähnelt stark dem Busch-Windröschen (S. 130)

Blüte 1,8–2,5 cm groß

zahlreiche Staubblätter

meist 2 Blüten auf 1 Stängel

Quirl mit 3 Blättern

Blätter bis zum Grund 3-teilig

Sumpfdotterblume

Caltha palustris (Hahnenfußgewächse)
H 15–30 cm   April–Juni   Staude   ⚘

Manchmal steht der Sumpfdotter-
blume das Wasser buchstäblich bis
zum Hals. Sie erträgt dies jedoch ganz
gut, da in ihren hohlen Stängeln Luft
verbleibt. Wenn sich die Blüten mit
Regenwasser füllen, bringt dies der
Pflanze sogar noch einen Vorteil: Blütenstaub kann zu den Narben schwimmen
und so selbst dann die Bestäubung sichern,
wenn keine Insekten unterwegs sind.

Blätter rundlich

Basis herz– oder
nierenförmig

Früchtchen öffnen sich sternförmig

Schon gewusst?

*Die Blütenblätter ent-
halten einen mit dem
Möhrenfarbstoff ver-
wandten Stoff. Früher
verwendete man sie,
um Butter eine schöne
gelbe Farbe zu geben.
Sie gehört deshalb
neben Hahnenfuß-Ar-
ten zu den Pflanzen,
die „Butterblume" ge-
nannt werden.*

Vorkommen *Sumpf-
wiesen, Quellen, an
Bächen und Gräben, in
Auenwäldern. Auf nas-
sen, nährstoffreichen
Böden. Ganz Europa.*

> **verschwindet nach Ent-
> wässerungsmaßnahmen**
> **kann später im Jahr ein
> zweites Mal blühen**
> **Stängel lassen sich
> zusammendrücken**

Blüten 2–4 cm groß

zahlreiche
Staubblätter

✾ **217**

Pflanze kahl

Blätter glänzend

mehrere fettartig
glänzende Blüten

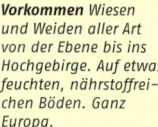

Scharfer Hahnenfuß

Ranunculus acris (Hahnenfußgewächse)
H 30–100 cm   Mai–Sept.   Staude ☠

Vorkommen *Wiesen und Weiden aller Art von der Ebene bis ins Hochgebirge. Auf etwas feuchten, nährstoffreichen Böden. Ganz Europa.*

> **unser häufigster Hahnenfuß**
> **wächst oft in großen Mengen auf den Wiesen**
> **kann Hautrötungen und Blasen hervorrufen**

Blüte 2–3 cm groß, goldgelb

zahlreiche Staubblätter

Weidevieh meidet die scharf schmeckende, in frischem Zustand giftige Pflanze. Getrocknet ist sie jedoch auch in großen Mengen unschädlich. Dies ist einer der Gründe, warum Flächen mit Massenbeständen meist nicht als Weiden, sondern eher als Wiesen zur Heugewinnung genutzt werden. In den betroffenen Gegenden halten die Bauern das Vieh häufig in den Ställen.

stark verzweigte, lockere Blütenstände

Stängel aufrecht

Blätter 5–7-spaltig

untere Blätter gestielt

Gift-Hahnenfuß

Ranunculus sceleratus (Hahnenfußgewächse)
H 20–60 cm   Juni–Okt.   einjährig ☠

Vorkommen *Teichränder, Sümpfe, z. T. im Wasser stehend, in abgelassenen Seen und Gräben. Ganz Europa.*

> **bildet oft größere Gruppen**
> **zeigt Nährstoffreichtum an**
> **braucht schlammigen Boden**

Blüten hellgelb, 0,5–1 cm groß

Der Gift-Hahnenfuß ist die giftigste heimische Hahnenfuß-Art. Äußerlich reizt er Haut- und Schleimhäute, innerlich führt er zu Betäubung, Schwindel und Ohnmacht oder auch zum Tod. Bettler haben früher ihre Haut mit dem Saft der Pflanze eingerieben, um mit den starken Entzündungen Mitleid zu erregen.

obere Blätter sitzend

Stängel mit vielen Blüten

Blätter dicklich

untere Blätter lang gestielt, oft schwimmend

Früchtchen bilden ein zylindrisches bis eiförmiges Köpfchen

Gold-Hahnenfuß

Ranunculus auricomus (Hahnenfußgewächse)
H 15–45 cm   April–Mai   Staude

Der Gold-Hahnenfuß bildet auch
ohne Befruchtung Samen aus. So stehen oft Gruppen erbgleicher Pflanzen (Klone) beieinander. Die Früchtchen werden von Ameisen verbreitet.
Während der Entwicklungszeit im
Frühjahr ist die Art sehr lichtbedürftig,
so dass sie sich in Nadelholzkulturen
nicht entwickeln kann.

Stängelblätter mit
schmalen Abschnitten

untere Blätter im
Umriss rundlich,
3–5-teilig

Stängel aufrecht

Blütenblätter oft unvoll-
ständig entwickelt

Kelchblätter liegen
den Blütenblättern an

Vorkommen *Laub-*
mischwälder mit krau-
tigem Unterwuchs, Au-
enwälder, Wiesen. Fast
ganz Europa.

> **sehr variable Art**
> **Blüten sehen oft zerrupft**
>   **aus**
> **auf Wiesen nur, wenn**
>   **dort früher Wald war**

Blüte 1–2,5 cm groß

Blütenblätter gold-
gelb, glänzend

219

Europäischer Portulak

Portulaca oleracea (Portulakgewächse)
H 10–30 cm   Juni–Sept.   einjährig

Portulak ist frostempfindlich und benötigt für
eine optimale Keimung Temperaturen über 25°C.
Neben der Wildform gibt es eine kultivierte, in
allen Teilen etwas größere Unterart. Von dieser
können bereits 3–4 Wochen nach der Aussaat beblätterte Spitzen für Salat und Suppengemüse geerntet werden. Sie sind vitaminreich und schmecken säuerlich-erfrischend.

Kapselfrucht
öffnet sich mit
einem Deckel

Blätter 10–30 mm lang, fleischig

Blüten unscheinbar

Blätter an den Stängel-
enden gehäuft

Vorkommen *Unkraut-*
bestände in Gärten,
Weinbergen, Pflaster-
fugen, an Wegrändern,
auf Äckern. Süd- und
Mitteleuropa.

> **Blüten nur einen Vormit-**
>   **tag lang geöffnet**
> **durch die Römer nach**
>   **Mitteleuropa verschleppt**
> **braucht warme Standorte**

Blüte etwa 8 mm groß

goldgelbe Kronblätter

Tüpfel-Johanniskraut

Hypericum perforatum (Johanniskrautgewächse)
H 30–60 cm   Juli–Aug.   Staude

Vorkommen *Magere Weiden, Rasen, Heiden, Ödflächen, Gebüsch- und Waldränder, Böschungen, Bahnschotter, Schuttplätze. Ganz Europa.*

> **Blüten geben beim Quetschen roten Saft ab**
> **heißt auch „Hartheu"**
> **Blühbeginn um Johanni (24. Juni)**

Nach einem alten Aberglauben sind die durchscheinenden Punkte auf den Blättern das Werk des Teufels: Dieser habe aus Wut gegen die Kraft der Pflanze die Blätter mit einer Nadel durchstochen. Die Heilkundigen des Mittelalters verwendeten die Pflanze wegen des roten Safts gegen Blutkrankheiten und wegen der Punkte auf den Blättern zur Behandlung aller Wunden „seien sie gehauen oder gestochen". Heute schätzt man insbesondere die stimmungsaufhellende Wirkung der Pflanze.

50–100 Staubblätter

Blätter ohne Stiel, 1–2 cm lang

Spreite dicht und fein durchscheinend punktiert

unsymmetrisch, eine Seite gezähnt

Kronblätter bis 13 mm lang

reich verzweigt mit vielen Blüten

220

sehr harte, starre Stängel

Blätter gegenständig

Schon gewusst?

Johanniskraut galt als eines der besten Kräuter gegen alles Böse und Dämonische. In den Hexenprozessen des Mittelalters mussten die „Hexen" deshalb mancherorts seinen Saft trinken. Man meinte, dann würden sie unter der Folter die Wahrheit sagen.

Gewöhnliches Sonnenröschen

Helianthemum nummularium (Zistrosengewächse)

H 10–20 cm   Juni–Okt.   Strauch

Die Blüten öffnen sich nur bei Sonnenschein während eines Vormittags. Nachmittags schließen sie sich wieder und die Blütenblätter fallen ab. Da jedoch über einen langen Zeitraum immer wieder neue Blüten entstehen, eignen sich die Pflanzen auch für Steingärten. Gärtnereien bieten hierzu Züchtungen mit Blütenfarben von weiß bis leuchtend rot an.

offene Blüten aufrecht

Knospen hängend

Blüten in Trauben

Stängel niederliegend oder aufsteigend

oval oder länglich bis lineal

bis 4 cm lang, ledrig

Blätter gegenständig

Vorkommen Sonnige Halbtrocken- und Trockenrasen, Böschungen, Raine, trockene Kiefernwälder. Auf kalkreichen Böden. Fast ganz Europa.

> **typisch durch die zerknitterten Blütenblätter**
> **Staubblätter bewegen sich nach Berühren auswärts**
> **Blätter im Winter grün**

Kronblätter 8–18 mm lang, goldgelb

zahlreiche Staubblätter

zerknittert

221

Spritzgurke

Ecballium elaterium (Kürbisgewächse)

H 20–100 cm   April–Sept.   Staude

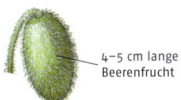

4–5 cm lange Beerenfrucht

Der Druck, der sich in einer reifen Frucht aufbaut, beträgt etwa 6 bar, also wesentlich mehr als in einem Autoreifen. Die kleinste Berührung genügt dann, den Schussapparat auszulösen: Die Frucht löst sich vom Stiel. Aus der entstandenen Öffnung schießen die Samen und Schleim der Spritzgurke bis über 12 m weit. Sie erreichen dabei Geschwindigkeiten von etwa 10 m/sek.

Umriss 3-eckig

Blätter fleischig, um 10 cm breit

Pflanze rauhaarig

Fruchtstiel hakenförmig gebogen

Vorkommen Brachflächen, Wegränder, Schuttplätze. An nährstoffreichen, sonnigen Standorten. Mittelmeerraum.

> **stark bittere Explosionsfrüchte**
> **interessant, aber kein Spielzeug**
> **stark reizend, tödlich giftig**

Blüte um 2 cm lang, gelblich

Krone verwachsen mit 5 Zipfeln

Pfennigkraut

Lysimachia nummularia (Primelgewächse)
H 10–50 cm   Mai–Juli   Staude

Vorkommen *Feuchte Wiesen und Weiden, Gärten, Ufer, Gräben, Auenwälder, Wegränder. Auf nährstoffreichen Böden. Fast ganz Europa.*

> **Blätter auch im Winter grün**
> **eignet sich als Bodendecker in Gärten**
> **braucht Feuchtigkeit**

Die Pflanze lässt sich sogar untergetaucht im Aquarium kultivieren. Im Mittelalter empfahl man sie gegen vielerlei Gebrechen und nannte sie deshalb auch „Centimorbia". Der deutsche Name sowie die Artbezeichnung *nummularia* (= Münze) beziehen sich auf die in ihrer Form an Münzen erinnernden Blätter.

bis 3 cm groß, im Umriss rundlich

Blätter gegenständig

Blüte 1–2,5 cm groß

Krone goldgelb, fast bis zum Grund 5-zipfelig

Blüten in den Blattachseln

Stängel kriechend

Punktierter Gilbweiderich

Lysimachia punctata (Primelgewächse)
H 50–100 cm   Juni–Aug.   Staude

Vorkommen *Wegränder, Ufer, Gebüsche, Ödflächen. Auf feuchten, nährstoff- und basenreichen Böden. Mittel- und Südosteuropa.*

> **häufig auch als Zierpflanze in Gärten**
> **der ähnliche Gewöhnliche Gilbweiderich bildet eine endständige Blütenrispe**

Der Punktierte Gilbweiderich gehört zu den Ölblumen, einem Blumentyp, der nicht sehr häufig ist. Die Blüten locken ihre Bestäuber mit fetten Ölen, die von den Drüsenhaaren abgegeben werden. Bestimmte Wildbienen tupfen das Öl mit den Saugpolstern an ihren Beinen ab, transportieren es gemischt mit Blütenstaub ins Nest und verwenden es als Larvennahrung.

Stängel aufrecht

Staubfäden drüsig behaart

Krone 2–3 cm groß, goldgelb

Blüten in den Blattachseln

Blätter in Quirlen zu 3–6

5 eiförmige Zipfel

Hohe Schlüsselblume

Primula elatior (Primelgewächse)
H 10–30 cm März–Mai Staude

Bei den Schlüsselblumen gibt es Pflanzen, deren Blüten lange Griffel und tief in der Blütenröhre sitzende Staubblätter haben. Andere Exemplare haben kurze Griffel und hoch sitzende Staubblätter. Beide Formen sind etwa gleich häufig und treten meist gemeinsam am gleichen Standort auf. Am meisten Samen entstehen dann, wenn der Blütenstaub auf die jeweils andere Blütenform gelangt.

runzelig

Blatt bis 25 cm lang

Vorkommen *Wälder mit krautigem Unterwuchs, Schluchtwälder, Bergwiesen. Auf feuchten Böden. Mittel- und Südeuropa.*

> wächst und blüht auch an schattigen Standorten
> heißt auch „Wald-Primel"
> Blüten duften schwach

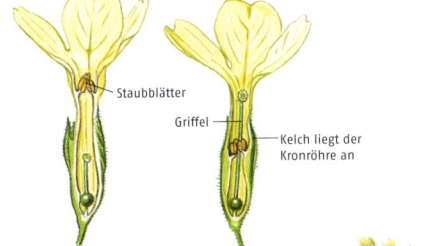

Staubblätter

Griffel

Kelch liegt der Kronröhre an

Krone 1,2–2 cm im Durchmesser, hellgelb

Kelch kantig

223

Blüten in einseitswendigen Dolden

Blätter bilden eine Rosette

Stängel ohne Blätter

Schon gewusst?

Die ähnliche Stängel-lose Schlüsselblume gehört in bunten Zuchtformen, oft auch mit entwickeltem Stängel, sowie in Kreuzungen mit anderen Arten zu den beliebtesten Frühjahrspflanzen für Garten und Balkon.

Gewöhnliche Wiesen-Schlüsselblume

Primula veris (Primelgewächse)
H 10–30 cm   April–Juni   Staude

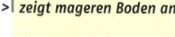

Vorkommen *Magere Rasen über Kalkgestein, niedrige Wiesen, Waldränder, Raine, lichte Wälder. An hellen Standorten. Mittel- und Südeuropa.*

> **gefährdet, auch durch Pflücken**
> **Blüten duften stark**
> **zeigt mageren Boden an**

Krone vorn trichterförmig, goldgelb

Kelch kantig, liegt der Kronröhre nicht an

„Schlüsselblume" weist auf die Ähnlichkeit der Blütendolde mit einem Schlüsselbund hin. Nach der Legende ließ der heilige Petrus, der Hüter der himmlischen Pforte, seine Schlüssel auf die Erde fallen. An dieser Stelle wuchsen sodann die „Himmelsschlüssel". Die Blüten wirken schleimlösend bei Husten und werden noch heute in der Pflanzenheilkunde verwendet.

meist einseitswendige Dolde

Blätter bilden eine Rosette

Blatt bis 12 cm lang, runzelig

224

Alpen-Aurikel

Primula auricula (Primelgewächse)
H 5–25 cm   April–Juni   Staude

Vorkommen *Steinige Gebirgsrasen, Felsgrate, Felsspalten, Flachmoore. Gebirge in Mittel- und Südeuropa in Höhen von 1500 bis über 3000 m.*

> **Blüten duften**
> **braucht Feuchtigkeit im Boden**
> **Blätter immergrün**

Blüte 1,2–2 cm im Durchmesser

Kelch kurz

Krone leuchtend gelb

Die Alpen-Aurikel wächst oft in „schwindelnder" Höhe und gab damit Anlass zu dem Aberglauben, sie würde Gämsen und ihre Jäger schwindelfrei machen. Garten-Aurikeln entstanden aus Kreuzungen der Alpen-Aurikel und der in den Alpen und Pyrenäen beheimateten, purpurrot blühenden Behaarten Primel.

Blätter bilden eine Rosette

Oberfläche meist mehlig bestäubt

Blatt fleischig

Rand knorpelig

einseitswendige Dolde

Scharfer Mauerpfeffer

Sedum acre (Dickblattgewächse)

H 3–15 cm Juni–Aug. Staude ☠

Blätter an nicht blühenden Trieben in dichten Längsreihen

dick fleischig, stumpf

Die frische Pflanze schmeckt brennend scharf, pfefferartig. Beim Trocknen verliert sich dieser Geschmack. Als Gewürz ist sie nicht geeignet, da die Inhaltsstoffe die Schleimhäute reizen und Erbrechen und Durchfall auslösen können. In der Volksheilkunde behandelte man früher Warzen und Wunden mit dem Pflanzensaft.

Blätter 3–6 mm lang, halb eiförmig

Vorkommen *Pionierpflanze auf warmen, trockenen, sonnigen Felsen, Mauern, Bahnschotter, Kiesdächern, in Pflasterfugen, Kiesgruben. Ganz Europa.*

> speichert Wasser
> kann in der Pflanzenpresse weiterwachsen
> braucht viel Sonne

bildet lockere Rasen

Blüten in Trauben

Blüte 5–9 mm groß, leuchtend gelb

Kronblätter lanzettlich, spitz

Fetthennen-Steinbrech

Saxifraga aizoides (Steinbrechgewächse)

H 5–20 cm Juni–Okt. Staude

nicht alle Stängel blühen

Allein über 85 Fliegenarten locken die Blüten dieser Steinbrech-Art an. Außerdem auch Hummeln, Wespen, Bienen, Schmetterlinge und Käfer. Die oft ausgedehnten Rasen der Pflanze stellen im Gebirge somit eine wichtige Nahrungsquelle für Insekten dar.

Vorkommen *Überrieselte Felsen und Schutt, Kiesbänke, feuchte Hänge. In Höhen von 600 bis über 3000 m. Nordeuropa, Alpen, Pyrenäen.*

> kann flächig wachsen
> Blätter immergrün
> blüht seltener auch orange oder dunkelrot

Blüten in endständigen Blütenständen

wächst rasenartig

Rand mit Haaren

Blatt fleischig, 1–2,5 cm lang

Blüte 7–15 mm groß

Kelchblätter zwischen den Kronblättern sichtbar

Kronblätter vorn abgerundet

Kleiner Odermennig

Agrimonia eupatoria (Rosengewächse)
H 30–100 cm   Juni–Sept.   Staude

Vorkommen *Hecken, Böschungen, Magerrasen. Bevorzugt sonnige Standorte. Von der Ebene bis in mittlere Gebirgslagen. Fast ganz Europa.*

> **Früchte hängen oft an Strümpfen und Hosen**
> **Stängel sehr zäh**
> **hieß früher auch „Heil aller Welt"**

Die Früchte bleiben mit ihren Haken wie Kletten im Tierfell hängen und werden so über weite Strecken verbreitet. Die Pflanze enthält Gerbstoffe und kann deshalb leichte Durchfälle, Entzündungen im Mund- und Rachenraum und leichte Hautentzündungen lindern. „Odermennig" soll eine Eindeutschung des lat. Namens *Agrimonia* sein. Möglicherweise hängt der Name aber auch mit „Ader" zusammen. Früher galt die Pflanze als heilsam gegen die „Goldene Ader", eine alte Bezeichnung für Hämorrhoiden.

behaart

Kronblätter 4–6 mm lang, goldgelb

10–20 Staubblätter

lange, lockere Blütentrauben

Frucht kegelförmig, gefurcht

vorn mit zahlreichen Haken

Stängel aufrecht

Blatt unpaarig gefiedert

5–9 Paar Fiederblätter

Schon gewusst?

Im Mittelalter zählte der Odermennig zu den wichtigsten Wundkräutern. Er gehörte auch zu den Bestandteilen des französischen Kräuterwassers „Eau d'Arquebusade", das gegen Verletzungen durch Arkebusen, langläufige Handfeuerwaffen, eingesetzt wurde.

dazwischen oft weitere, kleine Fiedern

Gewöhnliche Nelkenwurz

Geum urbanum (Rosengewächse)
H 30–120 cm   Mai–Okt.   Staude

Die getrockneten Wurzeln der Gewöhnlichen Nelkenwurz duften nach Gewürznelken. Sie enthalten auch tatsächlich dasselbe ätherische Öl wie das tropische Gewürz, allerdings nur rund ¹/₁₀₀ seiner Menge. Früher verwendete man sie als Gewürznelkenersatz und gegen Zahnfleischentzündungen. Wurzelauszüge eignen sich als Zusatz für Zahnpasta oder Likör.

Vorkommen *Wälder, Zäune, Mauern, Waldwege, Ödflächen. Auch an schattigen Standorten. Fast ganz Europa.*

> **wächst oft im Bereich von Siedlungen**
> **zeigt Nährstoffreichtum an**
> **Früchtchen verhaken sich wie Kletten**

Blüten meist aufrecht, 1–1,8 cm groß

Stängelblätter 3-teilig

mit Haken

Früchtchen zusammengelagert

Kelchblätter von oben sichtbar

zahlreiche Staubblätter

Kronblätter rundlich

227

Gold-Fingerkraut

Potentilla aurea (Rosengewächse)
H 5–20 cm   Juni–Sept.   Staude

Das Gold-Fingerkraut hilft gegen leichten Durchfall und Halsentzündungen. Die Pflanze überwintert unter der Schneedecke mit grünen Blättern und kann noch vor dem Abschmelzen des Schnees neue Blätter entwickeln. So nützt sie im Hochgebirge die kurze schneefreie Zeit optimal aus.

Vorkommen *Steinige, trockene Rasen, magere Weiden, in Höhen von 1300 bis über 3000 m. Gebirge in Mittel- und Südeuropa.*

> **Blätter erinnern an eine Hand mit Fingern**
> **benötigt sauren Boden**
> **lockt vor allem Fliegen als Bestäuber an**

Blüten 1,5–2,5 cm groß

Blätter handförmig mit 5 Teilblättern

Rand mit silbrig glänzenden Haaren

oranger Fleck auf jedem Blütenblatt

zahlreiche Staubblätter

Gewöhnliches Frühlings-Fingerkraut

Potentilla tabernaemontani (Rosengewächse)
H 5–20 cm   März–Juni   Staude

Vorkommen Trockenrasen, felsige Hänge, Felsköpfe, Weinbergmauern, Straßenböschungen. An sonnigen Standorten. Nord- und Mitteleuropa.

> *benötigt Wärme*
> *fällt als Frühblüher besonders auf*
> *hängt auch über Mauerränder*

Bei strahlendem Sonnenschein sind die Blüten weit geöffnet. Sie locken besonders Wildbienen an. Gelegentlich blüht das Frühlings-Fingerkraut im Spätsommer oder Herbst noch ein zweites Mal. Die Samen werden von Ameisen verschleppt und bleiben im Boden über 30 Jahre lang keimfähig.

Teilblättchen 1–3 cm lang

am Rand jederseits mit 2–5 Zähnen

lockere Blütenstände

untere Blätter meist 5-zählig gefingert, behaart

Stängel liegend oder aufsteigend

Blüte 1–2 cm groß

Kronblätter vorn eingebuchtet

zahlreiche Staubblätter

Gänse-Fingerkraut

Potentilla anserina (Rosengewächse)
H 15–80 cm   Mai–Aug.   Staude

Vorkommen Weg- und Straßenränder, Ufer, Äcker, Weiden, in Dörfern und auf Ödflächen. Fast ganz Europa.

> *wird von Gänsen nicht gefressen*
> *ein Fingerkraut ohne fingerförmige Blätter*
> *kann Durchfall lindern*

Früher wuchs die Pflanze häufig auf Gänseweiden in den Dörfern. Manche Menschen glaubten sogar, sie würde aus dem Gänsekot entstehen, dabei profitierte sie lediglich vom Nitratreichtum dieser Standorte. Die weichen Blätter dienten der ärmeren Bevölkerung als billige Einlegesohlen für Holzschuhe.

Blüte 1,5–3 cm groß

Kronblätter länger als der Kelch

teils oberseits, unterseits immer behaart

Stängel kriechend

Blüten meist einzeln

Blätter unpaarig gefiedert

Hornfrüchtiger Sauerklee

Oxalis corniculata (Sauerkleegewächse)

H 10–50 cm   Juni–Sept.   einjährig   Staude

Die reifen Früchte drücken die Samen aus den Kapsel-
spalten und schleudern sie weit weg. Man hat dabei
Flugweiten bis 1,6 m gemessen, eine für die kleine Pflanze erstaunliche Leistung.

meist nur wenige
5–11 mm große Blüten

Frucht 12–25 mm
lang

anliegend
behaart

liegende Ausläufer

Blatt 3-zählig

Pflanze oft rötlich
überlaufen

Ausläufer
bilden Wurzeln

Vorkommen *Gärten,
Wege, Pflasterfugen,
Friedhöfe, Blumen-
töpfe und Pflanzkübel.
Auf nährstoffreichen
Böden. Süd- und
Mitteleuropa.*

> **kommt heute in warmen
> Gegenden weltweit vor**
> **blüht in Blumenkübeln
> im Haus auch im Winter**
> **Früchte erinnern an
> Hörner**

am Grund oft rötlich

5 gleich große
Kronblätter

Nickender Sauerklee

Oxalis pes-caprae (Sauerkleegewächse)

H 20–30 cm   Okt.–Mai   Staude   ☠

Ursprünglich holte man die Art wohl als Gartenzierpflanze ans
Mittelmeer, sie verwilderte jedoch bald. Obwohl sie sich in Europa
praktisch nur über Brutzwiebeln an den Wurzeln vermehrt, stellt
sie im Mittelmeerraum mittlerweile ein lästiges Unkraut dar, das
dort keinen Fressfeind hat. Die Blüten öffnen sich bei Sonne und
schließen sich abends.

Blättchen
herzförmig

saftig grün

Stängel ohne
Blätter

Blatt
3-zählig

Blätter grund-
ständig

bis 12 Blüten
in Dolden

Vorkommen *Wege,
Ackerränder, Hecken,
Orangenhaine, Graben-
ränder. Eingebürgert im
Mittelmeerraum.*

> **stammt aus Südafrika**
> **bedeckt oft große Flächen**
> **gelegentlich auch Blüten
> mit mehr Kronblättern**

5 schwefelgelbe
Kronblätter

Blüte
2–2,5 cm
breit

trichter-
förmig

Erd-Burzeldorn

Tribulus terrestris (Jochblattgewächse)
H 10–60 cm   Mai–Sept.   einjährig

Für Tiere und Barfüßige sind die Früchte sehr lästig. Sie liegen so auf dem Boden, dass sie sich mit ihren Stacheln als „Trampelkletten" an den Füßen verhaken und weit verschleppt werden können. Auszüge aus der Pflanze werden seit einiger Zeit zur Leistungssteigerung für Sportler angeboten. Die Wirkung ist jedoch ungewiss, Vergiftungen sind möglich.

Vorkommen Brachflächen, Wegränder, Ödflächen, Kulturland. Oft auf sandigem, offenem Boden an sonnigen, trockenen Standorten. Mittelmeerraum.

> meist nah an bebauten oder vom Menschen bewirtschafteten Stellen
> niederliegend
> erträgt Trittbelastung

Stängel kriechen über dem Boden

Blüten einzeln

Früchte 2–3 cm breit

Blüte bis 5 mm groß

10 Staubblätter

bestehen aus dornigen Teilfrüchten

Blätter gefiedert

230

Meerfenchel

Crithmum maritimum (Doldengewächse)
H 10–60 cm   Juli–Okt.   Staude

Aus den frischen Pflanzen kann man ein fenchelartig schmeckendes Gemüse zubereiten. Auch in Salzlake eingelegte Blätter sollen sehr wohlschmeckend sein. Doch nicht nur auf den Teller, sogar bis in die Klassiker der Literatur hat es die Pflanze geschafft: Shakespeare berichtet in seinem Werk „König Lear" von einem Mann, der Meerfenchel sammelt.

Vorkommen Meeresstrände, felsige Küsten, auch im Bereich des salzigen Spritzwassers. Küsten vom Mittelmeerraum bis Südengland.

> erträgt Salz im Boden
> riecht zerrieben würzig nach Fenchel
> Blätter mit Wachsüberzug

vielblütige Dolden

Fruchtknoten gerippt

grünlich gelbe, eingerollte Kronblätter

Blätter gefiedert

Pflanze blaugrün, kahl, fleischig-ledrig

Pastinak

Pastinaca sativa (Doldengewächse)
H 30–100 cm   Juli–Sept.   zweijährig

Ursprünglich stammt Pastinak wohl aus Westasien, wo er schon von der Urbevölkerung gesammelt wurde. Ab dem Altertum nahm man ihn in Kultur, in der Folge kam er auch nach Mitteleuropa. Bis zum 18. Jahrhundert, als sich der Kartoffelanbau durchsetzte, gehörten die Wurzeln zu den wichtigen Grundnahrungspflanzen. Die Pflanze verwilderte vielerorts, ihre heutige Verbreitung bei uns zeugt vom früheren Anbau.

Vorkommen *Wiesenränder, Wegränder, Böschungen, lockere Unkrautbestände auf Eisenbahngelände, in Steinbrüchen. Fast ganz Europa.*

> in Mitteleuropa eines der wenigen gelben Doldengewächse
> Wurzeln der Wildpflanzen schmecken nicht

Blüte etwas 2 mm groß

Fruchtknoten gerippt

231

Pflanze mehr oder weniger stark grau behaart

Blüten in 4–8 cm breiten Dolden

Stängel aufrecht

Blätter unpaarig gefiedert

3–7 Paar sitzende Seitenfiedern

Rand unregelmäßig gesägt

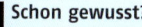

Schon gewusst?

Kultur-Pastinakenwurzeln, im ersten Winter geerntet, schmecken aromatisch-süßlich, etwas maggiähnlich, nach Möhre und Petersilie und eignen sich besonders als Gemüse. Sie enthalten die Vitamine A, B und C sowie Mineralstoffe.

Gewöhnliches Rutenkraut

Ferula communis (Doldengewächse)

H 100–300 cm   April–Juli   zweijährig

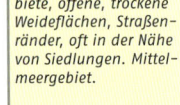

Vorkommen *Strauchgebiete, offene, trockene Weideflächen, Straßenränder, oft in der Nähe von Siedlungen. Mittelmeergebiet.*

> **auffallend durch seine Größe**
> **Stängel abgestorbener Pflanzen bleiben oft lange stehen**
> **wächst einzeln oder in Gruppen**

Die Stängel dienten im Altertum als Spazierstöcke, aber auch zum Prügeln von Sklaven. *Ferula* leitet sich vielleicht von lat. ferire = schlagen, geißeln ab. Das lockere Mark der Stängel lieferte Zunder zum Feuer machen. Prometheus, der in der griechischen Mythologie das Feuer der Götter raubte, soll dieses in einem solchen Stängel zur Erde gebracht haben.

großer, aus zahlreichen Dolden zusammengesetzter Blütenstand

Zentrum durch Nektar glänzend

5 eingerollte, gelbe Kronblätter

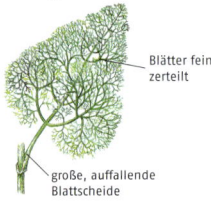

Blätter fein zerteilt

große, auffallende Blattscheide

232

Fenchel

Foeniculum vulgare (Doldengewächse)

H 50–250 cm   Juli–Sept.   zweijährig

Vorkommen *Wildform an Straßenrändern, Flüssen, auf Brachflächen. Kulturform auf Feldern angebaut. Mittelmeergebiet.*

> **riecht zerrieben typisch aromatisch**
> **Heil- und Gewürzpflanze**
> **Blätter manchmal auch rot überlaufen**

Blüten in bis über 10 cm breiten Dolden

Wahrscheinlich war Fenchel bereits bei den alten Ägyptern eine Kulturpflanze. Im Altertum behandelte man mit ihm besonders Augenerkrankungen. Heute unterscheidet man verschiedene Sorten. Die Früchte des Bitter-Fenchels verwendet man gegen Husten und bei Blähungen, die der süßeren Sorte als Gewürz für Gebäck und Liköre. Vom Gemüse-Fenchel isst man die zwiebelartige Knolle.

Stängel aufrecht

Blatt fein zerteilt

deutliche Blattscheide

Blüte um 2 mm groß

gelbe, rundliche, oft eingerollte Kronblätter

Fruchtknoten gerippt

Gelber Enzian

Gentiana lutea (Enziangewächse)
H 45–140 cm   Juni–Aug.   Staude

Die Pflanze enthält Bitterstoffe, die sie vor Tierfraß schützen. Als Arzneimittel eingenommen, regen sie die Abgabe von Speichel und Magensaft an. Zu den Bitterstoffen des Gelben Enzians gehört Amarogentin, der bitterste bekannte Naturstoff, der noch in einer Verdünnung von 1 : 58 000 000 bitter schmeckt. Bei der Destillation bleiben die Bitterstoffe weitgehend in der Maische zurück, so dass Enzian-Schnaps aromatisch und durch den Alkohol scharf schmeckt.

Vorkommen *Magere Rasen, Weiden, Flachmoore, Schuttflächen, helle Kiefernwälder. Bis in Höhen von 2500 m. Gebirge in Mittel- und Südeuropa.*

> **blüht erstmals nach etwa 10 Jahren**
> **eine Pflanze kann bis zu 10 000 Samen bilden**
> **Wurzeln bis 1 m lang**

Krone weit-trichterig bis sternförmig

langer Fruchtknoten

bis fast zum Grund mit 5–6 lanzettlichen Zipfeln

233

Blüten in den oberen Blattachseln

Pflanze kahl

Stängel unverzweigt, aufrecht

Wurzelstock bis armdick

Wurzeln bis 1 m lang

bläulich grün

5–7 parallele Blattnerven

Blätter gegenständig

Schon gewusst?

Tödliche Verwechslungen des Enzians (links) mit dem giftigen Germer (rechts und S. 146) kommen immer wieder vor. Anhand der Blattanordnung (beim Germer wechselständig) lassen sich jedoch auch nicht blühende Pflanzen unterscheiden.

Tüpfel-Enzian

Gentiana punctata (Enziangewächse)
H 20–60 cm   Juni–Sept.   Staude

Der botanische Name *Gentiana* soll auf den illyrischen König
Genthios zurückgehen, der die Heilkraft von Enzian erkannte.
Der Tüpfel-Enzian enthält weniger Bitterstoffe als der Gelbe
Enzian. Da er jedoch auch eine recht kräftige und damit ergiebige
Wurzel ausbildet, verwendete man ihn früher wie diesen für
Enzianschnaps.

Blüten ungestielt in den
oberen Blattachseln

Stängel un-
verzweigt

Blätter gegen-
ständig

glänzend
grün

bis etwa zur Mitte mit 5,
manchmal bis 8 Zipfeln

Krone glo-
ckenförmig,
2,5–4 cm
lang

hellgelb mit
dunklen Punkten

meist 5 bogige
Hauptnerven

Gewöhnliche Seekanne

Nymphoides peltata (Fieberkleegewächse)
H 80–150 cm   Mai–Juni   Staude

Die Fransen an den Kronblättern sorgen dafür, dass die Blüten
auf die bestäubenden Insekten besonders attraktiv wirken. Die
Samen sind schwimmfähig und können mit Wasser-
strömungen verbreitet werden. Sie bleiben auch
an Wasservögeln haften und können so in weit
entfernte Gewässer gelangen.

Samen sehr
flach

Blüten ragen
wenig aus dem
Wasser

Blätter schwimmend

5 ausgebreitete
Zipfel

Rand der Kron-
blätter gefranst

Spreite tief herzför-
mig, gänzend

Krone goldgelb,
etwa 3 cm groß

Blatt 3–10 cm groß

Schwarzes Bilsenkraut

Hyoscyamus niger (Nachtschattengewächse)

H 20–80 cm   Juni–Okt.   ein- bis zweijährig ☠

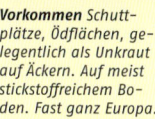

Das Bilsenkraut gehört zu den ältesten bekannten Giftpflanzen. Im Mittelalter verwendete man es zur Herstellung von Hexensalben, da es Sinnestäuschungen auslösen kann. Bei Vergiftungen kommt es jedoch auch zu tiefem Schlaf und tödlicher Lähmung des Atemzentrums. In Shakespeares „Hamlet" wurde der König mit Bilsenkraut vergiftet. In der Medizin benutzte man Bilsenkraut früher gemeinsam mit Schlafmohn (S. 19) und anderen Pflanzen als Narkosemittel.

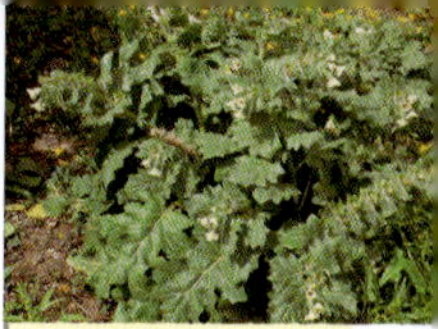

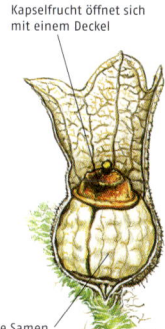

Kapselfrucht öffnet sich mit einem Deckel
enthält zahlreiche Samen

Vorkommen *Schuttplätze, Ödflächen, gelegentlich als Unkraut auf Äckern. Auf meist stickstoffreichem Boden. Fast ganz Europa.*

> ***benötigt viel Sonne und Wärme***
> ***blüht erst, wenn es täglich über 10 Stunden lang hell ist***

Krone 2–3 cm lang, weit glockenförmig
5 etwas ungleiche Zipfel

Schon gewusst?

Die Samen des Bilsenkrauts setzte man früher manchmal dem Bier zu, um dessen berauschende Wirkung zu verstärken – ein gefährlicher Brauch. Möglicherweise lässt sich die Bezeichnung „Pilsener Bier" auf diese frühere Verwendung zurückführen.

Blatt länglich-eiförmig
Rand grob buchtig gezähnt

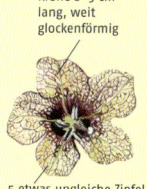

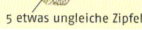

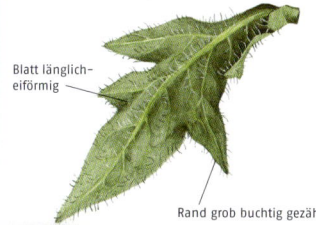

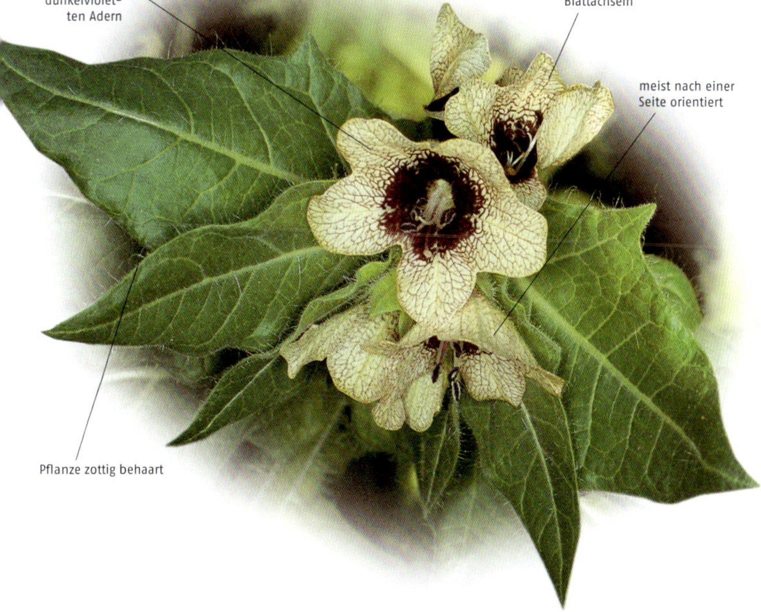

graugelb, meist mit dunkelvioletten Adern
Blüten einzeln in den Blattachseln
meist nach einer Seite orientiert
Pflanze zottig behaart

Großblütige Königskerze

Verbascum densiflorum (Braunwurzgewächse)

H 50–250 cm   Juli–Sept.   zweijährig

Vorkommen *Ödflächen, Schuttplätze, Wegränder, Waldschläge, Ufer. An sonnigen, etwas wärmeren Standorten. Mittel- und Südeuropa.*

> **kann pro Pflanze viele Tausend Samen bilden**
> **schöne Zierpflanze für den Garten**
> **blüht über lange Zeit**

Die Königskerze ist ein schönes Beispiel dafür, dass auch Pflanzen Reaktionen zeigen: Rüttelt man an warmen Tagen kräftig an einem reich blühenden Stängel und wartet danach wenige Minuten, lösen sich oft auf einmal eine größere Zahl von Blütenkronen ab. Sie wurden nicht durch die Bewegung abgerissen, sondern werden von der Pflanze aktiv abgestoßen. Zubereitungen aus den Blüten lindern Hustenreiz und erleichtern das Abhusten von Schleim.

Krone 30–35 mm groß

2 längere und 3 kürzere Staubfäden

236

aufrechter, langer, dichter Blütenstand

Rand gekerbt

Spreite lanzettlich oder länglich-lanzettlich

Stängelblätter deutlich am Stängel herablaufend

Pflanze gelblich weiß filzig behaart

Schon gewusst?

„Königskerze" bezieht sich nicht nur auf den mächtigen Blütenstand, sondern auch darauf, dass man früher die getrockneten Fruchtstängel verschiedener Arten mit Harz oder Wachs tränkte und als Fackeln benutzte.

Schwarze Königskerze

Verbascum nigrum (Braunwurzgewächse)
H 50–120 cm   Juni–Sept.   zweijährig

Die violetten Haare auf den Staubblättern bilden einen starken Kontrast zum Gelb der Blütenkrone. Die Blüten wirken deshalb besonders attraktiv auf Insekten. Wie bei den meisten Pflanzen mit langen Blütenständen öffnen sich auch bei der Königskerze zuerst die unteren Blüten. Bienen und Hummeln besuchen solche Blütenstände deshalb regelmäßig von unten nach oben.

Staubfäden violett wollig behaart

Vorkommen *Unkrautbestände auf Waldschlägen, Schuttplätzen, an Wegrändern, Böschungen. Fast ganz Europa.*

> *im ersten Jahr nur Blattrosette*
> *auffällige Farbkombination der Blüten*
> *Samen sehr lange keimfähig*

langer, ährenähnlicher Blütenstand

Oberseite dunkelgrün

Stängel oft braunviolett überlaufen

obere Blätter sitzend

Unterseite dicht filzig

untere Blätter bis 25 cm lang gestielt

Krone dunkelgelb, 1,5–2,5 cm groß

5 Zipfel

Zentrum rot

Mauerlattich

Mycelis muralis (Korbblütengewächse)
H 60–80 cm   Juli–Aug.   Staude

Leicht kann man das Blütenkörbchen mit den fünf strahligen Zungen für eine Einzelblüte halten. Es handelt sich jedoch um fünf Einzelblüten, von denen jede ihren Nektar enthält. Im Körbchen vereint fallen sie den Insekten viel mehr auf. Gleichzeitig kann ein Insekt bei einem Besuch mehrere Blüten auf einmal bestäuben.

Früchte mit Haarschopf

Vorkommen *Wälder mit krautreichem Unterwuchs, Waldwege, feuchte Felsen und Mauern, gerne auch in Städten. Fast ganz Europa.*

> *wächst im Schatten oder Halbschatten*
> *gibt bei Verletzung weißen Milchsaft ab*
> *Körbchen nur tags offen*

Endabschnitt groß

Blütenkörbchen in lockerer, sparriger Rispe

Pflanze kahl

Unterseite heller

Blätter fiederschnittig

Blütenkörbchen 1–1,5 cm groß

5 gelbe, 5-spitzige Zungenblüten

Frühlings-Adonisröschen

Adonis vernalis (Hahnenfußgewächse)
H 10–40 cm   April–Mai   Staude   🐛

Vorkommen *Trockenrasen, Wiesensteppen, trockenwarme, buschige Hügel. An im Sommer warmen Standorten. Mittel-, Süd- und Osteuropa.*

> **bei uns stark gefährdet und geschützt**
> **in Osteuropa häufiger**
> **Stängel verlängern sich nach der Blüte**

Die Blüten öffnen sich nur bei Sonnenschein und folgen ähnlich wie eine Sonnenblume dem Sonnenstand. In der Heilkunde verwendet man Adoniskraut bei leichter Herzschwäche und nervösen Herzbeschwerden. Die Giftpflanze eignet sich jedoch nicht zur Selbstbehandlung. Bei Vergiftungen wird der Puls langsam und es kommt zum Herzstillstand.

Früchtchen bilden einen kugeligen Kopf

stehen einzeln

Blüten 4–6 cm groß

sehr viele Staubblätter

12–20 glänzende Kronblätter

Blätter sehr fein zerteilt

Südeuropäischer Winterling

Eranthis hyemalis (Hahnenfußgewächse)
H 5–15 cm   Febr.–April   Staude   🐛

Vorkommen *Wälder, Gebüsche, Weinberge, Obstgärten, Parkanlagen, Gebüsche. Südeuropa, in Mitteleuropa verwildert.*

> **blüht bereits im Schnee**
> **beliebter Frühblüher in Gärten**
> **erinnert an einen Hahnenfuß**

Während der bis zu einer Woche dauernden Blütezeit verlängern sich die Blütenblätter durch Wachstum beim Öffnen und Schließen um gut das Doppelte. Die Früchtchen öffnen sich zu kleinen Schaufeln, aus denen die Samen durch Regentropfen bis über 40 cm weit hinausgeschleudert werden.

Blüten einzeln, 2–2,5 cm groß

innerhalb der Blütenblätter trichterförmige Blätter mit Nektar

zahlreiche Staubblätter

3 eingeschnittene Blätter dicht unter der Blüte

4–8 Früchtchen

6–10 Blütenblätter

Stängel sonst ohne Blätter

Europäische Trollblume

Trollius europaeus (Hahnenfußgewächse)

H 30–60 cm   Mai–Juni   Staude   🐌

Auch wenn es eine Sage gibt, in der Kobolde Trollblumen als Fackeln tragen, hängt der Name wohl nicht mit den als Trolle bezeichneten Berggeistern zusammen. „Trollen" bedeutet eher so viel wie „rollen, wälzen" oder „Knolle" und bezieht sich damit auf die ungewöhnliche Blütenform. Während früher Trollblumenwiesen auch im Hügelland noch recht häufig waren, ist die Pflanze heute vielerorts verschwunden, da zahlreiche Feuchtwiesen entwässert wurden.

Vorkommen *Feuchte bis nasse Wiesen, Niedermoore, Bachränder. Vor allem im Gebirge bis in Höhen über 2000 m. Fast ganz Europa.*

> **gefährdet und bei uns geschützt**
> **blüht manchmal nochmals im Herbst**
> **wächst meist zu vielen locker beieinander**

meist 1, seltener 2–3 Blüten am Stängelende

Blüten 2–3 cm breit

Stängel aufrecht

Blüte kugelig

10–15 Blütenblätter

239

Blätter bis zum Grund geteilt

Abschnitte nochmals eingeschnitten

Schon gewusst?

Nur kleine Insekten gelangen als Bestäuber in die Blüte. Drei Fliegenarten holen dabei nicht nur Nektar, sondern legen auch ihre Eier an die Fruchtknoten, in denen dann die Larven fressen. Meist bleiben jedoch genügend Samen für die Vermehrung übrig.

Schwefelgelbe Alpen-Kuhschelle

Pulsatilla alpina ssp. apiifolia (Hahnenfußgewächse)

H 10–40 cm   Mai–Aug.   Staude

Vorkommen *Steinige Gebirgsrasen, Standorte mit Zwergsträuchern. Auf sauren Böden. Gebirge in Mittel- und Südeuropa von etwa 1500 bis über 3000 m.*

> heißt auch „Schwefel-Anemone"
> wächst oft zu vielen locker beieinander
> fällt durch die Blütengröße auf

6–9 schwefelgelbe Blütenblätter

zahlreiche Staubblätter

240

Die weit über die umgebenden Pflanzen ragenden, fedrig behaarten, oft stark zerzausten Fruchtstände führten zu vielen Volksnamen wie „Bergmännle", „Petersbart", „Teufelsbart", „Wilde Männle". Die Haare spreizen sich bei Trockenheit auseinander, so dass der Wind eine gute Angriffsfläche findet und die Früchtchen wegblasen kann. Früher galt die Pflanze bei den Bergbauern als wirksames Mittel gegen blutiges Harnen des Viehs.

Blüten einzeln, 3–6 cm groß

Stängel mit 3 tief zerteilten Blättern

Früchtchen mit fadenförmig verlängerten, behaarten Griffeln

am Grund weitere ähnliche Blätter

Schon gewusst?

Ebenfalls in den Gebirgen wächst die Weiße Alpen-Kuhschelle, die sich hauptsächlich durch die weißen Blüten unterscheidet. Ihre Blüten enthalten keine Farbstoffe, sondern reflektieren das Licht und erscheinen dadurch weiß.

Gewöhnliches Scharbockskraut

Ranunculus ficaria (Hahnenfußgewächse)
H 5–20 cm   März–Mai   Staude   ☠

Bei uns vermehrt sich die Pflanze fast nur durch die kleinen Brutknöllchen, die anstelle von Seitentrieben in den Blattachseln sitzen und vom Regen weggespült werden. In Pfützen zusammengeschwemmte Knöllchen nannte man früher „Getreideregen". Frische, ganz junge Blätter nutzte man früher gegen Skorbut, hiervon leitet sich der deutsche Name ab. Mit fortschreitendem Wachstum werden die Pflanzen jedoch giftig.

Vorkommen Auenwälder, Laubwälder mit krautigem Unterwuchs, Obstwiesen, feuchte Wiesen, Parks. Auf feuchten Böden. Ganz Europa.

> **zeigt nährstoffreiche Böden** an
> **nur im Frühjahr zu sehen,** zieht sich nach der Blüte wieder zurück

2–3 cm große Blüten überragen die Blätter

in den unteren Blattachseln oft kleine Brutknöllchen

Blätter rundlich bis herzförmig

wächst flach ausgebreitet

8–12 glänzende Blütenblätter

3 grüne Kelchblätter

Gelber Wau

Reseda lutea (Resedengewächse)
H 20–60 cm   Mai–Sept.   ein- bis zweijährig

steht aufrecht

Frucht 8–12 mm lang

Alle Wau-Arten heißen in der Wissenschaft *Reseda*. Dies leitet sich vom lateinischen resedare = beruhigen, heilen ab. Eine Art, der Färber-Wau, wurde früher als Beruhigungsmittel verwendet. Der Gelbe Wau enthält gelb, gelbgrün oder braun färbende Stoffe. Er war als Färbe-Pflanze für Textilien und Malerfarben jedoch nie so bedeutend wie der ähnliche Färber-Wau.

Vorkommen Lückige Unkrautbestände an Wegen, auf Schuttplätzen, Bahn- und Hafenanlagen, Ödflächen. Mittel- und Südeuropa.

> **Blütentrauben verlängern sich stark**
> **benötigt Wärme**
> **heißt auch „Gelbe Resede"**

hellgelbe Blüten in bis 30 cm langen Trauben

Stängel aufrecht

Blätter mit langen, schmalen Abschnitten

obere Kronblätter 3-teilig, 2–5 mm lang

zahlreiche Staubblätter

6 Kelchblätter

Gewöhnliche Felsen-Fetthenne

Sedum rupestre (Dickblattgewächse)
H 10–35 cm   Juni–Aug.   Staude

breiter Blütenstand
mit bis zu 50 Blüten

Vorkommen *Pionier-pflanze auf Felsen, Dünen, Mauern, Stein-schutthalden. Auf warmen, trockenen Sand- und Steinböden. Fast ganz Europa.*

> *mit den fleischigen Blättern gut an Trocken-heit angepasst*
> *viele der Vorkommen aus Gärten verwildert*
> *auch ohne Blüten auffällig*

Früher wuchs die Felsen-Fetthenne praktisch in jedem Hausgarten. Die säuerlich erfrischend schmeckenden Blätter und Triebspitzen eignen sich frisch als Gewürz für Salat, Soßen und Rohkost. Der weitere Name „Tripmadam" leitet sich möglicherweise vom französischen trique = Eingeweide, Gedärm ab und könnte sich auf die saftigen Sprosse beziehen.

an nicht blühenden Trieben sehr dicht

blühende Stängel locker beblättert

Blüte 1,2–2 cm groß

fleischig, fast stielrund, 1–2 cm lang

Blätter wechsel-ständig

Blätter grau- bis blaugrün

meist 6–7 Kronblätter

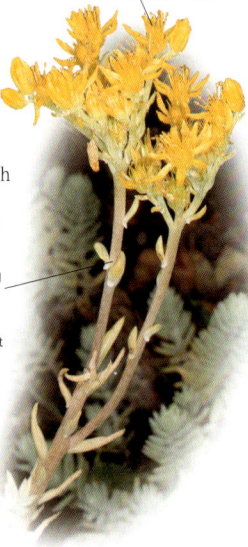

Kriechende Nelkenwurz

Geum reptans (Rosengewächse)
H 5–25 cm   Juni–Aug.   Staude

Früchtchenstand wirkt wie eine fedrige Perücke

Vorkommen *Offene, feuchte Felsschutt-halden, Gletscher-moränen. Gebirge Mittel- und Südeuropas, meist zwischen 2500 und 3500 m Höhe.*

> *hilft Schutt zu festigen*
> *die ähnliche Berg-Nelkenwurz hat keine Ausläufer und wächst auf Bergwiesen*

Nicht nur blühend, sondern auch fruchtend fällt die Pflanze an ihren Standorten auf: Die fedrigen Früchtchen stehen auf weit emporgereckten Stängeln, so dass sie gut vom Wind verblasen werden können. Ihre nähere Umgebung überzieht die auch „Gletscher-Petersbart" genannte Pflanze mit ihren langen Ausläufern und kann so große Gruppen bilden.

einzelne, 3–5 cm große Blüten

lange Ausläufer

Blätter gefiedert

6–8 Kronblätter zahlreiche Staubblätter

Blattfiedern einge-schnitten

grüne Kelchblätter

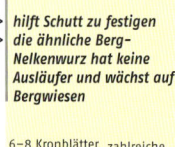

Hottentottenfeige

Carpobrotus edulis (Mittagsblumengewächse)
H 5–20 cm   März–Juli   Staude

Südafrikaner stellen aus den Früchten Marmelade her oder mischen sie in Currygerichte. Sie besitzen ein geleeartiges, süßsaures Fruchtfleisch. Auch die fleischigen Blätter sind, gekocht oder in Essig eingelegt, essbar. Afrikanische Heilkundige reinigen Wunden mit dem Saft zerquetschter Blätter und verwenden ihn gegen Ekzeme und Insektenstiche.

Vorkommen Böschungen und Dünen in Küstennähe. Heimisch in Südafrika, im Mittelmeerraum eingebürgert.

Schon gewusst?
An denselben Standorten wächst oft auch die ähnliche, jedoch rot blühende Rote Mittagsblume. Beide Arten wachsen sehr schnell und sind so mancherorts zu einer Plage geworden.

> hilft Dünen und Sandbänke zu festigen
> Blüten nur bei Sonnenschein geöffnet
> braucht sehr wenig Wasser

sehr zahlreiche schmale Blütenblätter

viele Staubblätter

243

wächst bis 2 m weit flach ausgebreitet über den Boden

Blätter fleischig

gleichmäßig 3-eckig

unten paarweise verbunden

einzelne, 6–10 cm große Blüten

Blätter färben sich in der Sonne rot

Echte Arnika
Arnica montana (Korbblütengewächse)
H 20–50 cm   Juni–Juli   Staude   (☒)

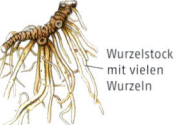

Wurzelstock
mit vielen
Wurzeln

Vorkommen *Feuchte Wiesen, Rasen, Weiden, Heiden und Moore. Verträgt keine kalkhaltigen Böden. Mitteleuropa, fast nur in den Gebirgen.*

> **verträgt keine Düngung**
> **riecht zerrieben stark aromatisch**
> **bekannte Heilpflanze**

Auszüge aus Arnikablüten hemmen Entzündungen und lindern Schmerzen. Äußerlich helfen die Präparate deshalb bei Prellungen, Quetschungen, Muskel- und Gelenkrheuma und Insektenstichen. Zu viel und zu oft angewandt, kann es jedoch zu Allergien kommen. Innerlich kann Arnika zu Vergiftungen mit Erbrechen, Herzrhythmusstörungen und anschließendem Kollaps führen.

Blütenkörbchen
4–8 cm breit

zahlreiche gelbe
Röhrenblüten

3–6 mm breite, goldgelbe
Zungenblüten

244

meist 1–3
Blütenkörbchen

Stängel
aufrecht,
behaart

fast alle Blätter in
grundständiger
Rosette

Blätter
ganzrandig

gegenständig

Schon gewusst?
„Berg-Wohlverleih", wie die Arnika auch heißt, bezog sich ursprünglich nicht auf die „Wohl verleihende" Heilkraft der Pflanze. Der Name leitete sich eher von „Wolf" oder auch von „Wolle" ab.

Jakobs–Greiskraut

Senecio jacobaea (Korbblütengewächse)
H 30–100 cm   Juli–Sept.   zweijährig, Staude ☠

Blätter fieder-spaltig

Abschnitte zum Ende hin verbreitert

viele 1,2–1,5 cm großen Körbchen

Der Name „Greiskraut" bezieht sich auf die Fruchtstände, die an die weiße Haarpracht alter Leute erinnert. „Jakobs-Greiskraut" heißt die Art nach dem Apostel Jakob, möglicherweise weil sich ihre ersten Blüten etwa um den St. Jakobstag (25. Juli) öffnen.

Früchte mit weißem Haarkranz (Name!)

Stängel aufrecht, kantig oder gerillt

zahlreiche Röhrenblüten

12–15 etwa 1,5 mm breite Zungenblüten

⚘ **245**

Gewöhnliches Greiskraut

Senecio vulgaris (Korbblütengewächse)
H 10–30 cm   Febr.–Nov.   einjährig ☠

Die Früchte können dank des Haarschopfes in höhere Luftschichten gelangen und über größere Distanzen verblasen werden. So fanden Wissenschaftler die Art unter den Erstbesiedlern der neu entstandenen Vulkaninsel Surtsey. Hierzu mussten die Früchte eine Strecke von mindestens 40 km zurückgelegt haben.

Vorkommen *Offene Unkrautbestände auf Äckern, in Gärten, auf Ödflächen, Schutt-plätzen, Waldschlägen. Ganz Europa.*

> *blüht fast das ganze Jahr*
> *kann in Gärten lästig werden*
> *ganze Pflanze an sonnigen Standorten oft rötlich gefärbt*

Blätter oft spinnwebartig behaart

zahlreiche etwa 0,5 cm breite Blütenkörbchen

Früchte mit weißem Haarkranz

blüht und fruchtet oft gleichzeitig

oft nickend

Abschnitte gezähnt

Blätter grob fiederspaltig

Blütenkörbchen etwa doppelt so lang wie breit

Hülle zylindrisch, kahl

meist nur Röhrenblüten

Huflattich

Tussilago farfara (Korbblütengewächse)

H 7–30 cm   März–April   Staude   🌑

stumpfe, vorn schwarze Zähne am ganzen Blattrand

Vorkommen *Wege, Straßenränder, Schuttplätze, Kiesgruben, Ufer. Auf meist offenen, kalkhaltigen Böden. Ganz Europa.*

> **blüht, bevor die Blätter erscheinen**
> **wirkt als Bodenbefestiger**
> **wächst oft in Gruppen**

Die bei Husten und Heiserkeit bewährte Pflanze enthält Stoffe, welche die Leber schädigen und Krebs auslösen können. Man sollte sie deshalb nicht wild sammeln, sondern auf besondere Züchtungen oder geprüfte Präparate zurückgreifen und auf die Anwendungshinweise achten. Zigaretten aus Huflattichblättern wurden früher zur Raucherentwöhnung eingesetzt.

Stängel weißlich filzig

Stängel mit eiförmigen Schuppen

Blütenkörbchen einzeln

Blätter herzförmig-rundlich

Filz der Oberseite löst sich ab

anfangs auf beiden Seiten weißfilzig

Körbchen mit bis 300 schmalen Zungenblüten

im Zentrum Röhrenblüten

Strahlenlose Kamille

Matricaria discoidea (Korbblütengewächse)

H 5–30 cm   Juni–Aug.   einjährig

Vorkommen *Betretene Rasenflächen und Wege, besonders im Siedlungsbereich. Oft in größeren Gruppen auf offenen Böden. Ganz Europa.*

> **stammt aus Nordostasien**
> **riecht ähnlich wie Echte Kamille (S. 135), hat aber nicht deren Heilwirkung**
> **sehr robust**

Körbchen nur mit gelbgrünen Röhrenblüten

Hülle kahl

Die Art galt in Botanischen Gärten als Kuriosität, weil sie im Gegensatz zu den anderen Kamillen (S. 134 und 135) keine Zungenblüten hat. Ihre Früchte verschleimen bei Nässe, bleiben dann an Schuhen, Reifen usw. kleben und werden so über weite Strecken verschleppt. So konnte die Pflanze aus den Gärten entweichen und sich ab 1850 in ganz Europa ausbreiten.

Blütenkörbchen 5–8 mm breit

am Ende der Zweige

Stängel verzweigt

mit linealen, 0,5–1 mm breiten Abschnitten

Blatt kahl

Topinambur

Helianthus tuberosus (Korbblütengewächse)

H 100–250 cm   Okt.–Nov.   Staude

Topinambur wurde in Europa erstmals 1619 angebaut. Nach dem 30-jährigen Krieg spielten seine Knollen eine wichtige Rolle als Grundnahrungsmittel. In der Folgezeit erwies sich jedoch die Kartoffel als ertragreicher und drängte den Topinamburanbau zurück. Heute pflanzt man ihn fast nur noch als Futter fürs Vieh und Wild an.

Vorkommen Oft verwildert und eingebürgert an Ufern von nährstoffreichen Gewässern, regelmäßig angebaut. In Gegenden mit mildem Klima, vor allem in Mitteleuropa.

> *stammt aus Nordamerika*
> *erinnert an eine kleinblütige Sonnenblume*
> *Knollen entstehen erst im Spätherbst*

untere und mittlere Blätter gegenständig

rau

Knollen wilder Pflanzen meist schmal länglich, 1–4 cm lang

12–20 Zungenblüten

gelbe Röhrenblüten

247

Blütenkörbchen 4–14 cm groß

Knollen aus kugeligen Gliedern zusammengesetzt, kann in Kultur faustgroß werden

Schon gewusst?

Die Knollen kultivierter Pflanzen eignen sich als Kartoffelersatz für Diabetiker. Sie enthalten Inulin, für dessen Verarbeitung kein Insulin benötigt wird. Beim Abbau entsteht der für Diabetiker verträgliche Fruchtzucker (Fruktose).

Blütenkörbchen am Ende der Stängel

Gewöhnliche Goldrute

Solidago virgaurea (Korbblütengewächse)

H 10–100 cm   Juli–Okt.   Staude

Die Gewöhnliche Goldrute trägt ihren Namen wegen der langen, rutenartigen Stängel und der Blütenfarbe. In der Pflanzenheilkunde gehört sie zu den bewährten harntreibenden Heilpflanzen. Sie wirkt gegen Entzündungen der Harnwege und hilft Harnsteine und Nierengries auszuspülen oder vorzubeugen.

Vorkommen *Lichte Wälder mit Unterwuchs, Waldschläge, Heiden, magere Weiden. Ganz Europa.*

> erträgt Trockenheit
> wächst im Hochgebirge als Zwergform
> lockt viele Insekten an

6–12 goldgelbe Zungenblüten

gelbe Röhrenblüten

dachziegelartig angeordnete Hüllblätter

Körbchen 1–2 cm breit

248

schmaler Blütenstand mit nach allen Seiten orientierten Blütenkörbchen

Blatt schmal

fruchtet meist reichlich

Früchte mit Haarkranz

Stiel geflügelt

Schon gewusst?

Mit dem „Heidnisch Wundkraut" behandelten Heilkundige spätestens ab dem 16. Jahrhundert verschiedene Wunden. Je nach Rezept musste der Kranke eine Abkochung trinken oder die Wunde damit auswaschen. Manchmal legte man auch die Blätter auf die Wunde.

Kanadische Goldrute

Solidago canadensis (Korbblütengewächse)
H 50–250 cm   Aug.–Okt.   Staude

unzählige 3–5 mm
breite Blütenkörbchen
in pyramidenförmiger
Rispe

Die aus Nordamerika stammende Kanadische Goldrute breitet sich seit dem 19. Jahrhundert bei uns aus. Sie vermehrt sich sowohl über unzählige Samen wie auch unterirdisch über Ausläufer des zähen Wurzelstocks. Da sie durch Massenentwicklung die heimische Flora verdrängt, versuchen Naturschützer vielerorts, ihre Bestände einzudämmen.

Vorkommen *Unkraut-bestände auf Schutt, Eisenbahnböschungen, Ödflächen in Städten, auch in Auenwäldern oder an Ufern. Fast ganz Europa.*

> **kann riesige, dichte Bestände bilden**
> **lockt viele Insekten an**
> **wächst auch als Zierpflanze in vielen Gärten**

wenige Röhrenblüten

10–17 kurze Zungenblüten

Blatt lanzettlich

Rand scharf gezähnt

Stängel flaumig behaart

blühende Äste ausgebreitet oder überhängend

Spanische Golddistel

Scolymus hispanicus (Korbblütengewächse)
H 20–80 cm   Juni–Sept.   zweijährig

Die Bibel kennt viele „Dornpflanzen" oder „Disteln". Besonders beim Gleichnis vom Sämann vermuten Wissenschaftler, dass die beschriebenen „Dornen, die die Saat erstickten" Golddisteln meinen. Während die Spanische Golddistel eher an verlassenen Plätzen wächst, ist die verwandte Gefleckte Golddistel im Mittelmeerraum ein lästiges Unkraut in Äckern.

Vorkommen *Sonnige Wegränder, Schutt-plätze, Brachflächen. Meist an von Menschen beeinflussten Standorten. Südeuropa.*

> **erträgt Trockenheit**
> **heißt auch „Goldwurzel"**
> **Wurzeln als Gemüse essbar**

Blätter sehr starr, buchtig dornig

laufen etwas am Stängel herab

umgeben von stacheligen Blättern

Blütenkörbchen am Ende des Stängels und in den Blattachseln

zahlreiche goldgelbe Zungenblüten

Blütenkörbchen 1–2 cm breit

Wermut

Artemisia absinthium (Korbblütengewächse)

H 60–120 cm   Juli–Sept.   Staude, Strauch   ☠

Vorkommen Unkraut-
bestände auf Schutt,
an Autobahnen,
Müllplätzen, Dämmen,
Schafweiden, Felsen.
Hauptsächlich Mittel-
und Südeuropa.

> riecht zerrieben stark
  aromatisch
> benötigt viel Sonne und
  Wärme
> ganze Pflanze graufilzig

Als Heilpflanze steigert Wermut
den Appetit und lindert Völlegefühl und Blähungen. Zu
große Mengen können jedoch
tödlich sein. Absinth-Schnaps
war früher als Auslöser von
Gehirnschäden und Ände-
rungen der Persönlichkeit
berüchtigt und wurde
deshalb verboten. Heute
angebotene Wermut-
weine und Schnäpse sind
jedoch unbedenklich.

reichblütige
Rispe

Körbchen
nickend

nur
Röhren-
blüten

Körbchen 2–4 mm breit

Blätter fiederspaltig

Zipfel
1–3 mm
breit

Gewöhnlicher Beifuß

Artemisia vulgaris (Korbblütengewächse)

H 60–250 cm   Juli–Nov.   Staude

Vorkommen Unkraut-
bestände an Weg-
rändern, auf Schutt-
plätzen, Ödland, an
Ufern von Flüssen und
Seen. Ganz Europa.

> riecht beim Zerreiben
  schwach, eigenartig
> der Blütenstaub wird vom
  Wind verbreitet
> im Altertum berühmtes
  Kraut bei Frauenleiden

gelbliche oder bräunliche
Röhrenblüten

Hüllblätter
weißfilzig

Körbchen
3–4 mm lang,
eiförmig

Blütenkörb-
chen in alle
Richtungen
oder mehr
oder weniger
aufrecht

Beliebt ist Beifuß als Gewürz für
Wild und Gans, gefürchtet als
Heuschnupfenauslöser. Einem
Aberglauben zufolge soll ein
Beifußblatt im Schuh vor Er-
müdung auf Wanderungen
schützen. Die Volksme-
dizin empfiehlt das
Kraut bei Magenbe-
schwerden. Es wächst
auch in Sibirien und
Alaska und gehört für
die Inuit zu den wenigen
heimischen Heilkräutern.

unten weiß-
oder graufilzig

oben grün

dichte
Rispen

Blätter
fieder-
spaltig

Stängel kantig,
oft rötlich
oder bräunlich

Rainfarn

Tanacetum vulgare (Korbblütengewächse)
H 60–120 cm   Juli–Sept.   Staude

„Rainfarn" bezieht sich auf die Ähnlichkeit der Blätter mit denen mancher Farne sowie auf die Verwendung als wurmabweisende Streu für Rinder, die früher „Farren" genannt wurden. Im 16. und 17. Jahrhundert verwendete man die Pflanze auch beim Menschen als Wurmmittel sowie gegen Fieber, Pest und Gicht. Mancherorts heißt sie noch heute „Wurmkraut".

Vorkommen *Unkrautbestände an Böschungen, Wegen, Ufern, auf Schuttplätzen, Ödflächen, Brandstellen. Fast ganz Europa.*

> - **wächst oft in Büscheln**
> - **riecht beim Zerreiben herb-aromatisch**
> - **eignet sich für Trockensträuße**

Blütenstand dicht, doldenartig

Blatt auf jeder Seite mit 7–15 Abschnitten

Rand gezähnt

Blätter fiederspaltig

Körbchen etwa 1 cm breit

dichtes Körbchen mit vielen goldgelben Röhrenblüten

Sand-Strohblume

Helichrysum arenarium (Korbblütengewächse)
H 10–30 cm   Juli–Aug.   Staude

Die Blütenkörbchen dienen in der Medizin als harntreibendes, gallesaftbildendes und etwas krampflösendes Mittel. In Teemischungen verschönern sie die Farbe des Aufgusses. Sie sind unter Namen wie „Gelbes Katzenpfötchen", „Gelbe Immortelle", „Harnblumen", „Ruhrkrautblüten" im Handel.

dichter, doldenartiger Blütenstand mit 3–40 Körbchen

Hülle halbkugelig

Vorkommen *Sandrasen, Dünen, trockene Kiefernwälder. An im Sommer warmen Standorten. Fast ganz Europa.*

> - **duftet aromatisch nach Curry**
> - **eignet sich für Trockensträuße**
> - **Wildvorkommen in Deutschland geschützt**

Hüllblätter bei Trockenheit gespreizt

Stängel graufilzig

Blätter wechselständig, filzig behaart

Körbchen 6–7 mm breit

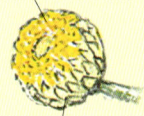

Hüllblätter mit trockenem, zitronengelbem Anhängsel

Kronen-Wucherblume

Glebionis coronaria (Korbblütengewächse)
H 30–80 cm   März–Sept.   einjährig

Vorkommen *Kultur-land, Öd- und Brach-flächen, Straßenränder. Auch Zierpflanze. Mittelmeerraum.*

> oft in großen, auf-fallenden Gruppen
> Blütenköpfe einfarbig oder weiß und gelb
> duftet zerrieben intensiv

Besonders die zweifarbige Form wächst oft als Zierpflanze in Gärten. Ostasiaten kochen Blätter und Stängel der Kronen-Wucherblume als Gemüse. Auch die alten Griechen kannten diese Verwendung. Sie hielten die Pflanze auch für ein Zauberkraut, das vor bösen Geistern und Hexen schützen sollte. Bei ihnen hieß die Pflanze *Dios ofrya* = „Zeusbrauen".

3–6 cm breite Blütenkörbchen an den Enden der Äste

Stängel reich verzweigt

Zungenblüten oft 2-farbig

gelbe Röhren-blüten

Abschnitte spitz

Blatt doppelt fiederteilig

252

Rauhaariger Alant

Inula hirta (Korbblütengewächse)
H 15–45 cm   Juni–Juli   Staude

Vorkommen *Lichte Eichen- und Kiefern-wälder, trockene Rasen, Gebüsche. An im Sommer warmen Stand-orten. Hauptsächlich Mittel- und Osteuropa.*

> braucht im Sommer warme Standorte
> erträgt Trockenheit
> Blätter fühlen sich sehr rau an

Aus dem verwandten Echten Alant isolierten Wissenschaftler 1804 erstmals Inulin, ein Kohlenhydrat, das den Korbblüten-gewächsen an Stelle von Stärke als Speichersubstanz dient. Nahrungsmittel mit Inulin eignen sich für Diabetiker, da der Körper für die Verwertung kein Inulin benötigt. Beim Abbau ent-steht für Diabetiker verträglicher Frucht-zucker (Fruktose).

zahlreiche 1–2 mm breite goldgelbe Zungenblüten

goldgelbe Röhrenblüten

Stängel aufrecht

Körbchen 3–5 cm breit

Blatt oval oder lanzettlich, fest

ungestielt

Stängel und Blätter rau behaart

Körbchen einzeln am Ende der Stängel

Färber-Distel

Carthamus tinctorius (Korbblütengewächse)

H 15–120 cm   Juli–Sept.   Staude

Bereits vor 4000 Jahren kultivierten Ägypter die Färber-Distel, um ihre Farbstoffe zu gewinnen. Die Blüten enthalten rot und gelb färbende Substanzen. Besonders begehrt war das Rot, mit dem sich Baumwolle und Seide färben lässt, das aber auch für Schminken und Konfekt verwendet wurde. Heute presst man aus den Samen Distel- oder Safloröl, das Arterienverkalkungen vorbeugen soll.

Vorkommen *Heimisch im Orient, in Südeuropa kultiviert und auf Weideland, Brach-flächen und an Weg-rändern verwildert.*

> **heute besonders als Ölpflanze wichtig**
> **Blüten ändern ihre Farbe**
> **manchmal als Schnitt-blume im Blumenhandel**

beim Verblühen rötlich

goldgelbe bis orange-farbene Röhrenblüten

Körbchen um 3 cm breit

253

ältere Blüten im Körbchen abwärts geneigt

Blütenkörbchen am Ende der Stängel

Rand glatt oder mit Dornen

Blatt eiförmig bis lanzettlich

Schon gewusst?

Wenn Märkte sehr preisgünstig Safran anbieten, handelt es sich selten um echte Safranfäden. Anstelle der wertvollen Narben des Safran-Krokus be-steht die Ware häufig aus den Blüten der Färber-Distel, die Speisen ebenfalls gelb färben.

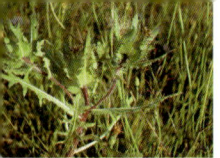

Benediktenkraut

Cnicus benedictus (Korbblütengewächse)
H 10–60 cm April–Juli einjährig

***Vorkommen** Kulturland, Brachflächen, trockene Weiden, Trockenrasen. Auch angebaut als Heilpflanze. Mittelmeerraum.*

> ***schmeckt stark bitter***
> ***Hautkontakt kann Allergien auslösen***
> ***Wildpflanzen bleiben oft sehr niedrig***

Im 16. Jahrhundert galt Benediktenkraut als eines der wirksamsten Mittel gegen die Pest. Es enthält aber keine Stoffe, die bei dieser Krankheit helfen könnten. Die Pflanze lindert Verdauungsstörungen und Gallenbeschwerden und eignet sich für Kräuterlikör. Unter der Bezeichnung „Benediktiner" gehandelter Likör enthält Auszüge aus vielen verschiedenen Kräutern, zu denen Melisse und Thymian, aber nicht unbedingt das Benediktenkraut gehören.

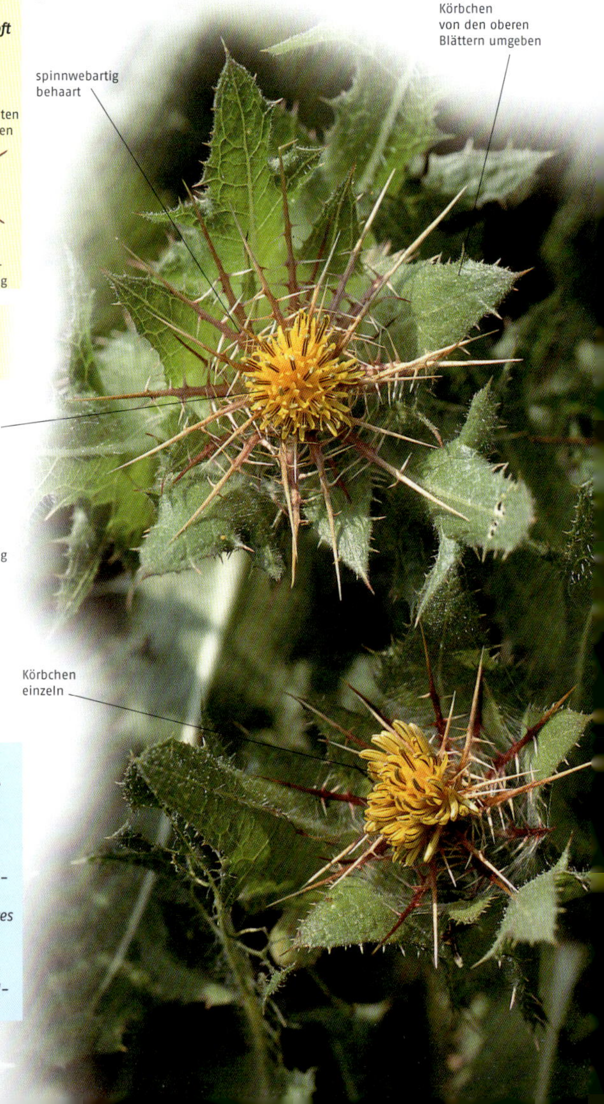

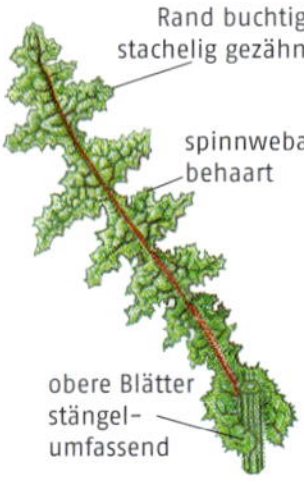

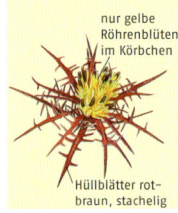

nur gelbe Röhrenblüten im Körbchen
Hüllblätter rotbraun, stachelig

Körbchen von den oberen Blättern umgeben
spinnwebartig behaart
Körbchen 3–4 cm breit
Körbchen einzeln

Rand buchtig, stachelig gezähnt
spinnwebartig behaart
obere Blätter stängelumfassend

Schon gewusst?

Die ältesten Hinweise auf Arzneipflanzengärten in Klöstern stammen von dem im 6. Jahrhundert gegründeten Mönchsorden der Benediktiner. Der Ursprung ihres Namens ist derselbe wie der der Pflanze: lateinisch benedictus heißt „gesegnet, heilkräftig".

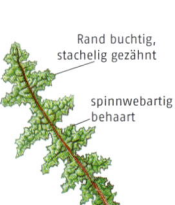

Kohl-Kratzdistel

Cirsium oleraceum (Korbblütengewächse)
H 50–150 cm   Juni–Sept.   Staude

Früher verfütterten Bauern die Kohl-Kratzdistel gerne an das Vieh. Junge Sprosse und die weichen Blätter verwendete man auch für Salat oder kohlartiges Gemüse. Die Böden der Blüten-körbchen eignen sich sogar als Artischocken-Ersatz, sind aller-dings bei weitem nicht so ergiebig.

je 2–6 Blütenkörbchen beieinander

von gelbgrünen, kaum stacheligen Blättern umgeben

Abschnitte kurz ge-zähnt, kaum stechend

untere Blätter fieder-schnittig

Vorkommen *Nasse Wiesen, Auenwälder, Bachufer, Quellen, Waldschläge. Auf nassen, nährstoff-reichen Böden. Nord-, Mittel- und West-europa.*

> **wird gerne von Schmetter-lingen besucht**
> **zeigt nasse Böden an**
> **eine Kratzdistel, die kaum stachelig ist**

Blütenkörbchen 2,5–4 cm lang

blassgelbe Röhren-blüten

Alpen-Kratzdistel

Cirsium spinosissimum (Korbblütengewächse)
H 20–70 cm   Juli–Sept.   Staude

Rand buchtig, mit stacheligen Abschnitten

Blätter steif

Der wissenschaftliche Name heißt übersetzt in etwa „sehr dornige Kratzdistel". Es erstaunt also wenig, dass diese Kratzdistel vom Vieh verschmäht wird, lediglich kleinere Tiere fressen die jungen Blütenköpfe. Die bleichen Hochblätter sollen im Mittelalter Vorla-gen für Brokatstickereien und Ornamente geliefert haben.

2–10 Körbchen beieinander

ganze Pflanze sehr dornig

Körbchen von blassen, stechenden Hochblättern umgeben

Vorkommen *Weiden, Lagerplätze von Vieh, Bachufer, Flächen mit grobem Schutt. In den Apenninen und in den höheren Lagen der Alpen bis auf 3000 m.*

> **fällt schon von weitem durch die blassen Hoch-blätter auf**
> **braucht feuchten Boden**
> **bleibt auf Viehweiden stehen**

etwa 2 cm breite Blütenkörbchen

etwa 100 hellgelbe Blüten

Gewöhnliche Golddistel

Carlina vulgaris (Korbblütengewächse)
H 15–60 cm   Juli–Sept.   zweijährig

Vorkommen *Magere Rasen und Weiden, Halbtrockenrasen, Wegränder, lichte Wälder. Meist auf kalkhaltigen Böden. Ganz Europa.*

> **erträgt Trockenheit**
> **heißt auch „Kleine Eberwurz"**
> **Blütenkörbchen schließen sich bei Feuchtigkeit**

Blühende Körbchen lassen sich auf den ersten Blick nur schwer von bereits fruchtenden unterscheiden: Die gelben, trockenen Hüllblätter, durch die die Körbchen auffällig wirken, bleiben wie bei der Silberdistel (S. 138) bis lange in den Winter hinein schön.

Körbchen einzeln am Ende der Zweige

Blütenkörbchen 3–5 cm groß

Blätter stachelig gezähnt

Pflanze sparrig

Stängel spinnwebartig behaart, unbestachelt

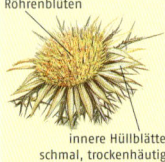

sehr viele gelbliche Röhrenblüten

innere Hüllblätter schmal, trockenhäutig, stroh- bis goldgelb

Rainkohl

Lapsana communis (Korbblütengewächse)
H 30–100 cm   Juni–Sept.   einjährig, Staude

mehrere längliche Früchte im gemeinsamen Körbchen

Vorkommen *Unkrautbestände an Hecken, Zäunen, Straßenrändern, in Wäldern, Gärten, auf Schuttplätzen, Äckern. Fast ganz Europa.*

> **zeigt nährstoffreiche Böden an**
> **wächst gern im Halbschatten oder Schatten**
> **weißer Milchsaft**

Die Blütenkörbchen des Rainkohls öffnen sich nur bei schönem Wetter morgens von etwa 6 bis 11 Uhr. Bei schlechtem Wetter bestäuben sie sich selbst, indem sich die äußeren Blüten über die inneren krümmen und so die Staubbeutel mit den Narben in Kontakt kommen. Die Pflanze eignet sich trotz des Namens nicht als Gemüse.

viele 1–1,5 cm breite Körbchen

Stängel reich verzweigt

große Endfieder

untere Blätter mit bis zu 4 kleinen Fiederpaaren

Blütenkörbchen mit 8–18 hellgelben Zungenblüten

Wiesen-Löwenzahn

Taraxacum officinale (Korbblütengewächse)

H 5–40 cm   April–Juli   Staude

Die Heilpflanze lindert Gallestörungen und fördert die Harnabgabe (wird auch „Bettseicher", „Bettpisser" genannt). Kinder blasen gerne die Früchte von den „Pusteblumen". Früchte entstehen auch dann, wenn kein Blütenstaub auf die Narben kommt. Wegen dieser „Jungfernzeugung" passt es aus heutiger Sicht ganz gut, dass die Pflanze auf vielen christlichen Bildern mit der Jungfrau Maria zu sehen ist.

Vorkommen *Gedüngte Wiesen, Weiden, Unkrautbestände an Wegen, in Äckern, Parkrasen. Auf nährstoffreichen Böden. Ganz Europa.*

> *sondert bei Verletzung weißen Milchsaft ab*
> *sorgt im Frühjahr für gelbe Wiesen*
> *sehr bekannte Pflanze*

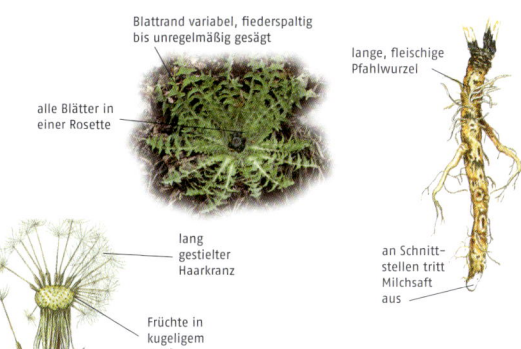

Blattrand variabel, fiederspaltig bis unregelmäßig gesägt

alle Blätter in einer Rosette

lange, fleischige Pfahlwurzel

lang gestielter Haarkranz

an Schnittstellen tritt Milchsaft aus

Früchte in kugeligem Kopf

goldgelbe Blütenkörbchen

sehr viele verschieden lange Zungenblüten

257

Blütenkörbchen 2,5–4 cm breit

Stängel ohne Blätter

Schon gewusst?

Wenn man die hohlen Stängel spaltet und ins Wasser legt, rollen sich diese rasch spiralig ein. Verantwortlich hierfür sind die Zellen der Röhreninnenwand, die sich stark ausdehnen.

Kompass-Lattich

Lactuca serriola (Korbblütengewächse)
H 60–120 cm   Juli–Sept.   ein- bis zweijährig

Vorkommen Weg-
ränder, Schuttplätze,
Bahnanlagen, Öd-
flächen, Mauern,
Dämme. Auf trockenen,
nährstoffreichen Böden.
Fast ganz Europa.

> heißt auch „Stachelsalat"
> braucht ausreichend
  Wärme
> wächst oft in großen
  Gruppen

Besonders an sehr sonnigen Standorten stehen die Blätter
senkrecht und zeigen wie eine Kompassnadel nach Norden und
Süden. So vermeiden sie eine zu starke Einstrahlung der Mittags-
sonne und verhindern damit eine zu hohe Erwärmung und Verdunstung. Im Schatten ist die Blattstellung weniger ausgeprägt.
Die Wurzeln können bis 2 m tief in den Boden eindringen und
so auch an scheinbar trockenen Standorten noch Feuchtigkeit
aufnehmen.

Körbchen
1–1,5 cm
breit

15–25 hellgelbe
Zungenblüten

Blütenstände
anfangs
überhängend

Stängel steif
aufrecht

hellgelbe
Zungenblüte

Blätter
senkrecht oder
schief und in
2 Zeilen gestellt

Blätter eingeschnitten
mit entfernt stehen-
den Abschnitten

weiße
Haare

Unterseite der Hauptnerven
und Rand stachelig

Schon gewusst?

*Die Ursprünge des Grünen
Salats gehen auf den Kompass-
Lattich zurück. Die Wildart gilt
heute als Stammpflanze der
verschiedenen Kultursorten.
In China kennt man auch
eine Zuchtform des Kompass-
Lattichs, deren Stängel man
wie Grünspargel isst.*

Wiesen-Bocksbart

Tragopogon pratensis (Korbblütengewächse)
H 20–70 cm   Mai–Juli   zweijährig, Staude

Frucht mit bis
4 cm breitem
Fallschirm

Zungenblüten verdecken
oft die Hüllblätter

Noch geschlossen erinnert der
Fruchtstand an den Bart eines
Ziegenbocks (siehe wissenschaftlicher Name: griechisch
tragos = Bock, pogon = Bart).
Bei Trockenheit öffnet er sich
und die fein und dicht gewo-
benen Fallschirme der Früchte
entfalten sich. Sie sorgen für
besonders gute Flugeigen-
schaften und damit eine gute
Ausbreitung der Pflanze.

Körbchen
3–7 cm breit

Blätter schmal,
lang zugespitzt

stängel-
umfassend

Vorkommen *Oft große
Bestände auf Wiesen,
Halbtrockenrasen, an
Wegrändern, Bahn-
höfen. An im Sommer
warmen Standorten.
Fast ganz Europa.*

> **Blüten nur vormittags bei
gutem Wetter geöffnet**
> **weißer Milchsaft**
> **erinnert etwas an einen
großen Löwenzahn (S. 257)**

Körbchen mit unterschiedlich
langen Zungenblüten

8 grüne
Hüllblätter

Kohl-Gänsedistel

Sonchus oleraceus (Korbblütengewächse)
H 30–100 cm   Juni–Okt.   einjährig

Anders als es der Name erwarten lässt, ist die Pflanze nicht
wehrhaft wie eine echte Distel. Sie enthält reichlich Nährstoffe.
Bauern schätzten sie als Vieh-
futter, was zum deutschen
Namen „Gänsedistel"
führte. Junge Stängel,
Blätter und Wurzeln
kochte man früher
auch zu Gemüse oder
als Suppeneinlage
(lateinisch *oleraceus* =
als Gemüse gebraucht).

Körbchen
1,5–2,5 cm
breit

lockerer
Blütenstand

obere Blätter
mit breiten,
zugespitzten
Zipfeln

stängel-
umfassend

Pflanze matt
graugrün

Vorkommen *Lockere
Unkrautbestände an
Wegen, Mauern, auf
Schuttplätzen, Äckern,
Gärten, Ödflächen. Auf
nährstoffreichen Böden.
Ganz Europa.*

> **zeigt Stickstoff im
Boden an**
> **an ihren Standorten sehr
konkurrenzstark**
> **Pflanze mit Milchsaft**

Körbchen mit gelben bis
weißlich gelben Zungen-
blüten

außen
oft
rötlich

Herbst-Löwenzahn

Leontodon autumnalis (Korbblütengewächse)
H 15–45 cm   Juli–Sept.   Staude

Wenn man nur von „Löwenzahn" spricht, meint man meist den Wiesen-Löwenzahn (S. 257). Sowohl der deutsche wie auch der wissenschaftliche Name beziehen sich auf die auffallende Blattform (griechisch leon = Löwe, odontos = Zahn).

Körbchen mit zahlreichen goldgelben Zungenblüten

meist mehrere 2–3,5 cm breite Blütenkörbchen

Blätter schmal, kahl oder kaum behaart

Rand tief fiederspaltig oder grob gezähnt

vor dem Aufblühen aufrecht

Stängel mit kleinen Blattschuppen

Blätter bilden eine Rosette

Kleines Habichtskraut

Blattoberseite mit 3–7 mm langen Haaren

Hieracium pilosella (Korbblütengewächse)
H 5–30 cm   Mai–Okt.   Staude

„Mausohr-Habichtskraut", wie die Pflanze auch heißt, bezieht sich auf die Form und Behaarung der Blätter. Bei Trockenheit rollen sich diese ein und verringern die Oberfläche. Außerdem reflektiert die Unterseite das Licht, weshalb sie sich nicht so rasch erwärmen. Beides zusammen verringert die Verdunstung der lebensnotwendigen Feuchtigkeit.

Blütenkörbchen 2–3 cm breit

hellgelbe, außen oft rot gestreifte Zungenblüten

Blätter oft eingerollt

unten graufilzig behaart

Stängel ohne Blätter

mit 1 Blütenkörbchen

Blätter bilden eine Rosette

Blätter liegen dem Boden an

Wiesen-Pippau

Crepis biennis (Korbblütengewächse)
H 50–120 cm   Mai–Aug.   zweijährig

Der Wiesen-Pippau erträgt keine Beweidung und verschwindet, sobald Mähwiesen in Weiden umgewandelt werden. Die Blüten locken Bienen an, bestäuben sich selbst oder bilden Samen ohne Befruchtung. Somit ist die Vermehrung in jedem Fall sichergestellt. Die Früchte werden gerne von Vögeln gefressen. Auch Kanarienvögel mögen sie.

Vorkommen *Mäh-wiesen, Wege. Auf nährstoffreichen Böden an sonnigen Standorten. Fast ganz Europa.*

> **Pflanze mit weißem Milchsaft**
> **Fruchtstände erinnern etwas an die des Löwen-zahns (S. 257)**
> **wurzelt sehr tief**

Körbchen 2–3,5 cm groß

lockerer, verzweigter Blütenstand

Blätter buchtig gezähnt oder fieder-spaltig

goldgelbe Zungenblüten

Hülle schwärzlich grün, filzig

261

Herbst-Goldbecher

Sternbergia lutea (Amaryllisgewächse)
H 10–30 cm   Sept.–Okt.   Staude

Die Blätter dieser Zwiebelpflanze erscheinen etwas vor oder gleichzeitig mit den Blüten. Häufig findet man die Pflanze auch unter der Bezeichnung „Gewitterblume" – ihre Blüten sollen sich vor einem Gewitter schließen. Ihren wissenschaftlichen Namen erhielt sie nach einem böhmischen Botaniker des 18./19. Jahrhunderts.

Vorkommen *Offenes Buschland, steinige, felsige Flächen, Weide-land. Auch als Zier-pflanze. Mittelmeer-raum.*

> **erinnert an einen Krokus**
> **blüht meist sehr reich**
> **in Mitteleuropa als Zierpflanze nur mäßig winterhart**

Blüten einzeln auf blattlosem Stängel

Blätter linealisch, 7–11 mm breit

6 Zipfel

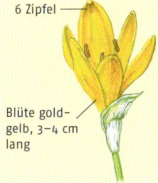

Blüte gold-gelb, 3–4 cm lang

Amerikanische Agave

Agave americana (Spargelgewächse)
H 300–600 cm   Juni–Aug.   Staude   (☼)

Vorkommen *Felsen besonders in Küstennähe, felsige Flächen. Eingebürgert im Mittelmeerraum. Auch kultiviert, etwa an Mauern.*

> stammt aus Amerika
> bildet eine auffällige Blattrosette
> abgestorbene Fruchtstände oft lange sichtbar

Heute wirkt die Agave wie eine typische Pflanze des Mittelmeerraums, sie gelangte jedoch erst nach der Entdeckung Amerikas dort hin. Seit Anfang des 17. Jahrhunderts pflanzte man sie zur Zierde in südliche Gärten, von dort entwich sie und eroberte ihre neue Heimat. Der Wachsüberzug auf den Blättern, das wasserspeichernde Gewebe und tief reichende Wurzeln tragen dazu bei, dass die Pflanze an trockenen, heißen Standorten leben kann.

6 Blütenzipfel

Staubblätter ragen heraus

lange Blütenröhre

Blattrand mit Stacheln

riesiger aufrechter Blütenstand

bis über 1000 Blüten pro Pflanze

262

Blätter bilden eine Rosette

Blätter dickfleischig, bis über 1 m lang

Schon gewusst?

Agaven blühen auch unter günstigen Bedingungen erst nach vielen Jahren – und dann nur einmal. Während der mächtige Blütenstand wächst, schrumpfen die Blätter und vertrocknen schließlich. Sobald die Samen reif sind, stirbt die Pflanze ab.

Gelbe Narzisse

Narcissus pseudonarcissus (Amaryllisgewächse)

H 20–40 cm   März–Mai   Staude   🐝

Die Gelbe Narzisse schmückt zu Ostern christliche Kreuze und Altäre. Die griechische Sage berichtet, dass der schöne Jüngling Narziss die Liebe der Nymphen nicht erwiderte und nur sich selbst liebte. Deshalb bestraften ihn die Götter: Als er in einem See sein Spiegelbild umarmen wollte, stürzte er ins Wasser und ertrank. Die Götter verwandelten ihn in eine Narzisse. Die Blüte mit ihrem Kranz soll sein Abbild sein, wie er sich übers Wasser beugt.

Schon gewusst?

Bei Zuchtsorten ist die Blüte oft einheitlich gelb gefärbt. Am Grund des weiten Trichters befindet sich Nektar als Lockmittel für Bestäuber. Obwohl der Trichter bei den Sorten bis 7 cm lang sein kann, stellt er kein Hindernis für Hummeln dar.

Vorkommen *Berg-wiesen, Wälder mit im Winter blattlosen Bäumen, verwildert auf Baumwiesen. Mittel-gebirge, besonders in Westeuropa.*

> auch als „Osterglocke" bekannt
> **Wildstandorte gefährdet**
> in vielen Sorten in Kultur

bis 4 cm lange dunkel-gelbe Nebenkrone („Trompete")

1,5–2 cm breit, Rand gewellt

6 Blütenzipfel hell-gelb, bis 4 cm lang

263

Blätter lang

Stängel ohne Blätter

Blüten meist einzeln, nickend

Blatt flach

unterseits gekielt

Wald-Gelbstern

Gagea lutea (Liliengewächse)
H 10–30 cm   April–Mai   Staude   (☻)

Vorkommen *Auen-wälder, Waldränder, Obstbaumwiesen in Waldnähe, Hecken. Auf kalk- und nährstoff-reichen Böden. Fast ganz Europa.*

> braucht ausreichend **Feuchtigkeit im Boden**
> **wächst meist im Schatten von Bäumen**
> **Blüten duften nicht**

Der am Grund der Blütenblätter frei zugängliche süße Nektar kann auch von kleinen Fliegen und Käfern aufgesaugt werden. Nach dem Blühen liegen die Stängel schlaff auf dem Boden. Die aus den reifen Kapseln herausfallenden Samen tragen ein nahrhaftes Anhängsel und werden von Ameisen verbreitet.

Blüten außen grüngelb

Grundblatt überragt den Blütenstand

Dolde mit 1–10 Blüten

1 grundständiges, flaches Blatt

Zwiebel etwa 1,5 cm lang

viele Wurzeln

6 Blütenblätter, zitronen-gelb, um 1,5 cm lang

vorn stumpf

Wilde Tulpe

Tulipa sylvestris (Liliengewächse)
H 20–45 cm   April–Mai   Staude   ☻

Vorkommen *Weinberge, Waldwiesen, Gebüsche, Baumgärten. Süd-europa, in Mitteleuropa im 16. Jahrhundert als Zierpflanze eingeführt und teilweise verwildert.*

> **Blüten duften**
> **braucht viel Sonne**
> **im Mittelmeerraum gibt es weitere Wildtulpen-Arten**

Tulpen-Blüten öffnen sich nur tagsüber an schönen Tagen, nachts schließen sie sich. Die Bewegung entsteht, indem die Außen- und Innenseiten der Blü-tenblätter unterschiedlich stark wachsen. So werden die Blüten größer. Gleich-zeitig verlängern sich auch die Stängel. Sind die Blüten voll ausgewachsen, hören die Bewegungen auf.

1 endständige Blüte

Stängel aufrecht

2–4 bis 2 cm breite, etwas fleischige Blätter

Narbe schmäler als der Fruchtknoten

6 Staub-blätter

Staubfäden am Grund dicht behaart

6 spitze, bis 7 cm lange Blütenblätter

gelb, außen oft grünlich

Sumpf-Schwertlilie

Iris pseudacorus (Schwertliliengewächse)

H 50–100 cm   Mai–Juni   Staude

In der Irisblüte bilden jeweils 1 Blütenblatt, 1 Staubblatt und 1 Griffelblatt eine Einheit. Bestäuber reagieren auf die 3 Teile wie auf getrennte Blüten, die sie nacheinander besuchen müssen. Auf Wappen steht das starre, scharfkantige Irisblatt wie ein kampfbereites Schwert als Symbol für Ritterlichkeit.

Vorkommen Ufer von Teichen, verschmutzten Bächen, Gräben. Wald- und Wiesensümpfe. Fast ganz Europa.

> braucht nassen Boden
> heißt auch „Gelbe Iris"
> ist eine Giftpflanze und führt zu Erbrechen und Durchfall

Stängel etwas zusammengedrückt

3 aufgerichtete kurze Blütenblätter

blütenblattartige Griffel

3 nach unten geschlagene Blütenblätter

bis über 3 cm breit

265

Blütenstand mit 4–12 Blüten

Blätter lineal, 1–3 cm breit

Schon gewusst?

Als „Fleur-de-Lis" oder „Bourbonen-Lilie" ziert eine stilisierte Blüte der Sumpf-Schwertlilie Wappen und Tore. Das Emblem geht der Legende nach auf Frankenkönig Clovis I. zurück, dem die Pflanze im 5. Jahrhundert bei einem Feldzug den Weg über den Rhein wies.

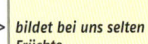

Gewöhnliche Osterluzei

Aristolochia clematitis (Osterluzeigewächse)
H 30–70 cm   Mai–Juni   Staude

Vorkommen *Wein-*
berge, Ränder von
Kulturflächen und
Gebüschen, feuchte
Wälder. Auf nähr-
stoffreichen Böden.
Mittel- und Südeuropa.

> **bildet bei uns selten**
> **Früchte**
> **wärmeliebend**
> **wird immer seltener**

Die Gewöhnliche Osterluzei benötigt ähnlich warme Standorte
wie die Weinrebe. Sie kommt in Mitteleuropa deshalb besonders
dort vor, wo alte Weinberge aufgegeben wurden. Im Mittelalter
schrieb man der Pflanze eine wundheilende und geburtsför-
dernde Wirkung zu. Heute kennt man jedoch erbgutverändernde
und tumorauslösende Inhaltsstoffe, so
dass nur sehr hochverdünnte Dosen
angewandt werden dürfen.

Blätter tief
herzförmig

oben zungenartig

Blüten 3–8 cm
lang, röhrig

unten
bauchig

Hauptblattnerven
entspringen an
der Basis

Frucht
kugelig bis
birnenförmig,
hängend

Stängel
aufrecht

2–8 Blüten in
den Blattachseln

Schon gewusst?

Die Blüte bildet eine Falle:
Ihre Röhre trägt innen ab-
wärtsgerichtete Haare. Kleine
Fliegen können hineinkrie-
chen, nicht jedoch heraus.
Erst wenn die Haare nach der
Bestäubung welken und sich
die Blüte nach unten neigt,
ist der Ausgang wieder frei.

Gelber Eisenhut

Aconitum lycoctonum (Hahnenfußgewächse)
H 50–150 cm   Juni–Aug.   Staude   ☠

Beim Eisenhut kommen die Bestäuber nur sehr schwer an den Nektar. Der Blüteneingang ist schwer zugänglich, so dass nur langrüsselige Hummeln die Blüten bestäuben können. Kurzrüsselige Hummeln beißen oft den Helm am oberen Ende an. Früher stellte man aus der Pflanze Giftköder für Wölfe und Füchse her.

Blüten 1,5 bis 2 cm hoch

Blüten in Trauben

Blüte längs geschnitten

2 Nektarblätter im Helm

Helm etwa 3-mal so hoch wie breit, flaumig behaart

Blüte blassgelb

267

Gelber Lerchensporn

Pseudofumaria lutea (Mohngewächse)
H 15–30 cm   Mai–Okt.   Staude   (☠)

Besucht ein Insekt die Blüten, drückt es die beiden inneren Kronblätter an deren flügelartigen Rippen nach unten. Daraufhin schnellen die Staubbeutel und die Narbe nach oben. Das Insekt berührt diese mit dem Rücken, wenn es Nektar saugt. Die Blüte schließt sich nicht wieder, offene Blüten zeigen damit an, dass sie besucht wurden.

dichte, mehr oder weniger einseitswendige Trauben

meist mit vielen Stängeln und Blättern

Blatt locker gefiedert

kahl

1,2–2 cm lange, hängende Blüten

Krone vorn lippenartig

kurzer Sporn

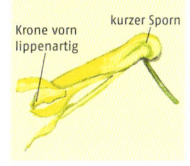

Zweiblütiges Veilchen

Viola biflora (Veilchengewächse)
H 8–15 cm   Mai–Aug.   Staude

Vorkommen Berg-
wälder, Auen, schattige
Felshänge, Steinschutt.
In den Gebirgen Mittel-
und Südeuropas von
den Tälern bis auf über
3000 m.

> kommt mit sehr wenig
> Licht aus
> benötigt viel Boden- und
> Luftfeuchtigkeit
> meist mit 2 Blüten

Beim Zweiblütigen Veilchen ist der Sporn der Blüte so kurz, dass sogar Fliegen und Schwebfliegen mit ihren kurzen Rüsseln den Nektar erreichen können. Die Samen werden von Ameisen verschleppt oder beim Äsen von Rehen und anderen Tieren gefressen und unbeschädigt wieder ausgeschieden.

Blatt nieren-
förmig

Rand kerbig
gesägt

je 1–2 Blüten
am Ende der
Stängel

Blüten
überragen
die Blätter

seitliche Kron-
blätter aufwärts
gerichtet

Blüten gelb,
1–1,5 cm groß

unteres Kronblatt
mit Muster

kurzer Sporn

Blätter glän-
zend grün

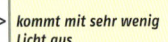

268

Gelbes Veilchen

Viola lutea (Veilchengewächse)
H 10–20 cm   Juni–Aug.   Staude

Vorkommen Magere,
lückige Wiesen und
Weiden der Gebirge.
Bis oberhalb der Wald-
grenze. Mittel- und
Westeuropa.

> heißt auch „Vogesen-
> Stiefmütterchen"
> eine der Stammarten des
> Garten-Stiefmütterchens
> Blüten duften

Im 16. Jahrhundert nahmen Gärtner das Gelbe Veilchen in Kultur. Heute wächst es jedoch nur noch selten in Gärten. Es erinnert allerdings auf den ersten Blick etwas an das Horn-Veilchen, das die Gärtnereien im Früh-jahr in vielfarbigen Sorten anbieten. Dieses stammt ursprünglich aus den Pyrenäen.

Nebenblätter
mit schmalen
Abschnitten

2–4 cm große
Blüte mit Sporn

Stängel meist
unverzweigt

Blatt länger
als breit

seitliche Kronblätter
aufwärts gerichtet

blüht an
manchen
Standorten
auch violett

3 Kronblätter mit
dunkleren Streifen

Wildes Stiefmütterchen

Viola tricolor (Veilchengewächse)
H 10–40 cm   April–Sept.   einjährig, Staude

Für den deutschen Namen „Stiefmütterchen" gibt es ein Märchen, nach dem das große Kronblatt die Stiefmutter ist, die auf zwei Stühlen (zwei der Kelchblätter) sitzt. Ihre eigenen Töchter sitzen ihr zur Seite auf je einem Stuhl, die beiden Stieftöchter teilen sich den kleinsten Stuhl. Sie trauern deshalb in violett.

Schon gewusst?

Garten-Stiefmütterchen entstanden durch Kreuzungen des Wilden Stiefmütterchens und des Gelben Veilchens sowie weiterer Arten. Seit Beginn der Züchtungen im 18. Jahrhundert gab es viele Modeerscheinungen. Heute liegt der Trend bei riesigen Blüten.

Vorkommen
Böschungen, Wald-, Wiesen- und Wegränder, grasige Hänge, Brachflächen, Ödflächen. Fast ganz Europa.

> Blüten können auch ganz gelb oder gelb-weiß sein
> das ähnliche Acker-Stiefmütterchen hat kleinere Blüten mit größerem Kelch

obere beide Kronblätter meist blauviolett

seitliche aufwärts gerichtet

Kelchblätter deutlich kürzer als die Krone

untere Kronblätter gelb, mit Strichmuster

  269

Blüten 1,5–3 cm groß

einzeln auf 3–8 cm langen Stielen

zahlreiche kugelige Samen

Frucht öffnet sich mit 3 Klappen

Sporn am unteren Kronblatt

Blattrand mit einigen Kerben

Färber-Ginster

Genista tinctoria (Hülsenfrüchtler)
H 30–60 cm Juni–Aug. Strauch 🐝

Vorkommen *Magerwiesen, Moorwiesen, Waldränder, lichte Wälder. Fast ganz Europa.*

> **kann behaart oder unbehaart sein**
> **zeigt magere, eher etwas feuchte Standorte an**
> **verträgt keine Düngung**

In der frühen englischen Färbeindustrie war der Färber-Ginster eine der bedeutendsten Quellen für gelbe Farbstoffe. Färbende Inhaltsstoffe kommen sowohl in Blüten, Blättern wie auch dünnen Zweigen vor. Je nach Zusatzbehandlung variiert die Farbe von zitronengelb bis dunkelbraun oder olivgrün.

dichte, endständige Blütenrispen

8–16 mm lange Schmetterlingsblüte

klappt weit auseinander

Rand glatt

Zweige ziemlich starr, ohne Dornen

Blätter 0,5–4,5 cm lang, lanzettlich

Gewöhnlicher Stechginster

Ulex europaeus (Hülsenfrüchtler)
H 60–120 cm Mai–Juni Strauch 🐝

Kelch 2-teilig, gelb

Vorkommen *Heideflächen, Wald- und Wiesenränder, Böschungen, Gestrüpp. Auf kalkarmen Böden. Hauptsächlich West- und Nordeuropa.*

> **Pionierpflanze**
> **braucht milde Winter**
> **wächst sehr sparrig und dornig**

Bei uns frieren die Sträucher in strengen Wintern völlig zurück. In Westeuropa hat sich der Stechginster dagegen teils zu einem lästigen Unkraut entwickelt. In England geschah dies besonders dadurch, dass man Kaninchen intensiv bekämpfte und damit den wichtigsten Fressfeind der Pflanze stark dezimierte. Wiederkäuer (z. B. Kühe) meiden die Pflanze.

Blüten einzeln

1,5–2 cm lange Schmetterlingsblüte

Blätter und kurze Triebe zu Dornen umgebildet

klappt weit auseinander

Dornen verzweigt, starr

Zweige gerillt

Besenginster

Cytisus scoparius (Hülsenfrüchtler)
H 50–200 cm   Mai–Juni   Strauch

Reife Fruchthülsen springen besonders an heißen Tagen mit einem lauten Knacken auf und schleudern die Samen fort. Aus den struppigen, zähen Zweigen stellte man früher haltbare Kehrbesen her. Die Blüten und die Zweigspitzen enthalten ähnliche gelb färbende Substanzen wie der Färber-Ginster (s. vorherige Seite) und dienten früher zum Färben von Wolle. In der Medizin hilft das Kraut in genau festgelegten Mengen bei Herz- und Kreislaufbeschwerden.

Vorkommen Heiden, Waldschläge, Gebüsche, Weg- und Straßenränder, Böschungen. Auf sauren Böden. Fast ganz Europa.

> *Zweige ohne Dornen*
> *braucht viel Licht*
> *eignet sich zum Befestigen von Böschungen*

Blüten zu 1–2 in den Blattachseln

goldgelbe, 2–2,5 cm lange Schmetterlingsblüte

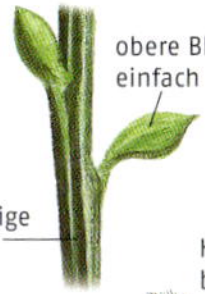

271

obere Blätter einfach

junge Zweige 5-kantig

Hülsenfrucht behaart

Klappen rollen sich nach dem Öffnen auf

Blätter wechselständig

untere Blätter 3-zählig

gestielt

Schon gewusst?

Landet eine Hummel oder eine schwere Wildbiene auf der Blüte, drückt sie das Schiffchen nach unten. Dabei schnellen die Staubblätter und der Griffel auf das Insekt. Einmal auf diese Weise explodiert, bleiben die Blüten geöffnet.

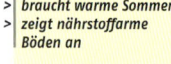

Gewöhnlicher Flügelginster

Chamaespartium sagittale (Hülsenfrüchtler)
H 15–25 cm   Mai–Juni   Strauch   (☙)

Vorkommen *Magere Weiden und Rasen, Böschungen, Wald- und Wegränder, Felsbänder. Besonders Mitteleuropa.*

> **wächst meist flächig**
> **braucht warme Sommer**
> **zeigt nährstoffarme Böden an**

Kelch kurz behaart

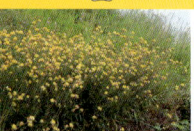

10–12 mm lange Schmetterlingsblüte

Beim Flügelginster übernehmen die grünen Flügel der Stängel die Funktion der früh abfallenden Blätter und bilden lebensnotwendige Kohlenhydrate. Sie verdunsten weniger Wasser als dies bei größeren Blättern der Fall wäre. Die Pflanze kann deshalb an trockenen Standorten recht gut wachsen.

aufrechte, meist unverzweigte Stängel

kurze, dichte Blütentrauben

Stängel mit breiten Flügeln

Blätter bis 2 cm lang, fallen früh ab

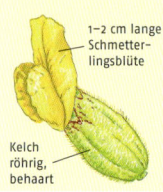

Wundklee

Anthyllis vulneraria (Hülsenfrüchtler)
H 15–30 cm   Mai–Aug.   Staude

Vorkommen *Sonnige Trockenrasen, magere Weiden, Straßenböschungen, Bahndämme, Steinbrüche, Felsköpfe. Fast ganz Europa.*

> **wächst oft in großen Gruppen**
> **verträgt keine Düngung**
> **vertrocknete Blüten bleiben am Köpfchen**

1–2 cm lange Schmetterlingsblüte

Kelch röhrig, behaart

Wundklee galt früher als gutes Heilmittel bei Verletzungen. Die Pflanze enthält zwar Gerbstoffe, die zusammenziehend und etwas blutstillend wirken, heute spielt sie jedoch in der Heilkunde kaum mehr eine Rolle. Möglicherweise leitete man früher die Heilkraft auch davon ab, dass die Knospen oft rot überlaufen sind und sich diese „Blutfarbe" beim Aufblühen verliert.

Blüten in dichten, kopfigen Blütenständen

Endblättchen oft viel größer

von handförmig geteilten Blättern umgeben

Blätter gefiedert

Gewöhnlicher Steinklee

Melilotus officinalis (Hülsenfrüchtler)
H 30–100 cm   Juni–Sept.   zweijährig   (🐝)

Nach Welken oder Trocknen duftet Steinklee nach Heu und Waldmeister (S. 98). Ab diesem Zeitpunkt enthält er nun Kumarin und hilft gegen Venenleiden, Blutergüsse und Prellungen. Wenn Steinklee verschimmelt, entsteht dagegen eine andere Substanz. Diese setzt die Blutgerinnung herab und kann beim Vieh zu tödlichen inneren Blutungen führen. Dieser Stoff wird als Rattengift verwendet. Außerdem war er Vorlage für Arzneimittel zur Verflüssigung des Blutes.

Vorkommen Sonnige Unkrautbestände an Wegen, Dämmen, in Steinbrüchen, auf Bahngelände, Schuttplätzen, Ödflächen. Ganz Europa.

> ● **erträgt Trockenheit**
> ● **besiedelt oft größere Flächen**
> ● **Blüten duften nach Honig und locken Bienen an**

4–10 cm lange, schmale Blütentraubentrauben

5–7 mm lange Schmetterlingsblüte

273

Blüten nicken

mittleres Blättchen länger gestielt als die beiden seitlichen

Blätter 3-zählig

Rand gezähnt

Schon gewusst?
An den gleichen Standorten, oft auch gemeinsam mit dem Gewöhnlichen Steinklee, wächst der Weiße Steinklee, der sich in erster Linie in der Blütenfarbe unterscheidet.

Hopfenklee

Medicago lupulina (Hülsenfrüchtler)
H 15–60 cm Mai–Okt. einjährig bis Staude

Der Name „Hopfenklee" bezieht sich auf die entfernt hopfenähnlichen Blütenstände, „Schneckenklee" auf die gekrümmten Hülsen. Die Blüten besitzen einen Explosionsmechanismus, bei dem die Staubblätter beim ersten Insektenbesuch herausschnellen und sich dem Insekt an den Bauch drücken.

Blütenstände kugelig, etwa 5 mm groß

Hülsenfrucht 1,5–3 mm groß, nieren- oder sichelförmig

2–3,5 mm lange Schmetterlingsblüte

Blätter 3-zählig

Blütenstände stehen gestielt in den Blattachsen

aufgesetzte Spitze

Fiederblättchen vorn gerade oder etwas eingebuchtet

274

Gewöhnlicher Hornklee

Lotus corniculatus (Hülsenfrüchtler)
H 5–40 cm Juni–Aug. Staude

Wissenschaftlich heißt der Hornklee Lotus, so hießen im Altertum viele Pflanzen, die essbare Früchte lieferten. Auch die Früchte eines Hornklees aus Südeuropa wurden verzehrt. Der Gewöhnliche Hornklee eignet sich jedoch nur als Viehfutter. Die bei Wandfarben als „Lotuseffekt" bezeichnete Fähigkeit Schmutz abzustoßen, bezieht sich nicht auf Hornklee, sondern auf ein Seerosengewächs.

gerade Hülsenfrüchte, 1,5–3 cm lang

Dolden mit 3–8 Blüten

Blatt mit 5 Fiedern

1–2 cm lange Schmetterlingsblüte

untere Fiedern sitzen meist am Stängel

besonders Knospen oft rot überlaufen

Gelbe Spargelerbse

Tetragonolobus maritimus (Hülsenfrüchtler)

H 10–30 cm   Mai–Juni   Staude

Landet ein Insekt auf der Blüte einer Spargelerbse, so löst es einen Pumpmechanismus aus: Durch eine kleine Öffnung an der Spitze des unteren, schiffchenförmigen Kronblatts schiebt der Stempel etwas Blütenstaub heraus, der dem Insekt am Bauch kleben bleibt. Um den Vorgang zu beobachten, kann man auch mit einem Hölzchen auf das Kronblatt drücken.

Vorkommen *Mager-rasen über Kalk, nasse Stellen in Hängen, Moorwiesen, Weg-ränder, Flussufer. Meist in Gebieten mit Kalk-gestein. Mittel-, Ost- und Südeuropa.*

> **trotz des Namens keine Gemüsepflanze**
> **verträgt Salz**
> **braucht warme Sommer**

Hülsenfrucht 4–5 cm lang, gerade

4 geflügelte Kanten

unterstes Fieder-blattpaar sitzt am Stängel

Blatt bläulich grün, mit 5 Fiedern

Fahne sehr groß

2,5–3 cm lange, hellgelbe Schmetter-lingsblüte

275

unter der Blüte ein 3-zähliges Blatt

Blüten einzeln, meist schräg aufwärts gerichtet

Schon gewusst?

In Südeuropa wächst die Rote Spargelerbse. Gelegentlich bieten Märkte oder Feinkostgeschäfte deren stark geflügelten Hülsen an. Kurz gekocht liefern sie ein spargel-ähnlich schmeckendes Gemüse.

Gewöhnlicher Hufeisenklee

Hippocrepis comosa (Hülsenfrüchtler)
H 8–25 cm   Mai–Juli   Staude

Vorkommen *Magere Rasen und Weiden über Kalkgestein, Felsen, Dämme, Wege, Böschungen. Auf meist steinigen Böden. Mittel- und Südeuropa.*

> **bildet typische Früchte**
> **wächst oft in größeren Gruppen**
> **bevorzugt warme, trockene Standorte**

Im Volksglauben befürchtete man früher, Pferden würden die Hufeisen abfallen, sobald sie auf die Pflanze treten. Grund hierfür waren die Früchte, die reif in einzelne, hufeisenförmige Segmente zerfallen.

Früchte 1,5–3,5 cm lang

aus je bis zu 6 hufeisenförmigen Gliedern zusammengesetzt

5–12 Blüten bilden eine Dolde

Blatt unpaarig gefiedert

Stängel niederliegend

je 9–17 Fiederblättchen

Kronblätter gestielt

8–12 mm lange Schmetterlingsblüte

276

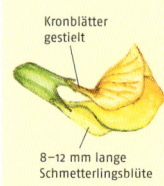

Wiesen-Platterbse

Lathyrus pratensis (Hülsenfrüchtler)
H 30–100 cm   Juni–Aug.   Staude

Vorkommen *Nährstoffreiche und nasse Wiesen, Hecken, Wälder, Fluss- und Bachufer. Vor allem in Lehmgebieten in ganz Europa.*

> **hält sich mit den Ranken an anderen Pflanzen fest**
> **lockt Hummeln, Bienen und Wespen an**
> **typische Wiesenpflanze**

Die schwarzen Früchte heizen sich an warmen Sonnentagen stark auf und trocknen aus. Dabei entstehen Spannungen, bis die Frucht an Nahtstellen aufreißt, sich blitzschnell einrollt und die Samen dabei fortschleudert.

verzweigte Ranke

1 Paar lanzettliche Fiederblättchen mit parallelen Nerven

Blatt gefiedert

2 fiederblattähnliche Nebenblätter

bis zu 12 Blüten in einer lang gestielten Traube

1–1,5 cm lange Schmetterlingsblüte

Buchsblättriges Kreuzblümchen

Polygala chamaebuxus (Kreuzblumengewächse)

H 10–20 cm   April–Juni   Strauch

Polygala bedeutet „viel Milch". Die Pflanze enthält jedoch keinen Milchsaft, vielmehr wurde früher eine verwandte nordamerikanische Art, die Senegawurzel, stillenden Frauen zur Anregung der Milchsekretion empfohlen. Auch das Buchsblättrige Kreuzblümchen sollte diese Wirkung haben, was jedoch nicht bestätigt werden konnte.

Vorkommen Lichte Kiefernwälder, Felsköpfe, magere Rasen über Kalkboden. Gebirge Mittel- und Südeuropas, in den Alpen bis auf über 2000 m.

2–3 cm lange Blüten in den Blattachseln

Pflanze niederliegend

Blätter immergrün

Blüten manchmal von Anfang an purpurn

Blätter elliptisch, ledrig

> Blätter im Winter grün
> Blüten färben sich von gelb nach braunrot bis purpurn
> duftet etwas nach Veilchen

2 weiße flügelartige Blütenblätter

gelbe, kahnartig verwachsene Blütenblätter

277

Kleinblütiges Springkraut

Impatiens parviflora (Balsaminengewächse)

H 30–60 cm   Juni–Sept.   einjährig

Blatt kahl

Rand spitz gezähnt

1837 säten Gärtner das Kleinblütige Springkraut in Dresden aus, Ende des 19. Jahrhunderts hatte es sich bereits über ganz Deutschland ausgebreitet. Nur mit seinem Schleudermechanismus (s. folgende Art) hätte es dies wohl nicht geschafft. Der Mensch half unfreiwillig mit, da die nassen Samen klebrig sind und in Reifenprofilen hängen blieben.

Vorkommen Stammt aus Ostasien und Sibirien. In Europa eingebürgert in Wäldern mit krautigem Unterwuchs, an Waldrändern, in Parks und Gärten.

Stängel aufrecht

wenige Blüten in aufrechten Trauben

> braucht hohe Luftfeuchtigkeit
> Pflanzen welken, sobald sie in der Sonne stehen
> Samen können über 3 m weit fliegen

Blüte um 1 cm lang, trichterförmig, blassgelb

gerader Sporn im Schlund mit rotem Muster

Großblütiges Springkraut

Impatiens noli-tangere (Balsaminengewächse)
H 30–100 cm   Juli–Aug.   einjährig   (☸)

Vorkommen *Auen-wälder, Schlucht-wälder, Waldquellen, Waldbäche, feuchte Waldränder. Fast ganz Europa.*

> **einzige heimische Springkraut-Art**
> **braucht Schatten und Feuchtigkeit**
> **wächst oft in Gruppen**

Springkräuter haben speziell aufgebaute Fruchtkapseln. Während der Reife baut sich in ihnen eine Spannung auf. Ist diese ausreichend hoch, platzen die Früchte bei der leichtesten Berührung von selbst auf und schleudern die Samen dabei bis über 3 m weit weg.

geöffnete Frucht mit aufgerollten Klappen

Frucht 2–3 cm lang

oft Tröpfchen an den Blattzähnen

Blüten hängen in den Blatt-achseln

Blüte trichter-förmig   mit roten Punkten

Sporn an der Spitze hakig ge-krümmt

Blüten 2,5–3 cm lang

Gelber Günsel

Ajuga chamaepitys (Lippenblütengewächse)
H 5–15 cm   Mai–Sept.   einjährig

Vorkommen *Getreide-äcker, Weinberge, Trockenrasen, Brach- und Schotterflächen. Auf trockenen, oft steinigen Böden. Süddeutschland, Süd-europa.*

> **ganze Pflanze lang behaart**
> **benötigt viel Wärme**
> **riecht beim Zerreiben aromatisch, etwas harzig**

Die schöne Zeichnung der Unterlippe weist den bestäubenden Bienen den Weg zum Nektar, der tief in der Blüte verborgen ist. Der Gelbe Günsel kommt im Mittelmeerraum wesentlich häufiger vor als bei uns. Früher galt er als wirksam gegen Hirnschlag und hieß auch „Schlagkräutlein".

Blatt tief 3-spaltig

7–15 mm lange Lippenblüten einzeln in den Blattachseln

Blätter überragen die Blüten

Abschnitte linealisch, 1–2 mm breit

Pflanze dicht beblättert

Oberlippe scheinbar fehlend

Unterlippe mit rötlicher Zeichnung

Bunter Hohlzahn

Galeopsis speciosa (Lippenblütengewächse)
H 50–100 cm   Juni–Okt.   einjährig

Die hohlen Zähne auf der Unterlippe der Blüte dienen als Führungsschiene für Insekten, besonders langrüsselige Hummeln: Diese müssen ihren Kopf zwischen den Zähnen hindurch in den Schlund stecken, um an den Nektar im Grund der Röhre zu gelangen. Auf diese Weise berühren sie sowohl die Narbe wie auch die Staubblätter und bestäuben so die Blüte.

borstig behaart

Blätter gekreuzt gegenständig

Stängel 4-kantig

violette Zeichnung

Blüten quirlartig in den Blattachseln

Lippenblüten 2,2–3,5 cm lang

Vorkommen *Unkrautbestände auf Waldlichtungen und Äckern, an Wegen, Ufern. Fast ganz Europa.*

> **zeigt Stickstoff im Boden an**
> **braucht viel Feuchtigkeit**
> **blüht auch im Schatten**

Oberlippe helmförmig

Unterlippe mit 2 kegelförmigen, hohlen Zähnen

stachelig begrannte Kelchzähne

279

Klebriger Salbei

Salvia glutinosa (Lippenblütengewächse)
H 40–80 cm   Juli–Okt.   Staude

dicht drüsig behaart

Die Staubblätter liegen in der Oberlippe der Blüte verborgen. Erst wenn man z. B. einen Grashalm in die Blüte einführt und ein Gelenk berührt, bewegen sie sich heraus. Die klebrigen Haare der Pflanze hindern vor allem kleine flügellose Insekten wie Ameisen, die diesen Mechanismus nicht auslösen können, daran, den Stängel hinaufzuklettern und von dem Nektar der Blüten zu naschen.

Vorkommen *Bergwälder mit krautreichem Unterwuchs, Schluchtwälder, Waldränder. Auf feuchten, meist steinigen Böden. Europa außer Skandinavien.*

> **Pflanze besonders im oberen Bereich klebrig**
> **duftet zerrieben aromatisch**
> **lockt besonders Hummeln an**

Blüten in Quirlen übereinander am Stängelende

Spreite am Grund pfeilförmig

langer Blattstiel

oft kleben kleine Insekten an der Pflanze

hohe, seitlich zusammengedrückte Oberlippe

hellgelbe, 3–4 cm lange Lippenblüte

Gewöhnliche Goldnessel

Lamium galeobdolon (Lippenblütengewächse)
H 15–80 cm   Mai–Juli   Staude

Blätter gekreuzt
gegenständig

Vorkommen *In Wäldern mit krautigem Unterwuchs. Auf nährstoffreichen Böden an schattigen oder halbschattigen Standorten. Ganz Europa.*

> bildet lange, oberirdische Ausläufer
> kann als spinatartiges Gemüse gekocht werden
> bleibt im Winter oft grün

In Gärten wächst meist die Form mit silberweißen Flecken auf den Blättern, die „Silberblättrige Goldnessel". Diese verwildert oft in der Nähe der Siedlungen. Die Flecken erscheinen dadurch, dass die Blattoberhaut dem Blattgewebe nicht direkt anliegt. Es befindet sich Luft dazwischen, die das Licht reflektiert. Die Goldnessel eignet sich auch als Zimmerpflanze.

Blüten
quirlartig in den
Blattachseln

Blätter oft mit
silberweißen
Flecken

hell- bis goldgelbe, 1,5–2,5 cm
lange Lippenblüten

Rand gezähnt

Oberlippe
helmförmig

Unterlippe 3-teilig,
mit Strichmuster

280

Aufrechter Ziest

Stachys recta (Lippenblütengewächse)
H 20–60 cm   Juni–Okt.   Staude

Lippenblüten
1–2 cm lang

quirlartig
angeordnet

Vorkommen *Gebüschund Waldränder, magere Rasen. Auf eher trockenen, meist kalkhaltigen Böden an sommerwarmen Standorten. Mittelund Südeuropa.*

> blüht hellgelb oder fast weißlich
> wächst meist in der prallen Sonne
> wurzelt bis 2 m tief

In den Kräuterbüchern des 16. Jahrhunderts hieß die Pflanze „Wundkraut" oder „Gliedkraut". Sie galt als wirksame Heilpflanze bei verwundeten Gliedern. Im Mittelmeerraum wurde stattdessen das Rauhaarige Gliedkraut verwendet. Es ist sehr nah mit dem Syrischen Gliedkraut (s. rechts) verwandt.

viele Quirle locker
übereinander am
Stängelende

Kelch mit 5 stechend begrannten Zähnen

Stängel
4-kantig

Blätter gegenständig

Unterlippe mit
braunem Muster

Rand gezähnt

rauhaarig

Syrisches Gliedkraut

Sideritis syriaca (Lippenblütengewächse)
H 20–60 cm   Mai–Aug.   Staude

Die Pflanze ist mit bis 2 m tiefen Wurzeln und der filzigen Behaarung an trockene Standorte angepasst. Teeläden und Märkte bieten die getrockneten, blühenden Stängel meist unzerkleinert unter der Bezeichnung „Griechischer Bergtee" an. Sie ergeben einen angenehm, schwach nach Zimt schmeckenden Kräutertee.

endständige
Blütenstände

Spreite länglich bis schmal oval

ganze Pflanze filzig behaart

Blätter gegenständig

behaart

Oberlippe flach

schmutziggelbe Lippenblüte

Strauchiges Brandkraut

Phlomis fruticosa (Lippenblütengewächse)
H 50–130 cm   April–Juli   Strauch

auffällige Quirle mit bis über 30 Blüten

Nur sehr schwere Insekten wie große Hummeln oder Holzbienen können die Unterlippe der Blüte herunterdrücken, um den Nektar am Blütengrund zu erreichen. „Brandkraut" weist darauf hin, dass sich die Pflanze auf Brandflächen in Massen entwickeln kann. Die Früchte besitzen eine sehr feste Wand, wodurch sie widerstandsfähig gegen Feuer sind.

Blätter gegenständig

grau behaart, runzelig

Oberlippe helmförmig

Blütengewebe sehr fest

2,5–3,5 cm lange Lippenblüte

Gewöhnliches Leinkraut

Linaria vulgaris (Wegerichgewächse)

H 20–75 cm   Juni–Okt.   Staude

Vorkommen *Offene, lockere Unkrautbestände, Flussschotter, Eisenbahndämme, Äcker, Ödflächen, Straßenränder. Ganz Europa.*

> **Blätter erinnern an die des Flachs (S. 159)**
> **braucht viel Sonne**
> **sehr schöne Pflanze für den Wildpflanzengarten**

Die orangegelbe „Maske", welche die Blütenöffnung verschließt, sieht auf den ersten Blick wie ein großes einzelnes Staubblatt aus. Sie täuscht Insekten damit leicht zugängliche Nahrung vor. Um tatsächlich Nahrung zu bekommen, müssen die Besucher jedoch bis in den Sporn vordringen. Kräftige Hummeln und langrüsselige Bienen schaffen dies, indem sie die Lippen der Blüten an einem Gelenk auseinanderdrücken.

Blatt lineal-lanzettlich, 2–4 cm lang, bläulich grün

Blüten in dichten Trauben

Blüte durch orangegelben Wulst verschlossen

langer Sporn

282

Blüten 2–3,5 cm lang

Stängel aufrecht

dicht beblättert

Schon gewusst?

Weitere Namen der Pflanze sind „Frauenflachs" oder „Marienflachs". Sie beziehen sich wohl darauf, dass blühende Stängel in vielen Gegenden in die an Mariä Himmelfahrt geweihten Kräuterbüschel gehören.

Wald-Wachtelweizen

Melampyrum sylvaticum (Sommerwurzgewächse)
H 10–35 cm Juni–Sept. einjährig (☠)

Blüten meist
zu zweit, nach
einer Seite
orientiert

Blüte
bis 1 cm
lang

Die Samen sind für Ameisen sehr interessant: Zum einen tragen sie einen nährstoffreichen Ölkörper, zum anderen ähneln sie in Größe und Form den Ameisenpuppen. Kein Wunder also, dass Ameisen sie in ihre Nester schleppen und so für die Ausbreitung sorgen. Oft keimen die Samen sogar direkt in den Ameisennestern.

Vorkommen *Lichte Wälder, Heiden, Waldränder, Hochmoore. Auf sauren, oft modrigen Böden. Ganz Europa.*

> **wächst meist in Gruppen**
> **sitzt mit den Wurzeln auf Fichten oder Heidelbeeren und entnimmt diesen Nährstoffe**

Rand glatt

Blätter gegenständig,
lanzettlich

ölhaltiges Anhängsel

Samen etwa
0,5 cm groß

4-teiliger Kelch

Oberlippe
filzig
behaart

Unterlippe 3-zipfelig

283

Gefleckte Gauklerblume

Mimulus guttatus (Gauklerblumengewächse)
H 25–60 cm Juni–Okt. Staude

Blüten einzeln in den
oberen Blattachsen

Die Blüten erinnern an Masken von Gauklern oder Possenreißern. Als eine Besonderheit besitzen sie eine reizbare Narbe. Anfangs spreizt sich diese wie Lippen auseinander. Wird sie auf der Innenseite berührt, klappt sie innerhalb weniger Sekunden zusammen. Der Blütenstaub, den ein blütenbesuchendes Insekt mitgebacht hat, geht so nicht verloren.

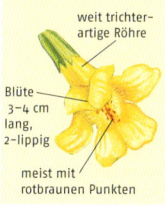

Vorkommen *Stammt aus Nordamerika. Als Zierpflanze in Europa, verwildert an Ufern von Flüssen und Bächen und in Gräben.*

> **braucht nasse Böden**
> **lockt Bienen an**
> **in Gärten auch Arten und Sorten mit roten Blüten**

offene,
lippen-
förmige
Narbe

zusammen-
geklappte
Narbe

Staubbeutel
darunter
sichtbar

Stängel
aufrecht

Blätter
rundlich bis
länglich-
eiförmig

obere
Blätter
sitzend

Blätter gegen-
ständig

weit trichter-
artige Röhre

Blüte
3–4 cm
lang,
2-lippig

meist mit
rotbraunen Punkten

Gewöhnlicher Zottiger Klappertopf

Rhinanthus alectorolophus (Sommerwurzgewächse)
H 10–80 cm   Mai–Aug.   einjährig   (※)

Die länglich-linsenförmigen, geflügelten Samen klappern bei Wind, beim Vorbeistreifen an der Pflanze oder beim Schütteln deutlich hörbar in den reifen Fruchtkapseln. Der wissenschaftliche Name Rhinanthus bezieht sich auf die etwas nasenartig ausgebildete Oberlippe der Blüte.

Vorkommen *Wenig gedüngte Wiesen, Halbtrockenrasen. Auf meist kalkhaltigen Böden. Besonders in Mitteleuropa.*

> *braucht etwas Wärme*
> *wächst oft in großen, lockeren Gruppen*
> *färbt sich beim Trocknen meist schwarz*

bis über 2 mm langer, blauer Zahn

Oberlippe helmartig

dicht behaarter Kelch

1,8–2,2 cm lange Blüten einzeln in den Achseln heller Blätter

284

Pflanze dicht behaart

Fruchtkapsel öffnet sich mit einem Spalt

trockener, vergrößerter Kelch

Kelch und Krone seitlich zusammen-gedrückt

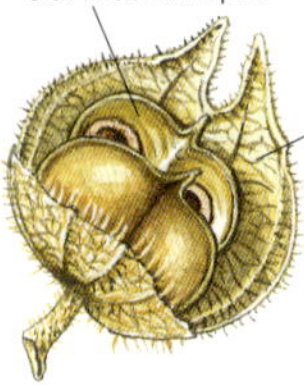

Blätter gegenständig, lanzettlich

Rand kerbig gezähnt

Schon gewusst?

Der Klappertopf ist ein Halbschmarotzer, der Wasser und Nährsalze aus den Wurzeln anderer Pflanzen saugt. Tritt er in Massen auf, schwächt er diese Wirtspflanzen und mindert so den Heuertrag. Er gilt deshalb als „Milchdieb".

Durchblättertes Läusekraut

Pedicularis foliosa (Sommerwurzgewächse)

H 20–50 cm   Mai–Aug.   Staude   (☹)

Traube mit 20–30 bis 3 cm langen Blüten

Das Läusekraut sitzt wie der Klappertopf (s. linke Seite) als Halbschmarotzer mit seinen Wurzeln auf anderen Pflanzen und entzieht diesen Wasser und Nährsalze. Hierzu muss es wesentlich kräftiger saugen, als wenn es mit den Wurzeln nur in der Erde sitzen würde. Dies erreicht es, indem es sehr viel Wasser verdunstet und so einen kräftigen Sog aufbaut. Abgepflückte Stängel welken deshalb sehr rasch.

Vorkommen *Bergrasen auf Kalkgestein, Bachränder, Gebüsche im Bereich der Baumgrenze. Gebirge in Mittel- und Südeuropa.*

> **heißt auch „Schopf-Läusekraut"**
> **früher gegen Läuse verwendet**
> **Blätter ähneln Farnwedeln**

lange Blätter zwischen den Blüten

dicht wollig behaart   Oberlippe helmartig

Blätter doppelt fiederteilig

Junkerlilie

Asphodeline lutea (Grasbaumgewächse)

H 40–100 cm   April–Juni   Staude

Der Teil *lutea* des wissenschaftlichen Namens bedeutet gelb und bezieht sich sowohl auf die Farbe der Blüten wie auch auf die der Wurzeln. Als die Pflanze in der Renaissance als Zierpflanze aus dem Mittelmeergebiet nach Deutschland kam, nannte man sie zuerst *Hastula regia*, was so viel wie „Königsspießchen" heißt. Der Name „Junkerlilie" bürgerte sich erst ab dem 19. Jahrhundert ein.

dichte, 10–15 cm lange Traube

2–3 cm große Blüten

Vorkommen *Im Mittelmeerraum auf felsigen Flächen und im Buschland. In Mitteleuropa auch als Zierpflanze kultiviert.*

> **Blüten duften**
> **erträgt Trockenheit**
> **heißt auch „Große Affodeline"**

6 etwas ungleiche Blütenblätter

Blatt spitz

Blätter linealisch

Mittelnerv grün

Basis stark verbreitert

Gewöhnlicher Wasserschlauch

Utricularia vulgaris (Wasserschlauchgewächse)
H 15–35 cm   Juni–Aug.   Staude

blühende Stängel
ragen aus dem Wasser

Die Fangblasen haben eine Klappe mit abstehenden Borsten. Berührt ein kleines Wassertier, etwa ein Wasserfloh, die Borsten, öffnet sich die Klappe. Ein Wassersog zieht das Tier in die Blase hinein. Dann schließt sich die Klappe wieder und das Tier wird im Innern verdaut. Über diesen Mechanismus versorgt sich die Pflanze mit zusätzlichen Nährstoffen.

je 4–25 Blüten

Vorkommen *Zwischen Seerosen oder im lichten Schilf in stehenden oder höchstens langsam fließenden, meist kalkarmen Gewässern. Ganz Europa.*

> *fleischfressende Pflanze*
> *fällt nur zur Blütezeit auf*
> *schwimmt meist frei im Wasser*

Blätter in fadenförmige
Zipfel geteilt

Borsten

zahlreiche
Fangblasen

1–4 mm lange
Fangblase

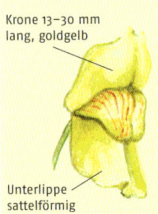

Krone 13–30 mm
lang, goldgelb

Unterlippe
sattelförmig

286

Europäische Korallenwurz

Corallorhiza trifida (Orchideengewächse)
H 8–25 cm   Mai–Juli   Staude

je Stängel bis
zu 11 Blüten

Die Korallenwurz hat kein oder nur Spuren von Blattgrün und keine Wurzeln. Sie ernährt sich ausschließlich von Pilzen, die mit ihren Fäden in ihre korallenartig verzweigte Grundachse eindringen und dort von der Pflanze verdaut werden.

unverzweigt

unterirdische
Teile korallenartig
verzweigt

Vorkommen *Moosige, dunkle Fichten- oder Tannenwälder und -forste. Auf modrigen Böden. Nord- und Mitteleuropa, im Süden im Gebirge.*

> *Blüten duften schwach nach Moschus*
> *wächst an sehr dunklen, luftfeuchten Standorten*
> *sieht auf den ersten Blick nicht wie eine Orchidee aus*

übrige Blütenblätter grünlich
gelb, schmal

keine grünen
Blätter

Stängel gelblich grün
bis braunrot

Lippe 5–7 mm lang, mit
roten Punkten und Strichen

Gelber Frauenschuh

Cypripedium calceolus (Orchideengewächse)

H 15–50 cm   Mai–Juni   Staude

Die Unterlippe der Blüte wirkt wie eine Fallgrube. Insekten, die nach Nektar suchen, purzeln hinein. Um aus dem rutschigen Inneren hinauszukommen, müssen sie sich durch enge Öffnungen hinauszwängen. Dabei laden sie mitgebrachten Blütenstaub ab oder nehmen neuen mit. Damit sie den Weg zum Ausgang finden, besitzt die Lippe helle „Fenster", welche die Insekten wieder hinausleiten.

Vorkommen *Wälder mit grasigem oder krautigem Unterwuchs, Gebüsch. Im Halbschatten. Selten. Mittel- und Nordeuropa.*

> **heimische Orchidee mit den größten Blüten**
> **erst mindestens 16 Jahre alte Pflanzen blühen**
> **stark gefährdet**

Blütenblätter purpurbraun, bis 6 cm lang

bauchig aufgeblasene, 3–4 cm lange Lippe

287

1–3 Blüten an jedem Stängel

Stängel beblättert

Blatt breit-elliptisch

Blattnerven parallel

Schon gewusst?

Blumengeschäfte verkaufen als Topfpflanzen Venusschuh-Orchideen, deren Blüten in der Form dem heimischen Frauenschuh ähneln. Venusschuh-Orchideen stammen jedoch aus Asien und wurden vielfach weitergezüchtet.

Europäische Haselwurz

Asarum europaeum (Osterluzeigewächse)

H 5–10 cm   März–Mai   Staude   🐌

Vorkommen *Laub-
und Nadelmischwälder
mit krautigem Unter-
wuchs. Auf feuchten,
meist kalkhaltigen
Böden. Hauptsächlich
Mittel- und Osteuropa.*

> **Blätter im Winter grün**
> **riecht zerrieben
> pfefferartig**
> **Blüten meist unter Laub
> verborgen**

Früher verwendete man die Europäische Haselwurz für Niespulver und gegen Bronchitis. Die Blüten locken Pilzmücken an. Diese
kleinen Insekten legen ihre Eier normalerweise in Pilze. Sie lassen
sich jedoch vom Duft der Haselwurz irreführen und platzieren ihr
Gelege stattdessen in deren Blüten. Dabei bestäuben sie diese.

Blattunterseite
behaart

Blatt nierenförmig bis
rundlich, ledrig fest

oben glänzend
dunkelgrün

langer, verzweigter,
kriechender Wurzelstock

kurz gestielt

Blüten sitzen am
Ende des Stängels

Blüte außen grünlich,
innen rotbraun

3–4 feste Zipfel

288

Aufrechtes Glaskraut

Parietaria officinalis (Brennnesselgewächse)

H 30–100 cm   Juni–Okt.   Staude

Vorkommen *Lichte
Auenwälder, Felsen,
Mauern, Ödflächen. Auf
nährstoffreichen Böden.
Mittel- und Südeuropa.*

> **benötigt Wärme und
> Feuchtigkeit**
> **erinnert an eine Brenn-
> nessel ohne Brennhaare**
> **Stängel brüchig**

Die Blätter des Aufrechten Glaskrauts
glänzen etwas glasartig und werden
beim Trocknen durchscheinend.
Früher diente die Asche der Pflanze zum Reinigen von Glas und
Geschirr. Heilkundige verwendeten
die Pflanze gegen Infektionen der
Harnwege sowie gegen Blasen- und
Nierensteine.

Blattoberseite
stark glänzend

an beiden En-
den allmählich
verschmälert

dichte Blütenknäuel
in den Blattachseln

4 Staub-
blätter

4 Blüten-
blätter, etwa
1 mm groß

Blatt 5–10 cm
lang, dünn

Gewöhnliche Brennnessel

Urtica dioica (Brennnesselgewächse)
H 30–150 cm   Juli–Okt.   Staude

Brennnesseln gelten als Unkraut, sind jedoch auch nützlich: Aus der früh im Jahr austreibenden Pflanze kann man spinatartiges Gemüse kochen. Der vitaminhaltige Presssaft lindert Frühjahrsmüdigkeit. Die Heilpflanze wirkt gegen Arthritis und Rheuma sowie gegen Prostata- und Harnwegserkrankungen. Bereits im 12. Jahrhundert stellte man aus den Fasern der Stängel Segel und Fischernetze her. Als Faserlieferant verlor die Pflanze jedoch in dem Maß an Bedeutung, wie die der Baumwolle zunahm.

Vorkommen Wege, häufig auch in Dörfern, Schuttplätze, Gräben, Waldränder, überdüngte Wiesen. Ganz Europa.

> **es gibt männliche und weibliche Pflanzen**
> **einer der besten Stickstoffzeiger**
> **bewächst oft riesige Flächen**

weibliche Blüte mit weißlicher, pinselartiger Narbe

männliche Blüte mit 4 Staubblättern

Blüten in Rispen in den Blattachseln

289

Blatt meist über 5 cm lang

viele kurze Borstenhaare und lange Brennhaare

Blätter gegenständig

Rand grob gesägt

Brennhaar mit leicht abbrechender Spitze

Stängel aufrecht, unverzweigt

Schon gewusst?

Brennnesseln sind die Futterpflanzen der Raupen des Tagpfauenauges und des Kleinen Fuchs. Die Raupen dieser Schmetterlinge fallen besonders deshalb auf, weil sie bis zu ihrer letzten Häutung zu vielen gemeinsam in einem Gespinst leben.

Alpen-Ampfer
Rumex pseudoalpinus (Knöterichgewächse)
H 70–200 cm   Juni–Aug.   Staude   (☂)

Blütenstand dicht

Blatt am Grund herzförmig

Der Alpen-Ampfer stellt ein Alm-Unkraut dar, das in der Nähe der Almhütten oft große Flächen bedeckt. Das Weidevieh verschmäht die Pflanze. Sie enthält Oxalsäure, die in größeren Mengen giftig wirkt. Früher nutzten die Bauern auf den Almen die großen Blätter zum Einwickeln von Käse oder Butter oder bereiteten sie ähnlich wie Sauerkraut zu.

Rand meist wellig

untere Blätter bis 50 cm lang

6 grünliche bis braune, etwa 0,5 cm lange Blütenblätter

rote Narben   6 Staubblätter

Schild-Ampfer
Rumex scutatus (Knöterichgewächse)
H 20–40 cm   Mai–Aug.   Staude

gestielt

Blatt spießförmig, blau- oder grasgrün

Bei den Römern war das „Scutum" der große viereckige Schild der Infanterie, bei der botanischen Bezeichnung ist die Schildform weniger streng festgelegt. Früher pflanzte man Schild-Ampfer als „Französischen Spinat" oder „Römischen Ampfer". Er schmeckt angenehmer als der heute noch kultivierte Garten-Ampfer, wird aber nur noch von Liebhabern kultiviert.

lange, aufrechte Fruchtstände

Früchte rundlich

Blütenblätter zusammengeneigt

Staubbeutel ragen heraus

Stängel liegend bis aufsteigend

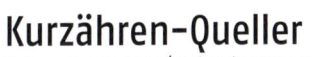

Kurzähren-Queller

Salicornia europaea (Fuchsschwanzgewächse)
H 5–30 cm   Aug.–Okt.   einjährig

Der Kurzähren-Queller gehört zu den wenigen Pflanzen, die zum Keimen und für ein optimales Wachstum Salz benötigen. Sein fleischiges Aussehen erhält er durch Salz- und Wassereinlagerung. Gelegentlich verwendet man heute die Pflanze als salzig-würzige Salatbeigabe. Früher mischte man ihre salzige Asche in Glasschmelzen, die dadurch bereits bei niedereren Temperaturen flüssig wurden. Aus dieser Zeit stammt noch der Name „Glasschmelz".

blühende Zweig-
enden zapfenartig
verdickt

Vorkommen *Erst-besiedler von offenen Salzschlickböden der Meeresküsten ganz Europas. Selten im Binnenland.*

> **wagt sich unter den Blütenpflanzen am weitesten ins Watt hinaus**
> **oft zu vielen locker beieinander**
> **um die Pflanzen sammelt sich Schlick**

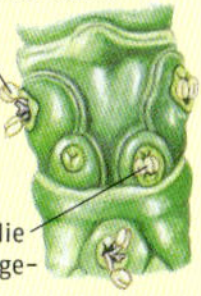

herausragende Staub-blätter

Blüten in die Zweige einge-senkt

knotig gegliedert,
ohne Blätter

Stängel und Äste
dickfleischig

Schon gewusst?

Während des Sommers nimmt der Salzgehalt des Quellers laufend zu, deshalb quillt er immer mehr auf. Im Herbst, kurz bevor sie absterben, färben sich die Pflanzen rot.

Spieß-Melde

Atriplex prostrata (Fuchsschwanzgewächse)
H 30–90 cm   Juli–Sept.   einjährig

Vorkommen *Unkraut-
bestände an Gräben,
Straßenrändern, Ufern,
am Meeresstrand, auf
Müll- und Schutt-
plätzen. Ganz Europa.*

> **Blätter oft mit haut-
> artiger, sich ablösender
> Kruste überzogen**
> **verträgt Salz**
> **wächst oft in Gruppen**

Ähnlich wie Spinat zubereitet kann
man die jungen Blätter und Sprosse der
Spieß-Melde als Wildgemüse essen.
Meist verwendet man zu diesem
Zweck jedoch die Garten-Melde, die bis
1,5 m hoch werden kann und bereits
seit der Antike kultiviert wird.

Blüten- und
Fruchtknäuel in
lockeren Ähren

Stängel aufrecht

Blatt
spießförmig

Früchte mit 2
rhombisch 4-ecki-
gen Blättern

Blätter graugrün,
etwas fleischig

abstehender oder
zurückgekrümmter
Blattzahn

Narben ragen
heraus

Staubblätter
ragen heraus

untere Blätter
gegenständig

weibliche Blüte mit
2 grünen Blättern

männliche Blüte
mit unscheinbarer
Blütenhülle

292

Kleiner Wiesenknopf

Sanguisorba minor (Rosengewächse)
H 15–40 cm   Mai–Aug.   Staude

Vorkommen *Magere
Rasen, Böschungen,
Wegränder, trockene
Wiesen, Schafweiden,
Mauern. Auf mäßig
trockenen, kalkhal-
tigen Böden. Fast ganz
Europa.*

> **wird vom Wind bestäubt**
> **zeigt magere Böden an**
> **heißt auch „Bibernelle"**

Als „Pimpernelle" oder „Bibernelle" liefert die Pflanze ein leicht
bitteres, nussartig schmeckendes Küchengewürz und eine Salatbeigabe. Für den Gewürzgarten bieten Gärtnereien die Staude
deshalb in Töpfen an. Es gibt jedoch noch eine andere „Bibernelle"
oder „Pimpernelle": Ein mit der Wilden Möhre (S. 121) verwandtes
Doldengewächs, das in der Heilkunde verwendet wird.

weibliche Blüte mit 2
roten, pinselartigen
Narben

4 grün-
liche
Blätter

Blütenköpfchen
am Ende der
Stängel und Äste

männliche Blüte mit
vielen langen, hän-
genden Staubblättern

Blätter unpaarig
gefiedert

1–3 cm große
Blütenköpfchen

obere
Blüten
weiblich

Blättchen
rundlich,
grob
gezähnt

untere Blüten
männlich

Rizinus

Ricinus communis (Wolfsmilchgewächse)
H 50–400 cm Febr.–Okt. einjährig bis Strauch ☠

In ägyptischen Gräbern aus der Zeit um 4000 v. Chr. fanden Archäologen die ältesten Rizinussamen. Ihre erste schriftliche Nennung als Abführmittel und gegen Geschwüre erfolgte etwa um 1500 v. Chr. Rizinussamen sind jedoch nicht ungefährlich. Sie enthalten das tödlich giftige Ricin, das man sorgfältig abtrennen muss, wenn man das fette Öl auspresst. Rizinusöl wird noch heute bei Verstopfung empfohlen.

Vorkommen *Im Mittelmeerraum an Straßenrändern, auf Schuttplätzen, Ödflächen. In Mitteleuropa als einjährige Zierpflanze in Parks und Gärten.*

> *Blattform auffällig*
> *aus dem tropischen Afrika im Mittelmeerraum eingebürgert*
> *schnell wachsend, heißt deshalb auch „Wunderbaum"*

mit Anhängsel

Samen etwa 1 cm groß

Spreite handförmig gelappt

langer Blattstiel

gemustert

Fruchtknoten mit weichen Stacheln

Narben rot

obere Blüten weiblich

aufrechte Blütenrispen

untere Blüten männlich

293

männliche Blüten mit verzweigten Staubblättern

auch als rot gefärbte Variante in Gärten

Schon gewusst?

Der Name Rizinus bezieht sich auf die Ähnlichkeit der Samen mit Zecken (Ixodes ricinus). Einige Kräuterbücher des 16. Jahrhunderts nennen die Samen „Zeckenkörner", die Pflanzen „Zeckenbäume".

Wald-Bingelkraut

Mercurialis perennis (Wolfsmilchgewächse)
H 15–30 cm   April–Mai   Staude   ☠

Vorkommen *Wälder mit krautreichem Unterwuchs, Gebüsche. An eher schattigen Standorten in fast ganz Europa.*

> **wächst oft in großen Gruppen**
> **meist viele männliche und wenige weibliche Pflanzen**
> **zeigt Sickerwasser an**

„Bingelkraut" leitet sich wohl von „pinkeln" ab: Die Pflanze wirkt harntreibend. Vergiftet sich Vieh mit Bingelkraut, so färbt sich der Harn rotblau. Die Pflanze ändert beim Trocknen ihr Grün in ein metallartig schimmerndes Blauschwarz. Die Alchemisten des Mittelalters dachten deshalb, die Pflanze könne dabei helfen, Quecksilber („Mercurius") in Gold zu verwandeln.

Blattrand stumpf gezähnt

lange Blüten-
ähre

nur oben
beblättert

männliche Blüte
mit bis zu 20 Staub-
blättern

Stängel aufrecht
unverzweigt

2 Narben

weibliche Blüte mit dickem
Fruchtknoten

Spitz-Wegerich

Plantago lanceolata (Wegerichgewächse)
H 10–50 cm   Mai–Sept.   Staude

Vorkommen *Wiesen, Weiden, Parkrasen, Ödflächen, Wege, Äcker. Auf meist tiefgründigen Böden. Fast ganz Europa.*

> **schmeckt etwas bitter**
> **Samen werden bei Nässe klebrig**
> **zerquetschte Blätter lindern Insektenstiche**

Spitz-Wegerich war bereits im Altertum ein bewährtes Hustenmittel. Auch heute noch gibt es Tee oder Saft gegen trockenen Reizhusten. Ausgepresster Saft schimmelt im Gegensatz zu den meisten anderen Pflanzensäften auch ohne Konservierungsmittel nicht. Er enthält Stoffe, die das Wachstum von Mikroorganismen unterdrücken.

Stängel mit 1
endständigen
Blütenähre

viele Blüten bilden
eine eiförmige Ähre

3–7 Längs-
nerven

Blatt lan-
zettlich

alle Blätter in
einer Rosette

Staubblätter gelblich,
ragen weit heraus

Krone mit 4
bräunlichen
Zipfeln

Blüte 2–4 mm lang

Krähenfuß-Wegerich

Plantago coronopus (Wegerichgewächse)
H 5–15 cm   Juni–Sept.   einjährig

bis über 4 cm
lange, dünne
Blütenähre

Stängel mit
1 endständigen
Blütenähre

Die Italiener, aber auch die Franzosen
schätzen die jungen Blätter dieses
Wegerichs als Gemüse oder in
Mischsalaten. Hierfür wird er
angebaut. Auf italienischen
Speisekarten heißt das
Gemüse „Minutina o erba
stella". Der Name „Erba
stella" (Sternkraut) für
die Pflanze geht bis ins
17. Jahrhundert zurück
und bezieht sich auf die
Form der Blattrosette.

alle Blätter
in einer
Rosette

Blatt auf jeder Seite
mit 4–8 schmalen
Abschnitten

Vorkommen *Salz-
wiesen an den Meeres-
küsten, im Binnenland
gelegentlich auf salz-
haltigen Böden. Mittel-
und Südeuropa.*

> **sehr vielgestaltig**
> **heißt auch „Hirschhorn-
> Wegerich"**
> **verträgt Überflutung**

Staubblätter ragen
weit heraus

4 Kron-
zipfel mit
braunem
Streifen

Blüte um
0,2 cm
lang

Tannenwedel

Hippuris vulgaris (Wegerichgewächse)
H 10–50 cm   Mai–Aug.   Staude

Der Tannenwedel ist gegen Wasserverschmutzung empfindlich
und verschwindet in belasteten Gewässern. Der Name bezieht
sich auf den Wuchs, der einem kleinen Tannenbäumchen ähnelt.
Alte Namen weisen auch auf eine
Ähnlichkeit mit dem Schach-
telhalm hin, mit dem der
Tannenwedel aber genau-
so wenig verwandt ist
wie mit der Tanne.

Stängel unverzweigt

Blätter in Quirlen zu
8–12, steif abstehend

Blüten winzig,
sitzen in den
Blattachseln

Blätter
um 1 mm
breit

Vorkommen *Wasser-
pflanze in stehenden
oder langsam fließen-
den Gewässern mit
max. 2 m Tiefe. Auch an
Ufern. Ganz Europa.*

> **blüht sehr unscheinbar**
> **wächst meist in größeren
> Gruppen**
> **benötigt saubere, kühle,
> nährstoffreiche Gewässer**

1 Staubblatt

1 Narbe

wulstartige Blütenhülle

Schwimmendes Laichkraut

Potamogeton natans (Laichkrautgewächse)
H 60–150 cm   Juni–Aug.   Staude

> **wächst ziemlich rasch**
> **Blätter schwimmen auf
> der Wasseroberfläche**
> **kann größere Wasserflä-
> chen bedecken**

Blütenstände
ragen empor

Die Oberfläche der schwimmenden Blätter weist
durch einen Ölfilm das Wasser ab. Früher sam-
melten Bauern die verdickten, stärkereichen
Wurzelstöcke und nutzten sie besonders
zur Schweinemast. In Gartenteichen
wächst die Pflanze zu dichten Be-
ständen, die meist schon bald
ausgelichtet werden müssen,
da sonst kaum noch Licht ins
Wasser gelangen kann.

4 grüne rautenför-
mige Blätter

Staubblätter im
Innern verborgen

Blüten nach allen
Seiten orientiert

dichte, bis
8 cm lange
Ähre

breit
elliptische
bis fast
runde Blätter

Kalmus

Acorus calamus (Kalmusgewächse)
H 60–120 cm   Juni–Juli   Staude   (☠)

> **Blätter schilfartig**
> **Wurzelstock riecht
> zerrieben aromatisch**
> **bei uns seit dem 16. Jh.
> aus Gärten verwildert**

Kalmus stammt ursprünglich aus Südostasien. Heute kommt
er in Asien, Amerika und Europa in verschiedenen Rassen vor.
Europäische Kalmuswurzeln liefern, oft unter der Bezeichnung
„Deutscher Ingwer", ein beliebtes Gewürz für Liköre und
Getränke. In Form von Medika-
menten hilft er bei Verdauungsstörungen und Magen-
schleimhautentzündung.

gemustert durch grüne
Fruchtknoten und gelb-
liche Staubblätter

Kolben 4–10 cm lang,
seitlich stehend

Blätter umfassen
sich an der Basis

bis 3 cm dicker
Wurzelstock

unscheinbare Blü-
ten bilden einen
Kolben

Gefleckter Aronstab

Arum maculatum (Aronstabgewächse)

H 15–40 cm April–Juni Staude 🜨

Das Hüllblatt bildet eine Kesselfalle. Es entfaltet sich am Abend, der Kolben verströmt einen harnartigen Geruch und lockt kleine Schmetterlingsmücken an. Diese rutschen in den Kessel und bestäuben die weiblichen Blüten. Die Staubbeutel der männlichen Blüten öffnen sich erst später. Die Reusenblüten halten die Mücken im Kolben gefangen und entlassen sie, mit Blütenstaub bepudert, erst am nächsten Abend – rechtzeitig, um in den nächsten Kessel zu fallen.

Vorkommen *Krautreiche Laubwälder, Auenwälder, Hecken. Auf nährstoffreichen Böden an schattigen Standorten. Mittel- und Südeuropa.*

> jeder Blütenstand blüht nur 1 Tag
> riecht aasähnlich
> Blätter nur im Frühjahr vorhanden

Hüllblatt tütenförmig eingerollt

Blätter breit pfeil-förmig, glänzend

borstige, sterile Reusenblüten

noch geschlossene männliche Blüten

Abschnitt mit weiblichen Blüten

297

keulenartiger Kolben

Fruchtstand mit leuchtend roten Beeren

Blüten im Kessel verborgen

Schon gewusst?

Die Pflanze diente früher als Orakel: Der Kolben stand für Getreide, die Reuse für Heu, die männlichen Blüten für Obst, die weiblichen für Weintrauben. Gut entwickelte Teile verhießen eine gute Ernte, verkümmerte kündeten eine Missernte an.

Krummstab
Arisarum vulgare (Aronstabgewächse)
H 10–40 cm   Okt.–Mai   Staude   🐌

Vorkommen *In Ge-büschen, Olivenhainen, auf Brachflächen, an Mauern. Braucht schat-tige, nicht zu trockene Standorte. Mittelmeer-raum.*

> blüht oft im Frühjahr und im Herbst
> heißt auch „Kleiner Aronstab"
> wächst meist in Gruppen

Die würzig riechenden Blütenstände locken kleine Fliegen und Mücken an. Im Gegensatz zum nah verwandten Aronstab (S. 297) können die Bestäuber ungehindert in die Blattröhre hinein- und hinauskrabbeln. Die grünen Beeren können sich jedoch auch ohne Insektenbesuch entwickeln. Der scharfe Geschmack dient der Pflanze wohl als Fraßschutz.

viele männliche Blüten

Abschnitt mit weib-lichen Blüten

Blütenstände einzeln zwischen den Blättern

oberes Ende des Blütenstandes kolbenartig

Blütenstand in einer Hüll-blattröhre eingeschlossen

Blätter 5–10 cm lang, pfeilförmig

Ästiger Igelkolben
Sparganium erectum (Rohrkolbengewächse)
H 30–50 cm   Juni–Aug.   Staude   🐌

Vorkommen *Im Röh-richt stehender oder fließender, nähstoff-reicher Gewässer, auf humusreichen Schlammböden. Ganz Europa.*

> nach der Form der Fruchtstände benannt
> besiedelt auch stärker verschmutzte Gewässer
> braucht viel Licht

Die reifen Früchte in den morgensternartigen Fruchtköpfchen können bis zu 12 Monate im Wasser schwimmen und so auch weit entfernte Standorte erreichen. Die Blät-ter enthalten reichlich spitze, nadelförmige Kristal-le, die als wirksamer Fraßschutz dienen.

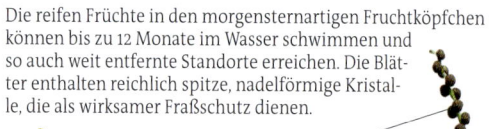

weibliche Blüte mit herausra-gender Narbe

oben kugelige männliche Köpfchen

Blütenstand verzweigt

unten weibliche Köpfchen

männliche Blüte mit 3 Staubblättern

Blütenblätter winzig

weibliche Köpfchen mor-gensternartig

Blätter grasartig, 1–1,5 cm breit

Breitblättriger Rohrkolben

Typha latifolia (Rohrkolbengewächse)
H 100–200 cm   Juli–Aug.   Staude

Heute verwendet man nur noch die als „Schilfzigarren" bezeichneten Fruchtstände für Trockengestecke. Früher jedoch verfütterten Bauern die stärkereichen Wurzelstöcke an Schweine oder
verwendeten sie gemahlen in Notzeiten zum Strecken von Brot-
mehl. Als Ersatz für Jute gewann man Ende des 19. und Anfang
des 20. Jahrhunderts Fasern aus Blättern und Stängeln. Küfer
verwendeten bis ins 20. Jahrhundert die Blätter zum Abdichten
von Fassfugen.

Vorkommen Im Röh-
richt stehender bis
schwach fließender,
nährstoffreicher Ge-
wässer. Kann große,
dichte Gruppen bilden.
Fast ganz Europa.

> *in gemäßigten Zonen
  fast weltweit verschleppt*
> *früher besonders von
  Küfern kultiviert*
> *reife Kolben zerfallen*

Rest des
männlichen
Kolbens

weiblicher
Fruchtkolben
2–3 cm dick,
braun

männliche Blüte mit
Staubblättern

Einzelblüte
winzig

dünne Fäden
am Stiel

299

Blätter 1–2 cm
breit, steif aufrecht,
graugrün

große Narbe

weibliche
Blüte mit
Fruchtknoten

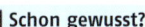

Schon gewusst?

*Früher sammelte
man die Fruchthaare
als Kissenfüllungen
und für Verbands-
zwecke. Sie lassen
sich jedoch nicht zu
längeren Fäden ver-
spinnen.*

Stinkende Nieswurz

Helleborus foetidus (Hahnenfußgewächse)

H 30–80 cm   März–Mai   Staude   🐝

Die Blütenknospen entwickeln sich bereits im Herbst, öffnen sich aber erst im Frühjahr. Bei der Stinkenden Nieswurz gehen die Laubblätter stufenweise in Blütenblätter über. Sie dient deshalb als Paradebeispiel, um zu zeigen, dass Blütenblätter entwicklungsgeschichtlich aus Laubblättern entstanden sind. In manchen Weingegenden hofften die Winzer nach einer reichlichen Blüte der Pflanze auf ein gutes Weinjahr.

oft viele hängende Blüten

obere Blätter heller

Stiel verbreitert

Spreite klein oder fehlend

Blüte glockig

Blütenblätter grün, am vorderen Rand oft rot

zahlreiche Staubblätter

untere Blätter mit 3–9 lanzettlichen Abschnitten

Fichtenspargel

Monotropa hypopitys (Heidekrautgewächse)

H 10–25 cm   Juni–Juli   Staude

Blütentraube anfangs nickend

Stängel unverzweigt

Die blassen Sprosse erinnern etwas an Spargel, sind aber nicht essbar. Die Wurzeln des Fichtenspargels sind mit einem Pilz verbunden, der wiederum in einer Lebensgemeinschaft mit Baumwurzeln steht. Über diese Verbindung erhält der Fichtenspargel Zuckerstoffe und andere Substanzen. Er zählt deshalb zu den parasitischen Blütenpflanzen und benötigt kein Licht.

auffällige Narbe

5 durchscheinend gelbliche, dünne Kronblätter

1–1,5 cm lange, schuppenförmige, häutige Blätter

Schuppenblätter im unteren Bereich dichter

unterer Stängelabschnitt meist ganz im Boden

Weißer Gänsefuß

Chenopodium album (Fuchsschwanzgewächse)

H 20–150 cm   Juli–Okt.   einjährig

Heute gilt der Weiße Gänsefuß als Unkraut. Seine Samen bleiben bis zu mehreren Jahrhunderten keimfähig. Da jede Pflanze bis zu 100 000 davon bilden kann, können sich diese im Boden stark anreichern und für Massenbestände sorgen. Aus den Samen stellten schon die Menschen der Jungsteinzeit Mehl her, wie Funde in den Pfahlbauten belegen. Blätter und Sprossspitzen ergeben ein mildes, spinatartiges Wildgemüse oder eine Suppe.

Vorkommen *Unkrautbestände auf Schuttplätzen, Äckern, in Gärten, an Wegen, Straßenrändern. Auf nährstoffreichen Böden. Ganz Europa.*

> **wirkt oft wie mit Mehl bestäubt**
> **Blattform sehr variabel**
> **Erstbesiedler auf Ödflächen**

Blüten stehen in Knäueln

Pflanze graugrün, mehr oder weniger dicht weiß bestäubt

Blüten winzig

Blütenhülle 5-zipfelig, grün, weiß bestäubt

301

Blätter oft grob und unregelmäßig gezähnt

Blätter auch lanzettlich, ganzrandig

Blätter wechselständig

Schon gewusst?

Nah verwandt ist der Gute Heinrich, der meist in Siedlungsnähe wächst. Der Volksglaube verglich ihn mit einem „Guten Geist" oder Heiligen, da er als Heil- und Gemüsepflanze wichtig war. Er liefert „Wilden Spinat" und wurde gegen Hautkrankheiten verwendet.

Hängendes Nabelkraut

Umbilicus rupestris (Dickblattgewächse)
H 10–50 cm   Mai–Juli   Staude

Vorkommen Trockene Felsspalten und Gemäuer, meist auf der Schattenseite, schattige Hänge. Süd- und Westeuropa.

> heißt auch „Venusnabel"
> nach der typischen Blattform benannt
> besiedelt auch hochgelegene Mauerspalten

Im Altertum verwendete man das Hängende Nabelkraut für „Liebeszauber". Auch gegen Fallsucht sollte es helfen. Später empfahlen Heilkundige, die saftigen Blätter zur Kühlung auf Brandwunden zu legen. Die fleischigen, wasserspeichernden Blätter und ein besonderer Stoffwechsel helfen der Pflanze, auch trockene, humusarme Standorte zu besiedeln, z. B. Felsspalten.

Blüten mehr oder weniger hängend

lange Blütentraube

Rand gekerbt

Blätter fleischig

Blattstiel entspringt der Mitte der Spreite

Blüte etwa 1 cm lang

Krone bildet eine Röhre

Zipfel spitz

302

Gewöhnliche Hundszunge

Cynoglossum officinale (Raublattgewächse)
H 30–80 cm   Mai–Juli   zweijährig

Vorkommen Unkrautbestände, Schuttplätze, Wegränder, Ödflächen. Auf eher trockenen Böden an sonnigen Standorten. Fast ganz Europa.

> Früchte auffälliger als Blüten
> zeigt Stickstoff im Boden an
> riecht bei Verletzung nach Mäusen

Namensgebend für die Gewöhnliche Hundszunge sind die rauen, zungenähnlichen Blätter. Die Klettfrüchte bleiben an vorbeistreifenden Tieren hängen und werden so verbreitet. Die Pflanze gilt wegen ihres unangenehmen Geruchs als altes Hausmittel gegen Ratten und Mäuse und wird hierfür noch heute manchmal in Gärten gepflanzt.

Blütenstände vor dem Aufblühen eingerollt

4 Früchtchen mit widerhakigen Stacheln

ganze Pflanze dicht behaart

Blätter lanzettlich

Krone trüb rotbraun, 5–6 mm lang

5 Zipfel

5 wulstige, samtige Schuppen am Röhreneingang

Kelch nach der Blüte vergrößert

Echte Tollkirsche
Atropa belladonna (Nachtschattengewächse)
H 50–150 cm Juni–Aug. Staude ☠

Schon drei der süß schmeckenden, vom Aussehen an Kirschen
erinnernden Früchte können für ein Kind tödlich sein. Leichte
Vergiftungen führen zu trockenem Mund, schnellem Puls und
vergrößerten Pupillen. Bei größeren Mengen kommt es zu Hallu-
zinationen, Tobsuchtsanfällen und zum Tod durch Atemlähmung.
Vögel wie Drosseln können die Beeren unbeschadet fressen und
so die Samen verbreiten. In der Steinzeit spielte Tollkirsche als
Pfeilgift eine Rolle.

Vorkommen *Waldl-
ichtungen, Waldwege,
Waldschläge. Meist auf
Kalkböden an hellen
oder schwach beschat-
teten Standorten. Mit-
tel- und Südeuropa.*

> **oft Blüten und Früchte
> gleichzeitig**
> **Blüten riechen un-
> angenehm**
> **tödlich giftig**

Schon gewusst?
*Das Krainer Toll-
kraut, auch „Glo-
ckenbilsenkraut"
genannt, ist ähnlich
giftig wie die Toll-
kirsche. Es wächst
in Laubwäldern von
Kärnten bis Süd-
und Südosteuropa.*

im Blütenbereich
je 1 großes und 1
kleines Blatt schein-
bar gegenständig

kugelige, bis
kirschgroße Beere,
glänzend schwarz

vom bleibendem
Kelch umgeben

Kelch mit 5 Zipfeln

5 kurze, zu-
rückgebogene
Lappen

Krone 2,5–3 cm lang,
glockig, violettbraun,
innen schmutzig gelb

Blatt eiförmig, vorn
zugespitzt

Rand glatt

Blüten hängen in
den Blattachseln

303

Beifußblättriges Traubenkraut

Ambrosia artemisiifolia (Korbblütengewächse)
H 50–150 cm   Aug.–Okt.   einjährig

Die Früchte waren mehrere Jahrzehnte
in Winter-Vogelfutter-Mischungen
enthalten. Die Art ist eines der
wenigen Korbblütengewächse, das
vom Wind bestäubt wird. Auf den
reichlich gebildeten Blütenstaub
reagieren in den Ursprungs-
ländern rund 10 Prozent der
Bevölkerung mit Heuschnupfen
oder Asthma. Wissenschaftler
empfehlen deshalb, die Pflanze auszureißen.

viele männliche
Blütenkörbchen in
blattlosen Trauben

Stängel
abstehend
behaart

anliegend
behaart

Blattabschnitte
lineal-lanzettlich

Blätter
doppelt
fieder-
spaltig

halbkugelige
Hülle

5–12
Röhren-
blüten

männliche
Blütenkörbchen
nickend

304

Vierblättrige Einbeere

Paris quadrifolia (Germergewächse)
H 10–30 cm   Mai–Juni   Staude

In der griechischen Mythologie musste der Jüngling Paris den
Zank um den „Erisapfel" entscheiden. Er war dabei von vier Gott-
heiten umgeben, ähnlich wie bei der Einbeere die Blüte oder Beere von vier Blättern umgeben ist. Im Mittelalter meinte man, die
an eine Pestbeule erinnernde Frucht könne Pest und ansteckende
Krankheiten heilen.

schwarzblaue,
bereifte, bis 1 cm
dicke Beere

1 endständige Blüte

meist 4 Blätter
in einem Quirl

von den Blüten-
blättern umgeben

gelbe, lange Staubbeutel

8 grüne 2–3,5 cm
lange Blütenblätter

Knotige Braunwurz

Scrophularia nodosa (Braunwurzgewächse)
H 40–120 cm   Juni–Sept.   Staude

Die Blüte der Knotigen Braunwurz ist eine typische Rachen-
blume: Man meint geradezu, in den Rachen eines gähnenden
Tieres zu schauen. Die Pflanze lockt bei uns besonders Wespen als
Bestäuber an, in Nordamerika hat man auch Kolibris daran beob-
achtet. Im Mittelalter verglich man den knotigen Wurzelstock der
Pflanze mit Geschwülsten der Lymphdrüsen und anderen Drüsen-
schwellungen und meinte, die Pflanze könne entsprechende
Krankheiten heilen.

Vorkommen *Wälder mit
krautigem Unterwuchs,
Wegränder. Auf was-
serdurchsickerten oder
feuchten Böden. Ganz
Europa.*

> **meist nur wenige Blüten
> gleichzeitig geöffnet**
> **riecht zerrieben un-
> angenehm**
> **blüht meist im Schatten
> oder Halbschatten**

Krone 7–9 mm
lang, kugelig

innen
rötlich
braun

305

Blüten unscheinbar

endständige
Rispe

unregelmäßig
gezähnt

Blatt
eiförmig

Blätter
gegenständig

knollig
verdickter
Wurzelstock

Schon gewusst?

*Die auffälligen Raupen des
Braunwurz-Mönchs und
des sehr ähnlichen Königs-
kerzen-Mönchs fressen im
Sommer an den Pflanzen.
Die unscheinbaren Nacht-
schmetterlinge schlüpfen
frühestens im folgenden
Jahr aus den Puppen.*

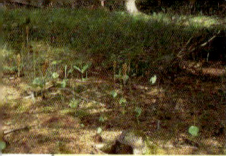

Vogel-Nestwurz

Neottia nidus-avis (Orchideengewächse)

H 20–50 cm   Mai–Juni   Staude

Vorkommen *Wälder. An schattigen Standorten im Humus oder auf Moderholz. Fast ganz Europa.*

- ***Blüten duften nach Honig***
- ***nach der Form der Wurzeln benannt***
- ***enthält kein Blattgrün***

übrige Blütenblätter zusammengeneigt
etwa 1 cm lange, 2-spaltige Lippe

Die Vogel-Nestwurz verzichtet darauf, wie grüne Pflanzen Kohlenhydrate mit der Energie der Sonne aus Kohlendioxid und Wasser zu gewinnen (Photosynthese). So kann sie auch an ausgesprochen dunklen Standorten im Waldesinneren gedeihen. Sie ernährt sich ausschließlich von Pilzfäden, die in ihre wie ein Vogelnest verflochtenen Wurzeln eindringen. Vom Keimen bis zum ersten Blühen vergehen in der Regel ungefähr 9 Jahre.

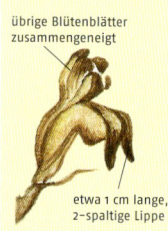

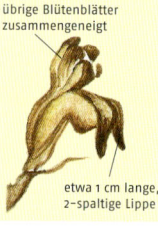

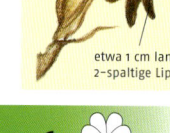

zahlreiche fleischige Wurzeln

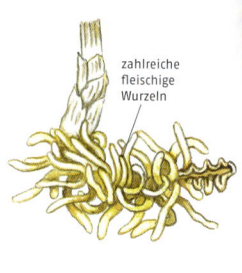

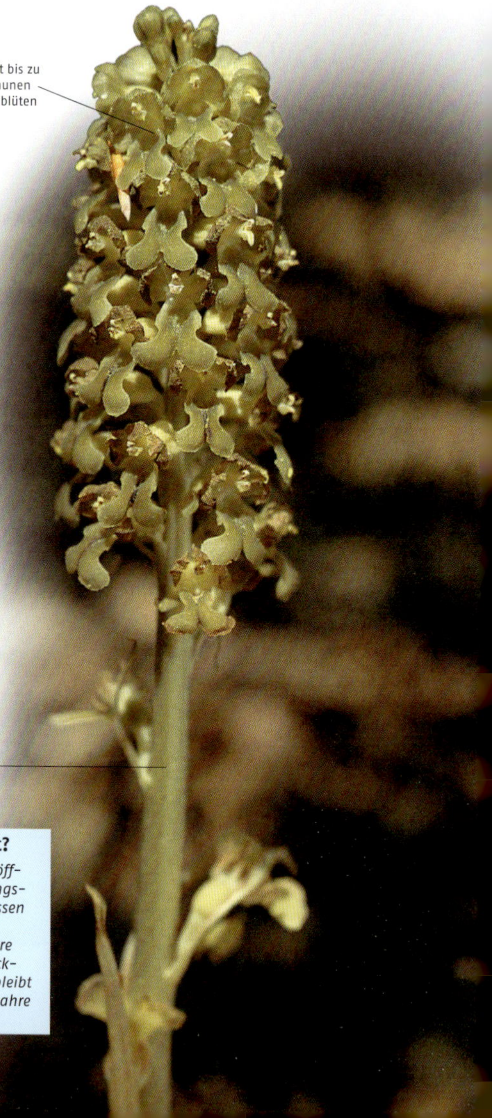

Traube mit bis zu 60 hellbraunen Orchideenblüten
ganze Pflanze hellbraun

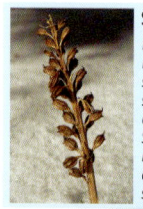

Schon gewusst?

Die Kapselfrüchte öffnen sich durch Längsspalten und entlassen staubfeine, je nur 0,000008 g schwere Samen. Der vertrocknete Fruchtstand bleibt oft noch mehrere Jahre sichtbar.

Großes Zweiblatt

Listera ovata (Orchideengewächse)
H 20–50 cm   Mai–Juni   Staude

lange Traube
mit 20–40
Orchideen-
blüten

Das Große Zweiblatt hat eine ungewöhnliche Methode entwickelt, um für seine Bestäubung zu sorgen: Berührt ein Insekt eine bestimmte Zone in der Blüte, spritzt ihm ein Tropfen klebriger Flüssigkeit entgegen, an dem dann in einem zweiten Schritt Pakete aus Blütenstaub angekittet werden.

Vorkommen *Laub-wälder, Auenwälder, Gebüsche, Bergwiesen. Auf eher feuchten, nährstoffreichen Böden im Halbschatten. Fast ganz Europa.*

> *auch ohne Blüten an den 2 Blättern zu erkennen*
> *Lippe oft durch Nektar glänzend*
> *wird leicht übersehen*

Stängel
behaart

breit oval,
derb, mit
mehreren
Längsnerven

2 fast gegen-
ständige, etwa
gleich große
Blätter

übrige
Blütenblätter
grün, häufig
mit rotem
Rand

Lippe
gelbgrün,
6–8 mm
lang

307

Fliegen-Ragwurz

Ophrys insectifera (Orchideengewächse)
H 15–40 cm   Mai–Juni   Staude

Die Blüten ahmen in Form, Farbe und Behaarung Insektenweibchen nach. Außerdem bilden sie Sexuallockstoffe, mit denen normalerweise Grabwespenweibchen paarungsbereite Männchen anlocken. Die Männchen dieser Grabwespen versuchen deshalb, sich mit den Blüten zu paaren und transportieren dabei den Blütenstaub von einer Blüte zur anderen.

Vorkommen *Magere Rasen, lichte, trockene Kiefernwälder. Auf mäßig trockenen, kalkreichen Böden. Fast ganz Europa.*

> *2 der Blütenblätter wirken wie Insektenfühler*
> *Blüten täuschen Insekten einen Partner vor*
> *wird häufig übersehen*

2–20 Orchideenblüten
in schmalem Blütenstand

Stängel gelbgrün, aufrecht

2 Blütenblätter fadenförmig

3 Blütenblätter
gelbgrün

Lippe
um 1 cm
lang, kurz
samt-
haarig

großer
blaugrauer
Fleck

Bienen-Ragwurz
Ophrys apifera (Orchideengewächse)
H 20–40 cm   Mai–Juni   Staude

Vorkommen *Mager-rasen, Halbtrocken-rasen, lichte Eichen-Kiefernwälder. Auf kalkreichen Böden an warmen Standorten. Mittel- und Südeuropa.*

> eine unserer schönsten Orchideen
> hat über den Winter eine grüne Blattrosette
> blüht nicht jedes Jahr

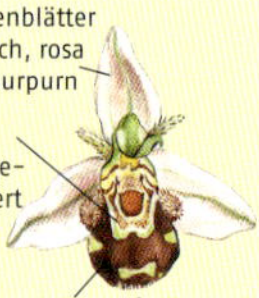

Die Blüten der Bienen-Ragwurz ahmen wie die der Fliegen-Ragwurz (S. 307) Insektenweibchen nach. Wissenschaftler beobachten besonders seit den 90er Jahren, dass die Pflanze öfters an neuen Standorten auftritt. Außer der Klimaerwärmung hat hierzu sicher beigetragen, dass sie auch ohne Bestäubung Samen ausbildet (s. Kasten). Unter guten Bedingungen können bereits 3 bis 4 Jahre alte Pflanzen blühen.

3 Blütenblätter weißlich, rosa oder purpurn

Lippe hell ge-mustert

Lippe etwa 1 cm lang, bauchig gewölbt, samtig behaart

2–9 Orchideenblüten in langgestrecktem Blütenstand

parallele Blattnerven

bläulich grüne Blätter umfassen den Stängel

Schon gewusst?

In Mitteleuropa fehlen die als Bestäuber geeigneten Bienen. Die Blüten bestäuben sich regelmäßig selbst: Hierzu hängen schon kurz nach dem Aufblühen Pakete mit dem Blütenstaub heraus und biegen sich schließlich bis auf die Narbe hinab.

Pakete mit Blütenstaub

Bocks-Riemenzunge

Himanthoglossum hircinum (Orchideengewächse)

H 30–80 cm Mai–Juni Staude

Die Samen bleiben jahrelang keimfähig. Die Blüten werden hauptsächlich von Wildbienen besucht, die durch den Geruch und süßen Nektar im Blütensporn angelockt werden. Im Gegensatz zu den meisten anderen Orchideen kann die hochwüchsige, robuste Pflanze auch noch zwischen Büschen wachsen.

Vorkommen *Magere Rasen, Böschungen, lichte, sonnige Gebüsche, ehemalige Weinberge. Auf warmen Kalkböden. Westliches Süd- und Mitteleuropa.*

> *unverwechselbar durch die typischen „Riemen"*
> *empfindlich gegen Spätfröste*
> *stinkt besonders nachts nach „Ziegenbock"*

lange Traube mit 20–60 Orchideenblüten

Blätter oval bis lanzettlich

Blätter umfassen den Stängel

obere Blütenblätter helmartig

Lippe bis 6 cm lang, eingerollt oder gedreht

Schwarzes Kohlröschen

Nigritella nigra (Orchideengewächse)

H 5–20 cm Mai–Aug. Staude

Kaum ein Bergwanderer versäumt es, in die Knie zu gehen und an dieser kleinen Orchidee zu schnuppern. Denn die mit Volksnamen wie „Brändele", „Blutrösli" oder „Schokolade-Blüemli" versehene, geschützte Orchidee ist ein Duftwunder. Kühe fressen die Pflanze meist nicht, geschieht dies doch, können Butter und Käse nach Vanille riechen.

dichtes, pyramidenförmiges Köpfchen

Vorkommen *Sonnige Bergwiesen, trockene Rasen von 1400–2400 m. Meist auf Kalkböden.*

> *Gebirge in Mittel- und Südeuropa*
> *duftet intensiv nach Vanille*
> *verträgt keine Düngung*

Blätter schräg aufwärts gerichtet

Blätter schmal, grasartig

Lippe der Blüte weist nach oben

Blütenblätter bis 7 mm lang, schwarzrot

Register der Blumenarten

Wegen des Umfangs des Registers wurden zweiteilige deutsche Namen nur einmal, und zwar mit vorgestelltem Gattungsnamen aufgeführt. So ist z. B. die „Echte Kamille" nur unter „Kamille, Echte" zu suchen.

Register der Blumenarten

Register der Blumenarten

Bildnachweis

Zeichnungen
Golte-Bechtle/Kosmos (488); Haag/Kosmos (74); Hofmann/Kosmos (10); Kohnle/
Kosmos (11); Söllner/Kosmos (4); Spohn/Kosmos (456)

Fotografien
Albers/Hecker 254L, Bellmann 101K; Hecker 72oH, 72oL, 87oH, 87uH, 87uL, 129oH,
139oH, 158uL, 171uH, 171oL, 177uL, 181uL, 186H, 187uL, 195H, 288oH, 294oL, 294uL, 295oL,
297L; König 293L; Kopahnke 32o; Laux 79oL, 288oL; Mertz/Hecker 146oL; Pforr 18oH,
18oL, 23uH, 23uL, 25oH, 25oL, 27oL, 27uL, 29uH, 30oH, 30uH, 30oL, 30uL, 34oH, 34uH,
34uL, 36L, 40oH, 42uH, 45oH, 46oH, 46uH, 46uL, 48uH, 55oH, 55oL, 57oH, 57uH, 57oL,
58oH, 58uH, 58oL, 58uL, 60L, 61oH, 61uH, 61oL, 61uL, 62uH, 62uL, 63H, 63L, 63K, 64oH,
64uH, 64uL, 79oL, 90uL, 97H, 100oH, 100oL, 103uH, 103oH, 103uL, 103oL, 107uL, 108uH,
110H, 113H, 113L, 115oL, 120uH, 125uH, 125oH, 125uL, 129uL, 139uH, 139uL, 139oL, 141oH,
141oL, 142oH, 143H, 148uH, 148oH, 148uL, 151oH, 152L, 154oH, 154oL, 155L, 158oL, 166oH,
170uH, 171oH, 171uL, 174L, 177uH, 178uL, 179H, 187uH, 200H, 201uH, 202H, 203uH, 209oH,
210H, 214H, 216oH, 216oL, 218oH, 218uH, 219uL, 222oH, 223L, 225oH, 226H, 231L, 237oH,
237oL, 241oH, 245oH, 245uH, 245oL, 246uH, 250oH, 250uH, 254H, 256oH, 256uH, 256oL,
259oH, 259uH, 260uH, 261oH, 261uH, 264uH, 267oH, 267uH, 268oH, 277uH, 280oH, 282H,
282L, 285uH, 285oL, 286oL, 287H, 293K, 300oL, 305L, 307oH, 307uL, 309uH, 1004oH;
Reinhard-Tierfoto,
Hans Reinhard Heilgkreuzsteinach-Eiterbach 25uH, 25uL, 71oH, 76L, 85oH, 85oL, 89L,
119oH, 142uL, 161L, 286oH, 298uL; Sauer/Hecker 55uH, 68uH, 77uH, 87oL, 88uL, 160uL,
188oH, 193uH, 308H; Schönfelder 19H, 20uH, 20uL, 27oH, 27uH, 36H, 40oL, 48oL, 50uH,
50uL, 56H, 60H, 95L, 96uH, 96oL, 96uL, 132uL, 136L, 137oL, 147oL, 152K, 155H, 158oH,
160uH, 164oH, 164oL, 164uL, 166oL, 168uL, 169H, 181uH, 185oH, 190L, 213oH, 219oH, 227oH,
230uH, 230uL, 232oH, 232uH, 232oL, 232uL, 243L, 245uL, 251uH, 252oH, 252oL, 253L, 264oL,
264uL, 270uL, 281oL, 295oH, 297H, 298oH, 298oL, 300uH, 302uH, 302uL.
Alle weiteren Fotos von R. Spohn.

H = Hauptmotiv, L = Lebensraum, K = Kasten, u = unten, o = oben

Die KOSMOS-Erklärfilme

FOLGEN SIE UNS RAUS in die Natur und lassen Sie sich von Jan Haft die Arbeitsweise mit unserem Naturführer erklären.

IN WEITEREN FILMEN erfahren Sie von ihm Hintergrundinformationen zu den Blumen. Danach ist es für Sie noch einfacher, mit unserem Naturführer die Pflanzen richtig zu bestimmen.

JAN HAFT, der Naturfilmer, lebte schon im Alter von sieben Jahren mit zahlreichen Tieren zusammen. Mit 12 Jahren drehte er seinen ersten Tierfilm.

Mit der KOSMOS-PLUS-App ganz einfach die KOSMOS-Erklärfilme anschauen.

UND SO GEHT'S:

1. Besuchen Sie den App Store, Google Play oder den Amazon-App-Store.

2. Laden Sie die kostenlose KOSMOS-PLUS-App auf Ihr Mobilgerät.

3. Öffnen Sie die App und laden Sie die Inhalte für das Buch „Welche Blume ist das?" herunter.

4. Geben Sie die im Buch angegebenen dreistelligen Codes `999` in die App ein.

   Mehr Informationen finden Sie unter **plus.kosmos.de**